TEMPESTADE PERFEITA
O bolsonarismo e a sindemia Covid-19 no Brasil

CONTRACORRENTE

CESAR ANTONIO CALEJON IBRAHIM

TEMPESTADE PERFEITA

O bolsonarismo e a sindemia Covid-19 no Brasil

São Paulo
2021

CONTRACORRENTE

Copyright © EDITORA CONTRACORRENTE
Alameda Itu, 852 | 1º andar |
CEP 01421 002
www.loja-editoracontracorrente.com.br
contato@editoracontracorrente.com.br

EDITORES
Camila Almeida Janela Valim
Gustavo Marinho de Carvalho
Rafael Valim

EQUIPE EDITORIAL
COORDENAÇÃO DE PROJETO: Juliana Daglio
REVISÃO: Graziela Reis
REVISÃO TÉCNICA: João Machado
DIAGRAMAÇÃO: Fernando Dias
CAPA: Maikon Nery

EQUIPE DE APOIO
Fabiana Celli
Carla Vasconcelos
Fernando Pereira
Lais do Vale
Valéria Pucci
Regina Gomes

Dados Internacionais de Catalogação na Publicação (CIP)
(Câmara Brasileira do Livro, SP, Brasil)

Ibrahim, Cesar Antonio Calejon
    Tempestade perfeita : o bolsonarismo e a sindemia Covid-19 no Brasil / Cesar Antonio Calejon Ibrahim. – 1. ed. – São Paulo : Editora Contracorrente, 2021.

    ISBN 978-65-88470-78-7

    1. Bolsonaro, Jair Messias, 1955- 2. Brasil - Política e governo 3. Coronavírus (Covid-19) -Política governamental - Brasil 4. Ciências políticas I. Título.

21-74508   CDU-320.981

Índices para catálogo sistemático:

1. Propriedade : Direito civil 347.251
Cibele Maria Dias - Bibliotecária - CRB-8/9427

@editoracontracorrente
Editora Contracorrente
@ContraEditora

Para as brasileiras e brasileiros que perderam as suas vidas vítimas da Covid-19 e para as suas respectivas famílias.

SUMÁRIO

AGRADECIMENTOS 11

PREFÁCIO 17

PRÓLOGO 21

INTRODUÇÃO 23

CAPÍTULO I – A CRONOLOGIA DO NEGACIONISMO GENOCIDA: DE ZERO A QUINHENTAS MIL MORTES ... 31

    1.1 Descumprimento do isolamento social 68

CAPÍTULO II – A AUSÊNCIA DO FEDERALISMO COOPERATIVO, OS NÚMEROS DA PANDEMIA NO BRASIL, NA AMÉRICA DO SUL E EM OUTROS PAÍSES 71

    2.1 Descentralização e a falta da coordenação federal: a ausência do federalismo cooperativo 73

CAPÍTULO III – SIMBOLISMO PRESIDENCIAL E LIDERANÇA POLÍTICA 85

    3.1 A eficácia política do Poder Simbólico 88

CAPÍTULO IV - DESINFORMAÇÃO E AS MILÍCIAS DIGITAIS 97

4.1 Por que o WhatsApp? 103

4.2 Combate às notícias falsas 107

CAPÍTULO V - O BOLSONARISMO CONTRA A CIÊNCIA E OS PROFISSIONAIS DA SAÚDE NA LINHA DE FRENTE NO COMBATE AO CORONAVÍRUS 115

5.1 O bolsonarismo contra os profissionais na linha de frente do combate à Pandemia 119

CAPÍTULO VI - MINISTÉRIO DA SAÚDE DO BRASIL? 133

6.1 Plano de imunização, a politização da vacina e o aparelhamento da Anvisa 141

CAPÍTULO VII - SUBDIAGNOSTICAÇÃO, SUBNOTIFICAÇÃO E POLÍTICAS PÚBLICAS 149

CAPÍTULO VIII - CRISE ENTRE OS PODERES DA REPÚBLICA 157

8.1 Lavajatismo x bolsonarismo 158

8.2 Bolsonarismo x Congresso Nacional 160

8.3 Bolsonarismo x Supremo Tribunal Federal 162

8.4 O Coonestador-Geral da República 166

8.5 Bolsonarismo x Governadores estaduais e Prefeitos municipais 167

8.6 Bolsonaro x Mourão e os militares 168

CAPÍTULO IX - "O PT QUEBROU O BRASIL" E A PRINCIPAL NARRATIVA DO PRÉ-BOLSONARISMO 171

9.1 Dívidas e Reservas Internacionais 173

9.2 Produto Interno Bruto 175

9.3 Índice de Desenvolvimento Humano 177

9.4 Índice de Gini 177

9.5 Balança Comercial 178

9.6 Contas Públicas 178

CAPÍTULO X - AS RESPOSTAS DO GOVERNO BOLSONARO À PANDEMIA: DESPREZO À VIDA E EQUÍVOCOS ECONÔMICOS 183

10.1 O Neoliberalismo numa encruzilhada? 186

10.2 As respostas do governo federal à pandemia 197

10.3 O Brasil na Pandemia: respostas econômicas e normativas 201

10.4 Considerações finais 211

CAPÍTULO XI - A POLÍTICA EXTERNA BOLSONARISTA E A SOCIEDADE INTERNACIONAL 215

11.1 O alinhamento automático da Política Externa bolsonarista com os EUA de Donald Trump 216

11.2 EUA x China. E o Brasil? 225

11.3 OCDE, grandes promessas e a técnica de *linked issues* 233

11.4 O isolamento do bolsonarismo na sociedade internacional 244

CAPÍTULO XII - A TEMPESTADE PERFEITA NO BRASIL, AS FORÇAS CONTRA-HEGEMÔNICAS E A DEMOCRACIA PARTICIPATIVA 247

12.1 O bolsonarismo e as forças responsáveis pela sua ascensão quebraram o Brasil 248

12.2 Consenso Hegemônico Global e o fim da Modernidade Ocidental 252

12.3 Evangelização da política 257

12.4 Militarização e milicianização da política 259

12.5 Ativismo judicial 266

12.6 As forças contra hegemônicas e a democracia participativa 269

CAPÍTULO XIII - CRIMES CONTRA A HUMANIDADE, IMPEACHMENT E AS CORTES INTERNACIONAIS 279

13.1 Crimes de responsabilidade e o impeachment de Bolsonaro 280

13.2 Cortes Internacionais 282

13.3 O que é o Tribunal Penal Internacional? 283

POSFÁCIO 289

REFERÊNCIAS BIBLIOGRÁFICAS 295

AGRADECIMENTOS

Apesar de ser uma espécie de continuação da obra *A ascensão do bolsonarismo no Brasil do Século XXI*, este livro pode ser lido separadamente e oferece uma visão ímpar, que foi elaborada a partir das perspectivas de dezenas de pessoas que colaboraram incansavelmente para a conclusão desse projeto, sobre a confluência entre a pandemia e o bolsonarismo.

Por esse motivo, os meus sinceros agradecimentos para:

Nadine Bongard, bióloga alemã, por emitir os alertas, ainda em março de 2020, sobre a seriedade do que viria e como Jair Bolsonaro estava prestes a comprometer o sistema brasileiro público de saúde.

Lorena G. Barberia, professora livre-docente do Departamento de Ciência Política da Universidade de São Paulo e pesquisadora atuante no combate à pandemia, por todos os estudos, seminários e conhecimentos produzidos em virtude da sua produção profissional durante a crise sanitária.

Boaventura de Sousa Santos, sociólogo e professor português, por citar o meu trabalho como referência bibliográfica sobre a ascensão do bolsonarismo na terceira edição do livro *Toward a new legal common sense: law, globalization and emancipation* (Cambridge University Press) e por dedicar o esforço de toda uma vida à epistemologia, à sociologia, ao desenvolvimento humano e à construção de uma sociedade menos desigual.

Rafael Valim, jurista, editor, professor e advogado, por todos os esforços empenhados ao longo dos anos no sentido de desenvolver o pensamento crítico na população brasileira. O seu trabalho é fundamental para o Brasil, porque precisamos, urgentemente, de juristas sérios e comprometidos com o progresso do povo brasileiro.

Lilia Moritz Schwarcz, historiadora e escritora, por ilustrar com tanta competência os perigos do simbolismo presidencial bolsonarista e como os legados coloniais e imperiais que forjaram o nosso arranjo social ainda estão presentes na nossa sociedade.

Fernando Haddad, professor e político, pelo seu trabalho na formação da consciência nacional e por enfatizar que a única via para alcançá-la passa pelo caminho da ciência, da política e da arte, com as classes empobrecidas cada vez mais presentes no ensino superior.

Ciro Gomes, professor e político, pela sua batalha para o desenvolvimento do Brasil e avaliações precisas empenhadas nos capítulos que seguem.

Guilherme Boulos, ativista, político e escritor, por dedicar a maior parte da sua vida aos "esfarrapados do mundo" e por endereçar nesse livro como o simbolismo presidencial ganha contornos práticos junto à população.

Marcelo Freixo, professor de história e deputado federal pelo Rio de Janeiro, pelo incansável empenho contra as milícias cariocas e a sua contribuição para a construção de um país mais pluralista e menos violento.

Jessé Souza, sociólogo, professor e escritor, pela sua contribuição inestimável para compreendermos o atual estado de coisas na sociedade brasileira e como podemos lutar por um futuro melhor.

Manuela d'Ávila, jornalista, política, escritora e candidata à Vice--Presidência da República em 2018, pela sua luta por mais mulheres na vida parlamentar brasileira, contra a violência de gênero e por representar um novo símbolo para as jovens que ingressarão na política institucional brasileira ao longo dos próximos anos e décadas.

AGRADECIMENTOS

Celso Amorim e Celso Lafer, ambos ex-chanceleres da República por partidos rivais, por avaliarem a política externa bolsonarista com a propriedade e a clareza que somente figuras centrais desses processos históricos seriam capazes de apresentar.

Erika Hilton, mulher mais votada do Brasil nas eleições municipais de 2020 e eleita vereadora na cidade de São Paulo, por personificar a luta contra hegemônica que promoverá uma acentuada transformação social até o fim do século XXI.

Natália Pasternak, microbiologista e divulgadora científica, pelos seus esforços em defesa da ciência brasileira e na busca pela vacina contra as doenças causadas pelo novo coronavírus e pela ignorância. Carl Sagan estaria orgulhoso, certamente.

Natália Pires de Vasconcelos, doutora em Direito Constitucional, pelos seus estudos e raciocínios que foram elementares nesse trabalho.

Tiago Pavinatto, advogado, professor e doutor em Direito pela Universidade de São Paulo (Largo São Francisco), por apontar com eloquência os crimes cometidos pelo bolsonarismo durante a pandemia e o embasamento jurídico que sustentaria o impedimento de Jair Bolsonaro.

Ricardo Franco Pinto e Nuredin Ahmad Allan, advogados, pela acusação contra Jair Bolsonaro junto às cortes internacionais.

Mário Gonzalez, médico infectologista do Instituto de Infectologia Emílio Ribas, Fernando Salvetti Valente, médico assistente do Pronto Socorro de Clínica Médica do HCFMUSP, Alexandre Kawassaki, médico pneumologista do Hospital das Clínicas da Faculdade de Medicina da Universidade de São Paulo, do Hospital Nove de Julho e do Hospital Israelita Albert Einstein, Marileide Martins da Silva, enfermeira, e Raphael Marques de Almeida Rosa da Cruz, obstetra em um hospital particular em São Paulo, pelos seus esforços para salvar vidas durante um dos momentos mais tristes da nação brasileira e por compartilharem as suas experiências nessa obra, demonstrando de forma enfática como a atuação do bolsonarismo prejudicou a resposta da classe médica na linha de frente.

Claudio Maierovitch, médico sanitarista da Fiocruz Brasília, pela contribuição sobre a subdiagnosticação e a subnotificação dos casos de Covid-19 no Brasil.

Rodrigo Ratier e Ivan Paganotti, professores universitários, e Alexandre Inagaki, jornalista e consultor especializado em mídias sociais, por todos os esforços acadêmicos e profissionais no sentido de enfrentar a disseminação das notícias falsas e evidenciar os impactos dessas práticas sobre a população de forma a sugerir soluções.

Fernanda Magnotta e Carlos Gustavo Poggio, doutores em Relações Internacionais, por suas análises e contribuições sobre a política externa bolsonarista e a tragédia do alinhamento automático com a administração Trump.

Cristiane Kerches, professora e doutora em Políticas Públicas pela Escola de Artes, Ciências e Humanidades (EACH) da Universidade de São Paulo, por apontar que sem dados acurados torna-se inviável a elaboração de políticas públicas assertivas.

Fernando Daflon, competente cientista de dados, que tanto contribuiu com esse livro.

Simone Deos, Adriana Nunes Ferreira e Alex Wilhans Antonio Palludeto, professores e economistas, e o Instituto de Economia da Unicamp pela avaliação sobre a resposta econômica da gestão Bolsonaro durante a pandemia.

Senival Lins da Silva, encarregado de portaria, por me demonstrar de forma clara como os processos de desinformação promovidos pelas redes bolsonaristas via internet afetaram as grandes massas populacionais brasileiras, gerando dúvidas de todas as ordens durante a crise sanitária.

Laura Calejon e Guillermo Arias Beatón, psicólogos, e Thiago Lopes, músico e poeta, pelos intermináveis debates sobre Psicologia, Filosofia, Epistemologia, política e xadrez.

Cláudio Gonçalvez Couto e William Nozaki pelas avaliações sobre a atmosfera de confronto que se estabeleceu entre os poderes da República durante a pandemia.

AGRADECIMENTOS

Victor Pino Saavedra, Cristiane Jatene e Bruna Pannunzio por todos os contatos e sugestões profissionais que tanto contribuíram com esse livro.

Ana Maria Ravagnani Rodrigues por revisar o material e ajudar com a coesão do texto.

Rafael Burgos, jornalista e editor do blog Entendendo Bolsonaro, do UOL Notícias, pela parceria e trocas de ideias ao longo dos últimos anos.

Gonzalo Vecina, médico, fundador e ex-presidente da Agência Nacional de Vigilância Sanitária, por denunciar o aparelhamento da Anvisa como instrumento político do bolsonarismo.

Vanessa Elias de Oliveira, mestre e doutora em Ciência Política pela USP, professora e atual coordenadora da Pós-Graduação em Políticas Públicas da Universidade Federal do ABC (UFABC), e Elize Massard da Fonseca, doutora em Política Social e professora da Escola de Administração de Empresas de São Paulo, da Fundação Getúlio Vargas (FGV), pelas avaliações sobre a atuação do Ministério da Saúde do Brasil.

Guilherme Howes, antropólogo e professor universitário, pelo seu comprometimento e contribuição com a educação crítica no Brasil. Suas leituras rentes aos textos são maravilhosas.

Quero agradecer ainda os professores, antropólogos, sociólogos e jornalistas que se dedicaram a analisar o livro *A ascensão do bolsonarismo no Brasil do Século XXI* e foram fundamentais no sentido de elaborar as críticas sobre as quais, muitas vezes, eu me apoiei para redigir esse novo trabalho.

Por último, e não menos importante, agradeço também a todas as pessoas que, de alguma forma, colaboraram com o enfrentamento ao regime bolsonarista durante os anos mais obscuros e tristes da trajetória social da nação brasileira até a presente data.

PREFÁCIO

Quando o conhecimento é genuinamente construído de forma mútua, ativa e coletiva, as aspas são fundamentais, porque problemas complexos requerem abordagens transdisciplinares que sejam capazes de aplicar níveis mais específicos de abstrações no processo de organizar determinada problematização e as ações junto ao objeto de estudo de forma mais ampla.

As metodologias acadêmicas elaboradas nos séculos passados – principalmente as que pretendem estudar e refletir as ocorrências sociais – foram absolutamente fundamentais no sentido de estabelecer as bases sobre as quais os presentes trabalhos nessas áreas são desenvolvidos. Apesar disso, muitas vezes essas propostas não oferecem as ferramentas (e a flexibilidade) adequadas para a elaboração de reflexões que sejam capazes de lidar com a complexidade e o dinamismo do mundo atual, com redes sociais digitais, aplicativos e novas estratégias e ferramentas de comunicação.

Esse livro, por exemplo, estabelece uma reflexão por meio do estudo da interseção entre dois eventos sociais que, apesar de terem sido social e historicamente constituídos ao longo dos séculos, sequer existiam de forma concreta há pouquíssimo tempo: o bolsonarismo, que ascendeu como paradigma sociopolítico sob o crivo de mais de 57 milhões de cidadãos no Brasil a partir de outubro de 2018, e a pandemia causada pela Covid-19, que se acentuou no país a partir do mês de março de 2020.

Por esse motivo, as aspas serão muito usadas nos capítulos que seguem. Sozinho, seria impossível organizar uma pesquisa minimamente semelhante ao que as múltiplas fontes entrevistadas para esse trabalho foram capazes de produzir. Seria inútil tentar lidar com a complexidade dessa análise por conta própria, independentemente do conhecimento prévio ou das teorias metodológicas a serem aplicadas.

Portanto, além de citar autores consagrados dentro dos muros das academias intelectuais, essa obra sintetiza esse conhecimento empírico – os relatos e as conclusões de algumas das principais lideranças políticas, profissionais da área de saúde e doutores em diferentes disciplinas das ciências sociais que atuaram na linha de frente no combate à pandemia – para entender uma abstração específica da realidade social brasileira nesse momento: a interação entre o bolsonarismo e as crises sanitária, política e econômica que acometeram a nação.

Nesse sentido, surge uma abordagem mais analítica do que descritiva, mais qualitativa do que quantitativa e mais disposta a assumir alguns riscos por considerar a subjetividade que me foi inexoravelmente apresentada de forma prática e empírica por meio da minha experiência enquanto pesquisador, bem como o caráter opinativo que, frequentemente, é rechaçado como "não científico" de acordo com os parâmetros universitários vigentes até os dias atuais.

Isso não quer dizer, contudo, que esse trabalho desprezou os números, as teorias metodológicas e os autores renomados. Significa que as proposições contidas nessas páginas não foram elaboradas de forma circunscrita somente a essas fontes, dados e teorias.

No processo de elaboração do raciocínio apresentado, os relatos de médicos e enfermeiras que lidaram com as mortes de muitos pacientes, os estudos e as análises de alguns dos professores mais gabaritados em áreas que variam da economia à infectologia, e os depoimentos de pessoas comuns, como o de um encarregado de portaria na cidade de São Paulo, ou de figuras emblemáticas que desempenharam papéis centrais na diplomacia brasileira ao longo das últimas décadas, por exemplo, foram tão importantes quanto os dados quantitativos e as teses clássicas para chegar à estrutura final do conteúdo.

PREFÁCIO

Cada pequena peça, por mais subjetiva que seja, deve exercer a sua função elementar e específica de forma a garantir a montagem do quebra-cabeça (ou dos vários quebra-cabeças) da melhor maneira possível – que jamais é perfeita ou sequer conclusiva, mas deve ser eficiente ao que se propõe na direção de fomentar e enriquecer o debate.

A partir da dúvida, paradoxalmente, tudo se torna incerto e possível ao mesmo tempo. Para dar algum sentido a essa equação, o rigor "científico" afirma que o pesquisador deve estar distante do objeto estudado e não sustentar quaisquer emoções com relação ao tema.

Evidentemente, essa tarefa é impossível para os seres humanos que lidam com as questões sociais. Todas as teses nessas searas, por mais empíricas, duras e assertivas que sejam, são filosofias organizadas por meio de representações, ora mais numéricas e descritivas, ora mais qualitativas e analíticas, mas sempre o resultado de uma interpretação da síntese que o pesquisador foi capaz de elaborar com base no uso que fez dos seus recursos durante o processo de investigação do problema e da interação com as fontes e os dados coletados. O "conhecimento" é uma construção social, cultural e histórica em todas as sociedades humanas, sem exceções.

Assim, porque o conhecimento genuíno é construído de forma mútua, ativa e coletiva, essa obra torna-se um pouco mais completa somente na mesma medida em que a leitura contida em suas páginas é realizada, refletida e questionada, porque "a ciência é a cultura da dúvida", conforme notado por Richard Feynman.

PRÓLOGO

Outubro de 2018. No dia 28, 57.797.464 brasileiros votaram à Presidência da República Federativa do Brasil o mandatário que, aproximadamente vinte meses depois e durante o início da maior pandemia do século no país, correria atrás de uma ema com uma caixa de cloroquina nas mãos.

Nesse mesmo dia da eleição presidencial, um empresário corrupto, que burla as licitações públicas e superfatura os projetos, encosta a sua Mercedes Benz C180 para abastecer o tanque em um posto na zona sul da cidade de São Paulo.

O frentista, um senhor humilde e negro que viaja três horas por dia nos ônibus lotados de coronavírus da capital paulistana para trabalhar, aproxima-se e o recebe de forma simpática:

— Bom dia, meu patrão. Vamos completar?

— Quanto tá a gasolina? — pergunta o homem de negócios, de forma a ignorar o cumprimento e a placa que informava o valor do litro.

— Quatro reais e vinte e nove — responde o frentista.

— O PT quebrou o Brasil! — esbraveja o homem.

— Exatamente, patrão. Mas agora vamos eliminar a corrupção e retomar os valores da família. É Deus acima de tudo.

— E o Brasil acima de todos! Amém! Pode completar — arremata o empresário, antes de fechar novamente a janela do carro e ligar o ar-condicionado do veículo.

Com base no ódio, no medo e sob o pretexto de combater a corrupção para moralizar a nação, milhões de cidadãos de todas as classes socioeconômicas fizeram concessões éticas, morais e científicas impensáveis e sem precedentes. Outra imensa parcela da população preferiu se omitir ante o caos que se desenhava.

A partir de março de 2020, esses equívocos cobraram o preço mais alto, e o antigo futuro dos brasileiros, principalmente o dos grupos mais empobrecidos e vulneráveis, explodiu no começo da nova década.

INTRODUÇÃO

Ó meu corpo, faça de mim sempre um homem que questiona.

Frantz Fanon

O descrédito do modelo de democracia indireta, a ganância desmedida de partidos políticos pela manutenção das suas hegemonias a qualquer custo, a influência da mídia brasileira, as manobras de poderes corporativos e da República, uma recessão econômica, todos os tipos de elitismos históricos, a sagacidade de grupos internacionais que são especialistas em utilizar o medo e a ojeriza como forma de promover a instabilidade ou criar coesão política entre as massas, o dogma religioso e novas ferramentas e estratégias de comunicação: a ascensão do bolsonarismo no Brasil do século XXI promoveu uma reorganização da estrutura social brasileira, não somente nos âmbitos político e social coletivo (trabalho, clube, mercado etc.), mas no cerne das famílias e das relações afetivas das amizades mais próximas. Melhores amigos brigaram. Tios e sobrinhas discutiram. Pais e filhos se desentenderam aos gritos. Foi um período muito conturbado para a sociedade brasileira em geral.

Essa reestruturação, que aconteceu de forma mais acentuada entre 2016 e 2018, foi especialmente traumática por conta da intensidade de ambos os elementos que colidiram neste começo do século XXI no Brasil no que tange às mudanças sociais e à participação política do povo brasileiro. De um lado, o conservadorismo histórico que se aliou ao conservadorismo religioso e venceu as eleições em 2018. Do outro, a intensificação de tendências globais e inexoráveis, como a globalização, a ciência moderna, o combate ao racismo e o feminismo (esta última compreendida como a busca da equidade total, considerando o tratamento destinado às pessoas de todos os gêneros).

Trata-se de um período na história do Brasil quando as forças políticas e sociais que representam estes raciocínios antagônicos travaram um embate sobre a plataforma do descrédito do modelo de democracia representativa, que foi catalisado em muitas sociedades civis modernas do planeta por causa da internet e do surgimento de um novo paradigma de comunicação (principalmente desde a popularização dos *smartphones*, entre 2010 e 2013), com redes sociais, aplicativos e novas estratégias de construção de narrativas.

Em outubro de 2018, cinco grandes forças motivaram a votação maciça que o então deputado federal Jair Bolsonaro recebeu nos dois turnos da eleição presidencial brasileira: o antipetismo,[1] que foi estimulado com voracidade ímpar por alguns dos principais grupos empresariais e de comunicação do país nos anos anteriores; o elitismo histórico,[2] reforçado principalmente por boa parte da classe média brasileira[3] e algumas camadas mais pobres e ascendentes da população; o dogma religioso,[4] neste caso, mais especificamente por meio da notória adesão dos evangélicos à candidatura de Bolsonaro; o sentimento de antissistema,[5] em virtude de uma imensa descrença no modelo de democracia representativa (31

---

1 Antipetismo: força social de rejeição ao Partido dos Trabalhadores.

2 Elitismo Histórico: força social historicamente constituída, presente na organização das sociedades humanas desde a Revolução Neolítica e que atua de forma a estruturar os arranjos sociais com base em um parâmetro elitista que se manifesta de múltiplas maneiras de acordo com a época e a cultura em questão.

3 Sobre esse tema, veja os livros *A classe média no espelho: sua história, seus sonhos e ilusões, sua realidade* e *A elite do atraso*, do sociólogo Jessé Souza.

4 Dogma Religioso: qualquer espécie de doutrina ou filosofia que reduza o debate público e homogeneíze o ser humano com base nas religiões.

5 Antissistema: força social de rejeição à política institucional.

milhões de abstenções e onze milhões de brancos ou nulos) e o uso de novas ferramentas e estratégias de comunicação, tais como Facebook, Twitter, Instagram e WhatsApp, para a disseminação de notícias falsas e discursos de ódio ou medo.

Cerca de um ano e meio depois, a pandemia da Covid-19 – doença causada pelo novo coronavírus – desorganizou abruptamente as dinâmicas de funcionamento das sociedades civis em todo o planeta. Entre os anos de 2020 e 2021, as principais nações do mundo, por meio das suas respectivas administrações federais, adotaram medidas legislativas restritivas considerando o fluxo de pessoas, produtos e serviços para conter o avanço do patógeno.

No Brasil, contudo, a crise causada pelo Covid-19 combinou-se com o bolsonarismo e a instabilidade política preexistente e ganhou novos contornos, o que gerou múltiplos planos de um conflito institucional: (1) dentro do próprio Governo Federal; (2) entre os níveis federativos (com governadores e prefeitos estaduais); (3) com os demais poderes da República (Judiciário e Legislativo) e (4) junto à sociedade internacional.

Apesar de ser uma questão social extremamente ampla e complexa, os vetores centrais do agravamento do que se tornou uma sindemia[6] no Brasil entre os anos de 2020 e 2021 foram: a) o simbolismo presidencial, que ao longo de toda a crise sanitária negou a ciência e as recomendações da Organização Mundial de Saúde (OMS) junto à população brasileira; b) a ausência do federalismo cooperativo, como resultado da falta de liderança e articulação da administração Bolsonaro nos âmbitos federal, estadual e municipal para a formulação de políticas públicas eficazes: c) a gestão (corrupta e criminosa) do Ministério da Saúde do Brasil, que teve as suas lideranças alteradas diversas vezes ao longo da pandemia e d) a subdiagnosticação/subnotificação

---

6   O termo sindemia foi cunhado por Merrill Singer com base em um estudo sobre o entrelaçamento entre a síndrome da imunodeficiência adquirida e a violência em cidades estadunidenses para caracterizar a interação mutuamente agravante entre problemas de saúde em populações e seus respectivos contextos político, social e econômico.

de casos, devido aos baixíssimos níveis de testes que foram realizados na população brasileira, à morosidade do governo federal em adquirir os reagentes necessários para viabilizar o processo em ampla escala e a politização irrestrita que o bolsonarismo imprimiu ao tema.

O resultado foi a formação da tempestade perfeita para o Brasil. Um cenário de incertezas, colapso sanitário e social, descrédito internacional, falta de harmonia institucional, insegurança pública, destruição do meio-ambiente e recessão econômica poucas vezes – ou talvez jamais – verificados na história da Nova República, justamente durante a maior pandemia dos últimos cem anos.

Desta forma, nenhum outro tema é mais relevante para entendermos o atual cenário sociopolítico e econômico do Brasil – bem como o caráter e os níveis das mudanças sociais que vêm ocorrendo no país após a pandemia – do que refletir sobre a interação entre o bolsonarismo (com os seus diversos instrumentos políticos, administrativos e sociais) e a crise causada pelo Covid-19. Promover essa reflexão de forma coesa, simples e objetiva é o propósito deste livro.

Para atingir este objetivo, entre março de 2020 e junho de 2021, foram conduzidas dezenas de entrevistas multidisciplinares com doutores em Biologia, Economia, Políticas Públicas, Direito, Direito Constitucional, História, Antropologia, Psicologia, Relações Internacionais, Ciência Política, Política Social, Comunicação Social, Comunicação Digital, médicos (pneumologistas, infectologistas, obstetra e clínico geral), enfermeiras, jornalistas e pesquisadores que lutaram contra a enfermidade no Brasil.

Além disso, algumas das principais lideranças políticas e figuras mais proeminentes da chancelaria brasileira contribuíram de forma a avaliar a atuação da administração de Jair Bolsonaro frente à pandemia em diferentes áreas da vida social brasileira.

Foram organizados – por meio de dados oficiais da Organização Mundial da Saúde, da Política Nacional de Defesa (PND), da Estratégia Nacional de Defesa (END), do Livro Branco da Defesa Nacional, da Assembleia Geral das Nações Unidas, dos pronunciamentos

INTRODUÇÃO

oficiais do mandatário brasileiro e de consultorias de tecnologia – raciocínios analíticos que evidenciam os impactos do bolsonarismo sobre a crise sanitária que acometeu o Brasil e o mundo a partir de março de 2020.

Desde o primeiro caso registrado no Brasil,[7] o presidente brasileiro desqualificou a doença de todas as formas possíveis, enviando à população mensagens que ignoraram sumariamente todas as orientações científicas de diferentes especialistas e entidades ao redor do planeta.

No dia 11 de junho de 2020, Jair Bolsonaro, durante transmissão ao vivo pelas suas redes sociais, chegou a pedir que a população efetivamente invadisse os hospitais para mostrar se os leitos destinados ao tratamento de pacientes com a Covid-19 estavam vazios. "Arranje um jeito de entrar e filmar", orientou.

Três meses mais tarde, no dia 11 de setembro de 2020, a soma total de pessoas mortas em todos os países da América do Sul, em decorrência do que o presidente brasileiro classificou como "gripezinha", era inferior aos cento e trinta mil óbitos registrados no Brasil.

Doutores entrevistados para esta obra realizaram diversas pesquisas no sentido de estudar as respostas do governo federal, dos governos estaduais e municipais frente à pandemia.

Por meio destas investigações, os primeiros capítulos apontam como o Governo Federal do Brasil adotou medidas para fragilizar as políticas estaduais e municipais voltadas a aumentar o distanciamento social e como as administrações federais prévias, que foram conduzidas por diferentes partidos políticos, foram mais capazes de articular respostas coordenadas para as crises sanitárias anteriores do que a gestão bolsonarista.

No Brasil, os combates às pandemias mais recentes foram travados com estratégias complexas do governo federal, de modo a orientar

---

[7] Oficialmente, o Ministério da Saúde do Brasil confirmou o primeiro caso de coronavírus no Brasil em São Paulo, no Hospital Israelita Albert Einstein, no dia 26 de fevereiro de 2020.

o SUS (Sistema Único de Saúde) e coordenar a ação dos estados e municípios. Segundo os especialistas consultados, foi assim nos casos da AIDS, do H1N1 e da SARS, que deram crédito ao Brasil no plano internacional. No caso da Covid-19, o mesmo não aconteceu. Entre 2020 e 2021, o bolsonarismo não apresentou qualquer estratégia elaborada para combater a pandemia no âmbito nacional.

Além disso, as nações que efetivaram respostas mais eficazes desenvolveram rapidamente a capacidade de testagem, adquiriram tecnologia e a habilidade de divulgar estes protocolos foi coordenada pelas autoridades sanitárias nacionais.

Avaliaremos também os processos de desinformação que foram conduzidos por milícias digitais via internet durante a crise e como o simbolismo presidencial e a ausência de liderança política da gestão Bolsonaro acentuaram a contaminação da população brasileira.

Em seguida, refletiremos sobre como o bolsonarismo afetou a comunidade médica do Brasil de forma mais específica no enfrentamento à pandemia e como a subdiagnosticação/subnotificação de casos impediu a formulação de políticas públicas eficazes para lidar com o problema.

Depois, vamos abordar a crise que se produziu entre os poderes da República, a atuação do Ministério da Saúde do Brasil, incluindo o fiasco do plano de vacinação do governo federal, e a resposta econômica que foi efetivada pela gestão Bolsonaro durante a crise sanitária.

Por fim, endereçaremos a política externa do bolsonarismo, os seus impactos junto à sociedade internacional e os processos judiciais que foram protocolados contra o presidente brasileiro em tribunais internacionais em decorrência da forma como o Governo Federal do Brasil atuou durante a crise sanitária para registrar um dos maiores números de óbitos em todo o planeta.

Evidentemente, a altíssima quantidade de vítimas fatais verificada no Brasil durante a pandemia reflete fatores que transcendem a administração bolsonarista. A ausência de saneamento básico para mais de cem milhões de brasileiros,[8] o baixo Índice de Desenvolvimento Humano (IDH) e a concentração de capital e de renda exacerbada que vigora no Brasil[9] são, inquestionavelmente, aspectos históricos e socioculturais que foram preponderantes para que o país se tornasse a nação mais atingida pelo Covid-19 em todo o Hemisfério Sul – com a possibilidade de superar os Estados Unidos considerando as taxas de óbitos e contaminações até o fim de 2021. Contudo, a atuação do governo de Jair Bolsonaro é o outro ponto nevrálgico para explicar o agravamento da crise sanitária na nação.

---

[8] Instituto Trata Brasil.
[9] *The World Inequality Report 2018.*

CAPÍTULO I
A CRONOLOGIA DO NEGACIONISMO GENOCIDA: DE ZERO A QUINHENTAS MIL MORTES

> (...) O número de pessoas que morreram de H1N1 foi mais (sic) de oitocentas pessoas. A previsão é não chegar aí a essa quantidade de óbitos no tocante ao coronavírus.
>
> *Jair Bolsonaro*

A China é um país pelo menos sete vezes mais populoso do que o Brasil – e entre quatro e cinco vezes mais do que os Estados Unidos – e registrou números inferiores de mortes[10] decorrentes da pandemia, entre os meses de março de 2020 e junho de 2021. Por quê?

Existem inúmeros fatores sociais, históricos e culturais que devem ser minuciosamente avaliados para entender os motivos que levaram os dois maiores países das Américas a serem os mais afetados pela pandemia em todo o planeta entre os anos de 2020 e 2021, mas, seguramente,

---

10 De acordo com o *Our World In Data*, até o dia 23 de junho de 2021, a China havia registrado 4.636 mortes. Até essa mesma data, os Estados Unidos registraram mais de 602 mil mortes e o Brasil mais de 505 mil, oficialmente.

os negacionismos genocidas avançados pelas administrações Trump[11] e Bolsonaro foram fatores cruciais nessa equação.

A primeira morte por coronavírus no Brasil aconteceu, oficialmente, em 12 de março de 2020, de acordo com o Ministério da Saúde do Brasil. Ao longo de todo o primeiro semestre do ano, que foi idealizado por muitos como a data quando os carros seriam capazes de voar e a civilização humana viveria as benesses de uma sociedade futurística, o presidente brasileiro em exercício, Jair Messias Bolsonaro (sem partido nesta ocasião), correu atrás de uma ema com uma caixa de hidroxicloroquina nas mãos, afirmou que usar máscaras de proteção era "coisa de veado", aventou a possibilidade de fazer um churrasco quando o Brasil se aproximava da marca de dez mil óbitos decorrentes da pandemia, ameaçou de agressão física um repórter e orientou a população a invadir os hospitais para verificar se os leitos estavam ocupados por pacientes, efetivamente.

Todos os especialistas das áreas de saúde e ciências humanas entrevistados para esta obra, entre biólogos, infectologistas, clínicos gerais, cientistas políticos e psicólogos, elucidaram que as mensagens enviadas à nação por Jair Bolsonaro durante a pandemia do Covid-19 no Brasil confundiram a população ou estimularam, deliberadamente, a adoção de medidas que colocaram a vida dos cidadãos brasileiros em risco de forma direta, como a exposição ao vírus ou o consumo de remédios e substâncias sem a devida comprovação científica das autoridades sanitárias.

Este capítulo estabelece um registro cronológico, apontando as principais falas, narrativas, símbolos, veículos e profissionais de comunicação que auxiliaram o presidente para determinar a base do estudo de como

---

[11] Segundo relatório apresentado em fevereiro de 2021, pela *Lancet Commission on Public Policy and Health in the Trump Era*, os Estados Unidos poderiam ter evitado 40% das mortes por Covid-19. De acordo com o documento, Trump é amplamente responsável por não levar a pandemia a sério desde o início, não ter encorajado o uso das máscaras, ter espalhando teorias da conspiração e prejudicado cientistas e outros profissionais que buscaram combater a propagação do vírus. "Políticas públicas e saúde na era Trump". *The Lancet*, 2021. Disponível em: https://www.thelancet.com/journals/lancet/article/PIIS0140-6736(20)31681-0/fulltext/. Acesso em: 02 jul. 2021.

Jair Bolsonaro utilizou o seu simbolismo presidencial – que é uma das principais forças políticas de qualquer gestão federal em basicamente todas as sociedades civis modernas do mundo e será analisado no quarto capítulo deste livro – durante a pandemia. O bolsonarismo promoveu uma "estratégia institucional de propagação do vírus".[12]

10 de março de 2020:

"Obviamente, temos no momento uma crise. Uma pequena crise. No meu entender, muito mais fantasia a questão do coronavírus, que não é isso tudo que a grande mídia propala ou propaga pelo mundo todo", afirmou Bolsonaro durante um evento em Miami, nos Estados Unidos.

11 de março de 2020:

Em entrevista no Palácio da Alvorada, ele disse: "(...) o que eu vi até o momento é que outras gripes mataram mais do que essa (do novo coronavírus). Assim como uma gripe, outra qualquer, leva a óbito".

15 de março de 2020:

Declarou em entrevista à CNN Brasil:

> Muitos pegarão isso independente (sic) dos cuidados que tomem. Isso vai acontecer mais cedo ou mais tarde. Devemos respeitar, tomar as medidas sanitárias cabíveis, mas não podemos entrar numa neurose, como se fosse o fim do mundo.

16 de março de 2020:

"Não vou viver preso dentro do (Palácio da) Alvorada. Se eu resolvi apertar a mão do povo, é um direito meu, eu vim do povo.

---

[12] Veja o estudo Direitos na Pandemia – Mapeamento e Análise de Normas Jurídicas de Resposta à Covid-19 no Brasil, que foi organizado pelo Centro de Pesquisas e Estudos de Direito Sanitário (USP) e a Conectas Direitos Humanos.

Tenho obrigação de saudar o povo", bradou o presidente, em entrevista à Rádio Bandeirantes e utilizando a rampa do Palácio do Planalto como plataforma simbólica para transmitir a mensagem.

Depois de ser interpelado sobre cumprimentos aos seus apoiadores no Palácio do Planalto, Bolsonaro respondeu que "(...) ninguém tem nada a ver com isso. (...) Se eu me contaminei, tá certo? Olha, isso é responsabilidade minha, ninguém tem nada a ver com isso", disse o chefe do Poder Executivo do Brasil.

17 de março de 2020:

"Como (o vírus) está vindo, tem que ser diluído. Em vez de uma parte da população ser infectada num período de dois, três meses, que seja entre seis, sete, oito meses", recomendou o presidente brasileiro ao vivo para a Rádio Tupi.

20 de março de 2020:

"Depois da facada, não vai ser gripezinha que vai me derrubar, não. Tá ok?", declarou em coletiva à imprensa.

21 de março de 2020:

"Vão morrer alguns pelo vírus? Sim, vão morrer. Se tiver um com deficiência, pegou no contrapé, eu lamento", consolou o presidente em entrevista ao Programa do Ratinho, do Sistema Brasileiro de Televisão (SBT).

22 de março de 2020:

Enquanto as duas primeiras semanas de março de 2020 passaram – e com elas a melhor janela de oportunidade para combater a pandemia nos seus estágios ainda iniciais no Brasil – Bolsonaro, sem qualquer ação sólida por parte do Governo Federal do Brasil no sentido de enfrentar a crise sanitária, apostou alto em entrevista via TV Record:

> Brevemente, o povo saberá que foi enganado por esses governadores e por grande parte da mídia nessa questão do coronavírus. (...) Espero que não venham me culpar, lá na frente, pela quantidade de milhões e milhões de desempregados (...).

Neste mesmo dia, ele dobrou a aposta: "(...) o número de pessoas que morreram de H1N1 foi mais (sic) de 800 pessoas. A previsão é não chegar aí a essa quantidade de óbitos no tocante ao coronavírus", garantiu Jair Messias Bolsonaro.

24 de março de 2020:

"O que se passa no mundo mostra que o grupo de risco é o de pessoas acima de sessenta anos. Então, por que fechar escolas? Raros são os casos fatais, de pessoas sãs, com menos de quarenta anos de idade", orientou, durante pronunciamento via cadeia nacional de rádio e televisão.

Bolsonaro provocou, fazendo alusão à Rede Globo:

> Pelo meu histórico de atleta, caso fosse contaminado pelo vírus, não precisaria me preocupar, nada sentiria ou seria acometido, quando muito, de uma gripezinha ou resfriadinho, como bem disse aquele conhecido médico, daquela conhecida televisão.

Nesta ocasião, ele disse que

> (...) algumas poucas autoridades estaduais e municipais devem abandonar o conceito de terra arrasada. A proibição de transportes, o fechamento de comércio e o confinamento em massa. (...) (O vírus) brevemente passará.

25 de março de 2020:

"O que estão fazendo no Brasil, alguns poucos governadores e alguns poucos prefeitos, é um crime. Eles estão arrebentando com o Brasil, estão destruindo empregos", salientou o presidente a jornalistas.

Horas mais tarde, Bolsonaro utilizou a sua conta na rede social Twitter para reforçar a desarmonia entre os entes federativos:

> (...) é mais fácil fazer demagogia diante de uma população assustada, do que falar a verdade. Isso custa popularidade. Não estou preocupado com isso. Aproveitar-se do medo das pessoas para fazer politicagem num momento como esse é coisa de COVARDE! A demagogia acelera o caos.

Neste mesmo dia, o UOL Notícias publicou um artigo[13] em sua página inicial, o qual trazia uma entrevista com a bióloga alemã Nadine Bongard alertando o Brasil sobre a seriedade da doença causada pela Covid-19 e a situação que se desenhava na Europa.

Disse Bongard:

> Especialistas (na Europa) pensam que o que ele (Bolsonaro) faz é bastante perigoso. Ele tenta evitar uma crise econômica, mas pode comprometer o sistema de saúde de todo o país. Na Europa, a maioria das pessoas trabalha em regime de *home office* e tem evitado os contatos sociais em universidades, escolas, transportes públicos, restaurantes, bares, igrejas etc. Todos os estabelecimentos estão fechados. Isso reduzirá as taxas de infecção. O objetivo é proteger o sistema de saúde, com os hospitais, de ser sobrecarregado pelos pacientes. Ainda assim, as taxas de infecções dobram a cada três ou quatro dias.[14]

A bióloga alertou naquela ocasião:

---

13 ASANO, C. L.; VENTURA, D. F. L.; AITH, F. M. A.; REIS, R. R.; RIBEIRO, T. B. (Eds.). "Boletim Direitos na Pandemia, n. 10". *Conectas Direitos Humanos e Centro de Pesquisas e Estudos de Direito Sanitário*, 2021. Disponível em: https://www.conectas.org/wp/wp-content/uploads/2021/01/Boletim_Direitos-na-Pandemia_ed_10.pdf. Acesso em: 12 jul. 2021.

14 Entrevista concedida ao autor no dia 25 de março de 2020.

CAPÍTULO I – A CRONOLOGIA DO NEGACIONISMO GENOCIDA...

> Quando (o vírus) chegar às favelas (no Brasil), pode se tornar enorme por causa dos padrões de higiene. Aqui na Europa, fazemos qualquer coisa para diminuir as taxas de infecção para proteger nossos hospitais de serem sobrecarregados pelos pacientes. Os hospitais tentam se preparar ensinando seus funcionários, comprando novos equipamentos e assim por diante. O Brasil deveria se preparar muito bem, porque a Covid-19, que é a abreviação da doença causada pelo vírus corona em 2019, é causada, principalmente, por infecções por gotículas. Os sintomas são muito inespecíficos e apresentam alta variação. Essencialmente, são infecções por fibras e pulmões. Até o momento, não temos medicamentos ou vacinas disponíveis para ajudar os pacientes ou impedir que as pessoas sejam infectadas.[15]

26 de março de 2020:

Em ato de submissão extrema, Bolsonaro disse que o povo brasileiro, quando comparado ao estadunidense, "não pega nada", porque, segundo o próprio presidente do Brasil, os brasileiros estão acostumados com o esgoto.

> Eu acho que não, não vamos chegar a esse ponto (tantos casos quanto nos Estados Unidos), até porque o brasileiro tem que ser estudado. O cara não pega nada. Eu vi um cara ali pulando no esgoto, sai, mergulha (...) Tá certo? E não acontece nada com ele.

27 de março de 2020:

Em guerra contra a imprensa e zombando das medidas de distanciamento social que foram prescritas por especialistas de todo o planeta, Bolsonaro instigou os seus seguidores e debochou:

> (...) mostra ali. Atenção povo do Brasil. Esse pessoal diz que eu estou errado e tem que ficar em casa. Aí eu pergunto: o que vocês estão fazendo aqui, imprensa brasileira? O que vocês estão fazendo aqui? Estão com medo do coronavírus, não? Vão pra casa. Todo mundo sem máscara.

---

15 Entrevista concedida ao autor no dia 25 de março de 2020.

Ainda nesse dia, ele desacreditou os dados da Secretaria de Saúde de São Paulo. "Não estou acreditando nesses números", duvidou o presidente, em entrevista para o Brasil Urgente, programa da TV Bandeirantes.

29 de março de 2020:

"Todos iremos morrer um dia", confortou Bolsonaro depois de um passeio pelo Distrito Federal. Ele salientou ainda que enfrentaria o novo coronavírus "como homem, não como um moleque".

3 de abril de 2020:

Bolsonaro avaliou em entrevista ao jornalista José Datena, da TV Bandeirantes:

> (O coronavírus) é igual a uma chuva. Ela vem e você vai se molhar, mas não vai morrer afogado. (...) Vai molhar 70% de vocês. Isso ninguém contesta (...). Ponto final. Agora, desses 70%, uma pequena parte, que são os idosos e que têm planos de saúde, vai ter problemas sérios.

8 de abril de 2020:

> Esse tratamento (com hidroxicloroquina), que começou aqui no Brasil, tem que ser feito, segundo as pessoas que a gente tem conversado, até o quarto ou quinto dia dos primeiros sintomas. (...) Há quarenta dias venho falando do uso da hidroxicloroquina no tratamento da Covid-19. Cada vez mais o uso da cloroquina se apresenta como algo eficaz.

10 de abril de 2020:

Em meio à pandemia, Bolsonaro circulou novamente, em tom de carreata, por Brasília. Passou por uma farmácia, colocou-se em frente ao balcão do estabelecimento e não respondeu sobre o motivo daquele gesto. Quando questionado, disse: "(...) eu tenho o direito constitucional de ir e vir. Ninguém vai tolher minha liberdade de ir e vir".

12 de abril de 2020:

Exatamente um mês após o registro da primeira morte por Covid-19 no Brasil, o Governo Federal havia desperdiçado possivelmente o momento crucial do combate a um vírus que se espalhou em progressão geométrica durante os dois anos seguintes.

Falando via videoconferência para pastores evangélicos, o próprio Bolsonaro admitiu que o período das seis semanas iniciais após a detecção do primeiro caso – ou seja, a melhor oportunidade de mitigar a nocividade do vírus – havia passado, enquanto o presidente brasileiro seguia negando a crise sanitária: "(...) quarenta dias depois, parece que está começando a ir embora a questão do vírus. Mas está chegando e batendo forte a questão do desemprego".

17 de abril de 2020:

"Essa briga de começar a abrir para o comércio é um risco que eu corro. E se agravar, vem para o meu colo", disse Bolsonaro – que evidentemente mudaria o seu senso de responsabilidade aqui expresso para culpar exclusivamente os governadores e prefeitos municipais pelo agravamento da crise – durante a posse do segundo ministro da Saúde, Nelson Teich.

18 de abril de 2020:

Novamente, Jair Bolsonaro emitiu sinais para fragilizar o distanciamento social junto à população: "(...) não tem que se acovardar com esse vírus na frente", esbravejou em transmissão ao vivo realizada em frente ao Palácio do Planalto e transmitida via rede social Facebook. "Os estados estão quebrados. Falta humildade para essas pessoas que estão bloqueando tudo de forma radical", acrescentou.

20 de abril de 2020:

Quando questionado por um jornalista sobre o número de mortes em decorrência da pandemia, Bolsonaro ultrapassou o limite do bom senso: "(...) cara, quem fala de... eu não sou coveiro, tá certo?".

22 de abril de 2020:

Durante a fatídica reunião ministerial, ele insultou os governadores dos dois maiores estados do Brasil: "(...) esse bosta desse governador de São Paulo, esse estrume do Rio de Janeiro".

28 de abril de 2020:

"E daí? Lamento. Quer que eu faça o quê? Eu sou Messias, mas não faço milagre", respondeu Bolsonaro quando questionado por um repórter sobre o que ele tinha a dizer considerando o recorde diário de mortes notificadas naquela data.

Em seguida, o presidente perguntou se alguém estava gravando a entrevista ao vivo. Quando foi informado que sim, se direcionou a essa pessoa e disse: "(...) lamento a situação que nós atravessamos com o vírus. Nos solidarizamos com as famílias que perderam seus entes queridos, que a grande parte eram pessoas idosas. Mas é a vida. Amanhã vou eu".

29 de abril de 2020:

> O Supremo (Tribunal Federal) decidiu que quem decide essas questões (de combate ao novo coronavírus) são governadores e prefeitos. Então, cobrem deles. A minha opinião não vale. O que vale são os decretos dos governadores e prefeitos,

afirmou Bolsonaro, cercado por parlamentares aliados e apoiadores.

7 de maio de 2020:

Bolsonaro afirmou:

> (...) (Estou) cometendo um crime, vou fazer um churrasco no sábado aqui em casa e convidei aí o Wagner, o ministro da CGU. (Ele) vai trazer o filho dele de treze anos, falei que ele não olhe pra Laura se não o bicho vai pegar, tá certo? E vamos bater um papo aqui, quem sabe fazer uma peladinha com alguns ministros, alguns servidores mais humildes estão ao meu lado, ok?

Dois dias depois, o presidente disse que as notícias de que ele faria um churrasco, no Palácio da Alvorada, eram "fake" e que os jornalistas eram "idiotas" que o criticaram por sugerir uma celebração durante o aumento de mortes pelo novo coronavírus no Brasil.

9 de maio de 2020:

Após cancelar o churrasco que ele disse nunca ter sugerido, Bolsonaro fez um passeio de jet-ski no Lago Paranoá, em Brasília. Em um dos vídeos que foram divulgados via internet, o presidente se aproxima de um barco e conversa com as pessoas a bordo da embarcação sobre a pandemia: "(...) é uma neurose. Setenta por cento (sic) vai pegar o vírus, não tem como. É uma loucura".

14 de maio de 2020:

> Vamos ser fadados a viver em um país de miseráveis, como tem alguns países da África subsaariana? Nós temos que ter coragem de enfrentar o vírus. Está morrendo gente? Tá. Lamento? Lamento, lamento. Mas vai morrer muito, muito, mas muito mais se a economia continuar sendo destroçada por essas medidas (de distanciamento social).

Ainda neste dia, Bolsonaro falou sobre o decreto que assinou para liberar as academias de ginástica, os salões de beleza e as barbearias como serviços essenciais durante o início da crise sanitária no Brasil.

> Eu não falo inglês, como é? *Lockdown*. Não dá certo e não deu certo em lugar algum do mundo. A Suécia está bem com sua economia. Se morrem cem pessoas aqui e cem no Uruguai, há uma diferença enorme. Lá a população é trinta ou quarenta vezes menor do que a nossa,

ponderou o chefe do Executivo brasileiro.

2 de junho de 2020:

Bolsonaro confessou, em transmissão gravada por apoiadores:

> O pessoal que reclama da cloroquina, então dê alternativa. Que diga "sou contra isso", mas aponte qual é a outra (possibilidade). Sabemos que pode ser que não seja tudo isso que alguns pensam, mas é o que aparece no momento. Pode, mas tem muito relato de pessoas, muito médico favorável. A briga farmacêutica é muito grande.

5 de junho de 2020:

Seguindo a sua cruzada contra a imprensa, o presidente atrasou a divulgação das atualizações sobre o número de mortos e contaminados pela doença no Brasil para prejudicar a grade de conteúdo do Jornal Nacional, da Rede Globo: "(...) acabou matéria do Jornal Nacional", disparou Bolsonaro demonstrando a sua prioridade durante a pandemia.

Horas mais tarde e seguindo a linha do presidente estadunidense, Donald J. Trump, ele disse que:

> (...) a OMS é o seguinte. O Trump cortou a grana deles, voltaram atrás em tudo. Um cara que nem é médico. E eu adianto aqui. O Estados Unidos saiu (sic) da OMS e a gente estuda, no futuro, ou a OMS trabalha sem o viés ideológico, ou nós vamos estar fora também. Não precisamos de gente lá de fora para dar palpite na saúde aqui dentro.

10 de junho de 2020:

Enquanto conversava com apoiadores em frente ao Palácio da Alvorada, Bolsonaro mandou uma mulher, que o questionava sobre o número de brasileiros mortos pela pandemia da Covid-19, "cobrar do seu governador".

16 de junho de 2020:

"Luto para fazer a minha parte, mas não posso assistir calado enquanto direitos são violados e ideias são perseguidas. Por isso, tomarei todas as medidas legais possíveis para proteger a Constituição e a liberdade dos brasileiros", bradou o presidente, novamente visando desmoralizar as ações de prefeituras e estados que adotaram o distanciamento social para combater a infecção pelo novo coronavírus.

7 de julho de 2020:

> No meu entender, houve um superdimensionamento (da pandemia). Sabemos da fatalidade do vírus para aqueles que têm certa idade, como eu, acima de 65, bem como para aqueles que têm comorbidades, tem doenças ou outros problemas.
>
> Medidas outras exageradas, no meu entender ou não (sic), levaram certo pânico à sociedade no tocante ao vírus. Todo mundo sabia que, mais cedo ou mais tarde, ia atingir uma parte considerável da população. Se eu não tivesse feito o exame, não saberia do resultado. E ele acabou de dar positivo.
>
> Confesso que eu achava que já (sic) tinha pego lá atrás, tendo em vista a minha atividade muito dinâmica perante a população. E digo mais: eu sou o presidente da República e estou na frente de combate, não fujo à minha responsabilidade e nem me afasto do povo. Eu gosto de estar no meio do povo (...).

16 de julho de 2020:

Bolsonaro afirmou:

> Também agora está aí, estão apresentando o Annita. Não sou médico, não recomendo nada para ninguém. O que recomendo é que você procure o médico (...). Você, que está com parente, amigo, um idoso com sintomas, procure um médico. Doutor, você ministra hidroxicloroquina ou não? Ministra Annita ou não? O médico vai falar alguma coisa. Ele pode falar "vai para casa e deite". Aí você decide e procura outro médico se quiser.

18 de julho de 2020:

"Se não temos alternativa, vamos com a hidroxicloroquina", disse Bolsonaro, apesar de não ser médico.

30 de julho de 2020:

"Depois de vinte dias dentro de casa, a gente pega outros problemas. Peguei mofo, mofo no pulmão", disse Bolsonaro. A declaração foi feita durante a transmissão semanal ao vivo na rede social YouTube.

> Pela segunda vez, eu vi na televisão, agora há pouco, que o senhor governador de São Paulo, sua excelência João Doria, nada a ver com a minha ida lá, mas iria baixar um decreto transformando em área vermelha o Vale do Ribeira. Se isso acontecer, eu vou ser obrigado a mais uma vez adiar a minha ida ao Vale do Ribeira.

O discurso acima foi feito por Bolsonaro, durante transmissão ao vivo feita pelas redes sociais Facebook e YouTube, simultaneamente. "Quero convidar o João Doria a ir no meu helicóptero", ironizou.

> Se fala muito da vacina da Covid-19. Nós entramos naquele consórcio lá de Oxford. Pelo que tudo indica, vai dar certo e cem milhões de unidades chegarão para nós. Não é daquele outro país não, tá ok, pessoal? É da Oxford (...),

disse o presidente brasileiro fazendo alusão à China, maior parceira comercial do Brasil atualmente, novamente em transmissão realizada por meio das redes sociais digitais.

31 de julho de 2020:

> Todos vocês vão pegar um dia. Eu sabia que um dia ia pegar. Como, infelizmente, eu acho que quase todos vocês vão pegar um dia. Tem medo do quê? Enfrenta! Lamento, lamento as mortes. Morre gente todo dia de uma série de causas, né? É a vida, é a vida.

6 de agosto de 2020:

> Quase nove milhões perderam empregos no segundo trimestre. Eu já vinha falando lá atrás que teria no mínimo duas ondas. Muita gente diz, e eu também digo, que esse efeito colateral (da economia) é mais grave que o próprio vírus (...) Desemprego, em grande parte, alguns governadores e prefeitos têm essa responsabilidade,

afirmou.

Ainda no dia 6 de agosto, Bolsonaro fez uso do elitismo histórico para contar uma "piada" de cunho homofóbico. Ao comentar a sugestão do prefeito de Itajaí, em Santa Catarina, Volnei Morastoni, que pretendia testar a eficácia da aplicação retal de ozônio no tratamento da Covid-19, o presidente disse: "(...) pô, tu veio de Santa Catarina, cara?", perguntou a um apoiador que afirmava ser do estado catarinense. "Estou preocupado que você é de Santa Catarina. Não é de Itajaí, não, né?".

23 de agosto de 2020:

Vontade de "encher tua boca com uma porrada". Esse foi o posicionamento do presidente da República Federativa do Brasil, ao ser questionado sobre os depósitos feitos pelo policial militar aposentado e seu ex-assessor, Fabrício Queiroz, na conta bancária da primeira-dama brasileira, Michelle Bolsonaro.

7 de setembro de 2020:

Com 126.686 brasileiros mortos vítimas da pandemia, Bolsonaro participou de uma solenidade no Palácio da Alvorada para comemorar o 198º aniversário da independência do Brasil. Sem máscara, ele chegou ao evento acenando à população e cercado por crianças, todas também desprotegidas, no Rolls Royce da Presidência da República do Brasil para cumprimentar apoiadores. Quatro dias depois, o Brasil superou a marca de 130 mil pessoas mortas vítimas do Covid-19.

24 de setembro de 2020:

Segundo Bolsonaro, durante discurso na 75ª Sessão da Assembleia Geral das Nações Unidas:

> A Covid-19 ganhou o centro de todas as atenções ao longo deste ano e, em primeiro lugar, quero lamentar cada morte ocorrida. Desde o princípio, alertei, em meu país, que tínhamos dois problemas para resolver, o vírus e o desemprego, e que ambos deveriam ser tratados simultaneamente e com a mesma responsabilidade. Por decisão judicial, todas as medidas de isolamento e restrições de liberdade foram delegadas a cada um dos 27 governadores das unidades da federação. Ao presidente, coube o envio de recursos e meios a todo o País. Como aconteceu em grande parte do mundo, parcela da imprensa brasileira também politizou o vírus, disseminando o pânico entre a população. Sob o lema 'fique em casa e a economia a gente vê depois', quase trouxeram o caos social ao país. Nosso governo, de forma arrojada, implementou várias medidas econômicas que evitaram o mal maior.

11 de outubro de 2020:

Com 150.338 mortos vítimas da pandemia, o presidente brasileiro foi passar o feriado no Guarujá, litoral do estado de São Paulo.

Causou aglomerações, tirou fotos com os seus seguidores e chegou a segurar uma criança nos braços sem usar a máscara de proteção facial. "Se pegar (a doença) um dia, não fique preocupada. A gente evita, né? Estou com 65 anos. Não senti nada. Nem uma gripezinha. Zero. Zero. Nada", disse ele a uma apoiadora.

21 de outubro de 2021:

Cercado de apoiadores, Bolsonaro afirmou:

> Nada será despendido agora para comprarmos uma vacina chinesa, que eu desconheço, mas parece que nenhum país do mundo está interessado nela. (...) As vacinas precisam de comprovação científica, diferente da hidroxocloroquina, eu posso falar disso aí. (...) Toda e qualquer vacina está descartada.

30 de outubro de 2020:

Em transmissão ao vivo por meio de suas redes sociais, o presidente debocha:

> Querido governador de São Paulo, sabe que sou apaixonado por você. Sabe disso, poxa... Fica difícil, né? E outra coisa, ninguém vai tomar a tua vacina (Coronavac) na marra não, tá ok? Procura outro. E eu, eu que sou o governo, o dinheiro não é meu é do povo, não vai comprar tua vacina também não, tá ok? Procura outro pra pagar a tua vacina aí.

10 de novembro de 2020:

> Tudo agora é pandemia, tem que acabar com esse negócio, pô! Lamento os mortos, lamento. Todos nós vamos morrer um dia, aqui todo mundo vai morrer. Não adianta fugir disso, fugir da realidade. Tem que deixar de ser um país de maricas,

disse Bolsonaro em cerimônia no Palácio do Planalto no dia em que o Brasil contabilizou oficialmente 162.842 mortes vítimas da peste.

24 de novembro de 2020:

"Pergunta para o vírus", disse Bolsonaro a um de seus apoiadores em frente ao Palácio da Alvorada, em Brasília, quando questionado sobre a possibilidade de prorrogação do auxílio econômico emergencial.

26 de novembro de 2020:

Oito meses – e mais de 170 mil mortes – depois de classificar a doença causada pelo Covid-19 como "gripezinha" durante pronunciamento em rede nacional de rádio e televisão, Jair Bolsonaro simplesmente disse que nunca havia usado essa expressão para se referir à enfermidade. "Não existe um vídeo ou um áudio meu falando dessa forma", mentiu o presidente brasileiro por meio das suas redes sociais.

9 de dezembro de 2020:

Afinando a voz em tom de deboche e gargalhando, Bolsonaro disse a apoiadores: "estou com covid". Nessa data, o Brasil já registrava mais de 178 mil mortes[16] em decorrência da doença.

10 de dezembro de 2020:

Com o número de mortes e casos de Covid-19 no país aumentando e os estados ampliando as medidas restritivas, Bolsonaro declarou que o Brasil vivia o "finalzinho da pandemia" do coronavírus. "Ainda estamos vivendo um finalzinho de pandemia".

15 de dezembro de 2020:

"Eu não vou tomar vacina e ponto final. Minha vida está em risco? O problema é meu", disse Bolsonaro em entrevista ao programa

---

[16] Universidade *Johns Hopkins*.

Brasil Urgente, da TV Bandeirantes. Nesse mesmo dia, ele disse que daria sinal verde à compra e à aplicação das vacinas contra o coronavírus que fossem autorizadas pela Agência Nacional de Vigilância Sanitária, agência reguladora que o bolsonarismo aparelhou nos meses anteriores, conforme será abordado no sexto capítulo desse livro.

17 de dezembro de 2020:

"Outra coisa que precisa ficar bem clara aqui: lá, no contrato com a Pfizer, nós não nos responsabilizamos por qualquer efeito colateral. Se você virar um jacaré é problema de você (sic)", eximiu-se Bolsonaro durante pronunciamento na cidade de Porto Seguro, na Bahia, ao falar da vacina para os brasileiros.

19 de dezembro de 2020:

"(...) a pressa da vacina não se justifica", disse Bolsonaro em entrevista concedida ao seu próprio filho, Eduardo Bolsonaro, e transmitida via redes sociais. Somente nesse dia, 823 brasileiros morreram vítimas da doença e diversos países do mundo já estavam vacinando as suas respectivas populações.

22 de dezembro de 2020:

Com mais de 187 mil brasileiros mortos pela doença, Bolsonaro foi pescar com o apresentador Ratinho, do Sistema Brasileiro de Televisão, ambos sem máscaras de proteção, e causou uma aglomeração na praia de São Francisco do Sul, no litoral norte de Santa Catarina. Nesse mesmo dia, quando questionado por um apoiador sobre as próximas eleições presidenciais, Bolsonaro disse que "(...) se a gente não tiver voto impresso, pode esquecer a eleição (de 2022)".

23 de dezembro de 2020:

"Eu tive a melhor vacina, foi o vírus. Sem efeito colateral", disse Bolsonaro ainda durante as suas férias no Sul do Brasil e de forma a desconsiderar que, somente nesse dia, 979 brasileiros morreram vitimados pela doença, oficialmente. Ao todo, o país contabilizava 188.259 óbitos e as taxas de novos casos e mortes continuavam crescendo.

24 de dezembro de 2020:

Com uma mensagem de Natal que foi veiculada em cadeia nacional de comunicação, Bolsonaro disse que as ações de combate ao Covid-19 implementadas pelo seu governo fizeram do Brasil uma referência para a sociedade internacional.

Segundo o presidente brasileiro:

> Várias medidas foram tomadas, como o auxílio emergencial, o crédito para microempresas e, com isso, salvamos milhões de empregos. Na saúde, não faltaram equipamentos. Essas ações têm ajudado o Brasil a seguir rumo ao progresso, e se tornar referência a outros países.

Nesse mesmo dia, outros países da América Latina, tais como México, Chile e Costa Rica já estavam vacinando as suas respectivas populações, enquanto o Brasil ainda não tinha sequer anunciado a data para o início da sua campanha vacinal.

Bolsonaro também aproveitou a véspera do Natal para atacar o então governador do estado de São Paulo e estimular o armamento da população brasileira.

> Eu quero o cidadão de bem armado. O povo armado acaba com essa brincadeirinha de "vai ficar todo mundo em casa que eu vou passear em Miami". Pelo amor de Deus, ô calcinha apertada! Isso não é coisa de homem, pô, afirmou. Fecha São Paulo e vai passear em Miami (…) Que negócio é esse? É coisa de quem tem calcinha apertada. Isso é um crime, pô. O povo tem que estar armado porque a arma é a garantia de sua liberdade,

26 de dezembro de 2020:

"Ninguém me pressiona pra nada. Eu não dou bola pra isso. É razão, razoabilidade, é responsabilidade com o povo, você não pode aplicar qualquer coisa no povo", disse Bolsonaro, durante passeio por Brasília, sobre a urgência de vacinar a população contra a Covid-19, após estimular reiteradamente ao longo dos meses o uso da cloroquina para tratar a doença.

28 de dezembro de 2020:

Bolsonaro afirmou para um grupo de apoiadores no Palácio da Alvorada, em Brasília, no dia em que o país atingiu a marca oficial de 191.139 mortos pela Covid-19:

> O Brasil tem 210 milhões de habitantes, um mercado consumidor de qualquer coisa enorme. Os laboratórios não tinham que estar interessados em vender para a gente? Por que eles não apresentam documentação na Anvisa? Pessoal diz que eu tenho que ir atrás (da vacina). Quem quer vender é que tem.

31 de dezembro de 2020:

"(...) No meu caso particular, como eu já fui infectado e tenho anticorpos (para a doença), eu não vou tomar a vacina", disse Bolsonaro no último dia do ano por meio das suas redes sociais.

1º de janeiro de 2021:

No dia em que o país ultrapassou a marca de 195 mil mortes causadas pela pandemia, Bolsonaro fez um passeio de lancha por Praia Grande, no litoral do estado de São Paulo, quando mergulhou no mar e nadou em direção aos banhistas, provocando aglomerações. "Na praia com o povo, 01/janeiro", postou o presidente brasileiro na rede social Twitter.

5 de janeiro de 2021:

"Chefe, o Brasil está quebrado, não consigo fazer nada", admitiu Bolsonaro depois de passar dezessete dias de férias nos litorais paulista e catarinense durante a maior pandemia do século e sem mencionar que o bolsonarismo foi o elemento central da derrocada brasileira para culpar a imprensa nacional. "(...) Teve nesse ano (2020) esse vírus potencializado pela mídia que nós temos", complementou em conversa com apoiadores na porta do Palácio da Alvorada. Somente nas vinte e quatro horas seguintes a essa fala, mais 1.171 brasileiros morreram vítimas da doença.[17]

7 de janeiro de 2021:

> A gente lamenta hoje que estamos batendo as 200 mil mortes. Muitas dessas mortes com covid, outras de covid, não temos uma linha de corte no tocante a isso daí, mas a vida continua. A gente lamenta profundamente,

disse Bolsonaro durante transmissão ao vivo nas suas redes sociais.

Ainda na manhã desse dia, o presidente brasileiro afirmou, para um grupo de apoiadores na porta do Palácio do Planalto, que:

> (...) vacina sendo emergencial não tem segurança ainda. Ninguém pode obrigar ninguém a tomar algo que você não tem certeza das consequências. Alguém sabe quantos por cento da população vai tomar vacina? Pelo que sei, menos da metade (da população brasileira) vai tomar a vacina. Essa pesquisa eu faço na praia, na rua e em todo lugar. Mas pra quem quiser vacinar, em janeiro vai ter. Devem chegar dois milhões de doses em janeiro. O pessoal pode tomar, sem problema algum.

---

17 Universidade *Johns Hopkins*.

12 de janeiro de 2021:

Bolsonaro diz a apoiadores do governo na saída do Palácio da Alvorada, no dia em que o Brasil ultrapassou a marca de 203 mil óbitos[18] causados pela doença:

> Quero destravar a questão de armas no Brasil. Em 2020, nós vendemos quase o dobro de armas de 2019, de armas legais. Quero que vocês tenham armas, porque arma é uma liberdade para vocês. É a garantia que você vai ter dentro da sua casa, né, dar o direito da sua família ser protegida. Sempre digo: povo armado é povo que não será escravizado. Isso passa pela direção das mesas da Câmara e do Senado. Então a gente quer, pô! A gente quer que as questões sejam votadas e não sejam travadas. Se não bota em votação, não tem como a gente buscar soluções para muita coisa. E olha, quem vai decidir é o parlamento e quem coloca o parlamento lá dentro são vocês.

13 de janeiro de 2021:

> Essa de 50% é uma boa vacina ou não? O que eu apanhei por causa disso, agora estão vendo a verdade. Eu estou há quatro meses apanhando por causa da vacina. Entre eu e a vacina tem a Anvisa. Eu não sou irresponsável, não estou a fim de agradar quem quer que seja,

disse Bolsonaro a apoiadores na porta do Palácio da Alvorada. Enquanto toda a classe médica (e científica) esforçava-se para reforçar a necessidade de vacinar toda a população, o presidente brasileiro seguia em direção diametralmente oposta.

14 de janeiro de 2021:

Bolsonaro limitou-se a dizer que "a situação está complicada" sobre a falta de oxigênio e o colapso da saúde em Manaus. Sentado

---

[18] Universidade *Johns Hopkins*.

ao lado do então ministro da Saúde, Eduardo Pazuello, o presidente brasileiro defendeu o tratamento precoce para a Covid-19 como forma de evitar o que ocorreu na capital do Amazonas. O tratamento precoce defendido pelo presidente era um kit de remédios que comprovadamente não combatem a Covid-19, como a hidroxicloroquina.

Bolsonaro salientou, sem mencionar como seria resolvida a questão calamitosa que se verificava nessa data em Manaus, no dia em que o Brasil ultrapassou a marca de 207 mil mortes, e Nicolas Maduro, presidente da Venezuela, enviou estoques de cilindros de oxigênio para socorrer os pacientes em Manaus:

> Na Guerra do Pacífico, o pessoal chegava ferido e não tinha sangue, começaram a colocar água de coco e deu certo. Se tivesse esperado uma comprovação científica, quantas pessoas teriam morrido? É a mesma coisa: o tratamento precoce do Covid com hidroxicloroquina, ivermectina, e não faz mal se mais na frente descobrirem que não faz efeito, o que não vai acontecer.

15 de janeiro de 2021:

"Estudos clínicos demonstram que o tratamento precoce da Covid, com antimaláricos, podem (sic) reduzir a progressão da doença, prevenir a hospitalização e estão associados à redução da mortalidade" @alexandregarcia, disse Bolsonaro via Twitter, mencionando o jornalista Alexandre Garcia, que se demonstrou fiel aliado ao bolsonarismo.

A plataforma marcou como "enganosa" e informou que a postagem do presidente brasileiro "(...) violou as regras do Twitter sobre a publicação de informações enganosas e potencialmente prejudiciais relacionadas à Covid-19". Apesar disso, a rede social determinou que "pode ser do interesse público que esse Tweet continue acessível" e a publicação permaneceu no ar.

18 de janeiro de 2021:

Declarou Bolsonaro, depois de meses desqualificando a Coronavac e criando crises diplomáticas com a China, em alusão ao governador de São Paulo, João Dória, que no dia anterior vacinou a primeira brasileira contra a doença:[19]

> Apesar da vacina... Apesar não, né? A Anvisa aprovou, não tem o que discutir mais. Havendo disponibilidade no mercado, a gente vai comprar e vai atrás de contratos que fizemos também que era para ter chegado aqui. Então, está liberada a aplicação no Brasil. E a vacina é do Brasil, não é de nenhum governador, não! É do Brasil!
>
> Por que sucatearam as Forças Armadas ao longo de vinte anos? Porque nós, militares, somos o último obstáculo para o socialismo. Quem decide se um povo vai viver na democracia ou na ditadura são as suas Forças Armadas. Não tem ditadura onde as Forças Armadas não apoiam,

complementou Bolsonaro no jardim do Palácio da Alvorada.

Nesse dia, o Brasil ultrapassou a marca de 210 mil mortes causadas pela pandemia.

19 de janeiro de 2021:

"Não vou dizer que sou um excelente presidente, mas tem muita gente querendo voltar ao que eram os anteriores, reparou? É impressionante, estão com saudades de uma (...)", afirmou Bolsonaro em conversa com apoiadores em frente ao Palácio da Alvorada.

21 de janeiro de 2021:

Em viagem ao município de Coribe, no interior da Bahia, Jair Bolsonaro circulou sem máscara e tirou foto ao lado de um homem que montava um cavalo, quando, em tom de piada, afirmou: "não sei qual de nós três é o mais inteligente". Nesse dia, o Brasil registrou 212.831

---

19   No dia 17 de janeiro de 2021, a enfermeira Mônica Calazans foi a primeira pessoa vacinada contra o novo coronavírus no Brasil.

mortos pela Covid-19 e a doença avançava a passos largos em todos os estados da federação, ameaçando seriamente os sistemas de saúde públicos em diversos locais.

22 de janeiro de 2021:

> Eu não posso obrigar ninguém a tomar vacina, como um governador um tempo atrás falou que ia obrigar. Eu não sou inconsequente a esse ponto. Ela tem que ser voluntária, afinal de contas, não está nada comprovado cientificamente com essa vacina aí,

afirmou Bolsonaro referindo-se à Coronovac, que teve o uso emergencial aprovado pela Agência Nacional de Vigilância Sanitária cinco dias antes.

25 de janeiro de 2021:

Bolsonaro compartilhou, por meio das suas redes sociais digitais, o discurso do presidente do TJMS (Tribunal de Justiça do Mato Grosso do Sul), que defendia o retorno ao trabalho presencial durante a pandemia da Covid-19, para pôr fim ao que o desembargador considerou como "esquizofrenia e palhaçada midiática fúnebre". Para ele, os que defendiam o "fique em casa" eram "picaretas".

O presidente do TJMS declara, no vídeo compartilhado por Bolsonaro, de forma a contrariar toda a comunidade científica global, basicamente:

> Voltemos nossas forças ao retorno ao trabalho, deixemos de viver conduzidos como rebanho para o matadouro, daqueles que veneram a morte, que propagandeiam o quanto pior melhor. Desprezemos o irresponsável, o covarde e picareta de ocasião, que afirme "fique em casa, não procure socorro médico com sintomas leves. Não sobrecarreguem o sistema de saúde". É, paciência senhores, os tempos realmente são estranhos.

27 de janeiro de 2021:

> Quando eu vejo a imprensa me atacar, dizendo que comprei dois milhões e meio de latas de leite condensado, vai pra puta que eu (sic) pariu, imprensa de merda! É pra enfiar no rabo de vocês da imprensa essas latas de leite condensado,

disse Bolsonaro sobre o gasto dos órgãos do Poder Executivo com leite condensado durante almoço em uma churrascaria de Brasília com os cantores Netinho, Naiara Azevedo, Amado Batista, Sorocaba, o pai do jogador Neymar e os ministros Tarcísio Freitas (Infraestrutura), Gilson Machado (Turismo), Fábio Faria (Comunicações) e Ernesto Araújo (Relações Exteriores).

"Quis o destino que uma pandemia, que pode ser fabricada, nos atingisse no início do ano passado", complementou o presidente do Brasil nessa ocasião. Nesse dia, o país ultrapassou a marca de 220 mil mortes causadas pela doença e apresentava uma média superior a mil óbitos diários.

30 de janeiro de 2021:

Após 222.666 mortes registradas oficialmente em decorrência da pandemia, Bolsonaro destacou a atuação do ministro da Saúde e disse que o governo federal não tinha nenhuma responsabilidade considerando a falta de oxigênio que matou pacientes de Covid-19 em hospitais públicos de Manaus.

> O trabalho é excepcional do Pazuello, é um tremendo de um gestor. (...) Nós, no Amazonas, mandamos R$ 9 bilhões pra lá. Não é competência nossa e nem atribuição levar o oxigênio pra lá (Manaus). Damos os meios,

avaliou o presidente, sem máscara de proteção, ao sair de uma concessionária da empresa Honda, em Brasília.

4 de fevereiro de 2021:

Com o país ultrapassando a casa de 228 mil mortos pela doença, Bolsonaro abriu um cartaz no qual estava escrito "Globo Lixo", em sua chegada ao aeroporto de Cascavel, no Paraná. O presidente e membros do seu gabinete foram responsáveis por 508 ofensas aos profissionais da imprensa em 2020.[20]

11 de fevereiro de 2021:

"A vida continua, temos que enfrentar as adversidades. Não adianta ficar em casa chorando, não vai chegar a lugar nenhum. Vamos respeitar o vírus, voltar a trabalhar, porque sem a economia não tem Brasil", disse Bolsonaro por meio das suas redes sociais. Nesse dia, 1.452 brasileiras e brasileiros perderam as suas vidas para o vírus e o país ultrapassou a marca de 234.850 mortes oficiais decorrentes da pandemia.[21]

14 de fevereiro de 2021:

"O povo tá vibrando", disse Bolsonaro ao ser questionado pelos jornalistas sobre os decretos que facilitaram o acesso a armas de fogo e munições no País. A declaração foi dada logo após o presidente aglomerar apoiadores na saída do Forte Marechal Luz, em São Francisco do Sul. Nessa data, o Brasil superou a marca de 239 mil mortes causadas pela pandemia.

15 de fevereiro de 2021:

"O certo é tirar de circulação, não vou fazer isso, porque sou democrata. Tirar de circulação Globo, Folha de São Paulo, Estadão, Antagonista. São fábricas de *fake news*", disse Bolsonaro, em Santa Catarina, por meio de vídeo que foi transmitido via internet.

---

20 Repórteres Sem Fronteiras.
21 Universidade *Johns Hopkins*.

CAPÍTULO I – A CRONOLOGIA DO NEGACIONISMO GENOCIDA...

20 de fevereiro de 2021:

Bolsonaro, na cidade de Campinas, no interior do estado de São Paulo, durante a formatura de militares da Escola Preparatória de Cadetes do Exército, disse:

> Alguns acham que eu posso fazer tudo. Se tudo tivesse que depender de mim, não seria esse o regime que nós estaríamos vivendo. E, apesar de tudo, eu represento a democracia no Brasil. Nunca a imprensa teve um tratamento tão leal e cortês como o meu, se é que alguns acham que não é desta maneira é porque não estão acostumados a ouvir a verdade.

Nesse dia, o país alcançou a marca de 246.006 mortes decorrentes da pandemia.

No dia 24 de fevereiro de 2021, o Brasil atingiu a triste marca de 250 mil vidas perdidas para a pandemia e, infelizmente, os números continuavam subindo, enquanto o presidente da República seguia estimulando as aglomerações da população, recusando as orientações científicas e dificultando a compra de diversas vacinas que já haviam sido demonstradas eficazes e seguras contra o vírus.

25 de fevereiro de 2021:

"Começam a aparecer os efeitos colaterais das máscaras (de proteção contra o vírus). Eu tenho minha opinião sobre as máscaras, cada um tem a sua, mas a gente aguarda um estudo sobre isso feito por pessoas competentes", disse Bolsonaro, contrariando o restante do mundo desde o começo da crise sanitária, no dia em que o Brasil registrou 1.582 novas mortes por Covid-19, o patamar mais alto desde o início da pandemia.

Inacreditavelmente, nessa data, o presidente brasileiro optou por questionar o uso de máscaras e o distanciamento social. Citando um suposto estudo feito na Alemanha[22] e sem apresentar qualquer dado

---

22 Posteriormente, ficou demonstrado que, nessa ocasião, Jair Bolsonaro referiu-se a

concreto sobre o tema, Bolsonaro garantiu que as máscaras são "prejudiciais" às crianças, porque causariam irritabilidade, dor de cabeça e dificuldade de concentração, por exemplo.

26 de fevereiro de 2021:

"Não reclamo das dificuldades. Sofro ataques vinte e quatro horas por dia, mas, entre esses que atacam e vocês, vocês estão muito na frente. Não me vão fazer desistir porque, afinal de contas, eu sou *imbrochável*", disse Bolsonaro durante discurso inaugural de trecho da rodovia BR-222, no município de Tianguá, quando também atacou as medidas restritivas de combate à pandemia que foram adotadas por governadores estaduais.

Bolsonaro complementou:

> Tenho prazer grande de ficar no meio de voces. Queria dizer a esses políticos do Executivo que o que eu mais escuto é: "Presidente, quero trabalhar". (...) O povo quer trabalhar. Esses que fecham tudo e destroem empregos estão na contramão daquilo que seu povo quer. Não me critiquem. Vão para o meio do povo, mesmo depois das eleições.

1º de março de 2021:

"(...) Desculpe pessoal, não vou falar de mim, mas não errei nenhuma", afirmou Bolsonaro ao avaliar as suas previsões, medidas e avaliações sobre a crise. Nesse dia, o Brasil ultrapassou as 254.942 mortes e encontrava-se no auge da pandemia.

2 de março de 2021:

> Querem me culpar pelas duzentas e tantas mil mortes. O Brasil é o vigésimo país do mundo em mortes por milhão de habitantes.

---

uma enquete virtual sem qualquer respaldo científico.

> A gente lamenta? Lamentamos. Mas tem outros países com IDH (Índice de Desenvolvimento Humano), renda e orçamento melhor que o meu em que morre mais gente,

disse Bolsonaro, sem apresentar quaisquer estudos ou fatos para embasar a sua afirmação, no pior dia da pandemia no Brasil até essa data, quando o país registrou o número recorde de 1.726 mortes em apenas vinte e quatro horas. Nessa ocasião, com o país registrando milhares de mortes todos os dias e caminhando para o auge da pandemia, Bolsonaro foi descrito como "alegre" e "bem descontraído", pelo deputado Fábio Ramalho, do MDB, de Minas Gerais, que foi convidado pelo presidente a preparar um leitão para um almoço temático no Palácio do Planalto.

3 de março de 2021:

Para Bolsonaro:

> Se você ler a imprensa, você não consegue viver. Cancelei, desde o ano passado (desde 2019, de fato), todas as assinaturas de jornais e revistas. Ministros que (sic) quiser ler jornal e revista vai ter que comprar. Não leio mais. Não vejo Jornal Nacional, não assisto, que é a maneira que você tem de realmente pensar em coisa séria no país.

Ainda nesse dia, Bolsonaro defendeu o spray nasal produzido em Israel, que, nessa ocasião, ainda carecia de comprovação científica considerando a eficácia e a segurança contra a Covid-19, da seguinte maneira: "(...) como (o spray) é para ser utilizado em quem está hospitalizado, em quem está em UTI, eu acho que não tem problema nenhum usar esse spray no nariz do cara. O que que (sic) é esse spray? Não sei."

Nessa data, que selou o ápice da pandemia no Brasil até aquele momento, 1.910 brasileiras e brasileiros morreram em apenas vinte e quatro horas e o número total de óbitos atingiu a soma de 259.271 vidas humanas perdidas no país. "No que depender de mim nunca teremos *lockdown*. Nunca, uma política que não deu certo em lugar nenhum do mundo. Nos Estados Unidos, vários estados anunciaram que não têm mais. Não quero polemizar esse assunto aí", complementou o presidente.

4 de março de 2021:

"(...) Chega de frescura e de 'mimimi', vão ficar chorando até quando?", perguntou Bolsonaro durante visita à cidade de Uberlândia, em Minas Gerais, no dia seguinte às mortes de quase duas mil pessoas e quando o Brasil despontava como principal epicentro da pandemia em todo o planeta, com o sistema público de saúde colapsando em diversos estados e a nação superando as taxas de novos contágios dos Estados Unidos. Ao responder a pressão da sociedade e da imprensa por mais vacinas, o presidente brasileiro qualificou como "idiotas" as pessoas que o cobravam, descontrolou-se e, aos berros, afirmou: "só se for na casa da tua mãe".

8 de março de 2021:

Eu não adotaria a política de lockdown, (porque) não deu certo no ano passado. Eu lamento os fechamentos indiscriminados como eu estou vendo aqui em Brasília, toque de recolher. Isso é uma afronta, é uma coisa inadmissível,

afirmou o presidente em entrevista à rede CNN Brasil, contrariando os principais especialistas da área de saúde de todo o planeta, basicamente.

10 de março de 2021:

"O pessoal fala que eu sou negacionista", reclamou Bolsonaro em conversa com apoiadores no jardim do Palácio da Alvorada. Nessa data, o Brasil registrou 1.972 mortes em apenas vinte e quatro horas e o número total de óbitos, que a essa altura crescia exponencialmente, alcançou a trágica marca de 268.370.

CAPÍTULO I – A CRONOLOGIA DO NEGACIONISMO GENOCIDA...

11 de março de 2021:

> Até quando nós podemos aguentar esta irresponsabilidade do *lockdown*? Estou preocupado com vida, sim. (...) Até quando nossa economia vai resistir? Que se colapsar, vai ser uma desgraça. Que que poderemos ter brevemente? Invasão a supermercado, fogo em ônibus, greves, piquetes, paralisações. Onde vamos chegar?,

questionou Bolsonaro, ao constatar a iminência da tempestade perfeita que o seu governo ajudara a criar no Brasil.

Acrescentou:

> Lembra daquele vídeo nosso que vazou? Que não era para ter vazado, mas o ministro Celso de Mello falou que tinha que botar para fora, que eu havia interferido na PF. Viram primeiro que não havia interferência nenhuma, e, em dado momento, falei aquilo, é espontâneo: "como é fácil impor uma ditadura no Brasil". Vou repetir: como é fácil impor uma ditadura no Brasil (...) Repito, eu faço o que o povo quiser. E digo mais: sou o chefe supremo das Forças Armadas. As Forças Armadas acompanham o que está acontecendo. As críticas em cima de generais, não é o momento de fazer isso. Se um general errar, paciência, vai pagar. Se eu errar, eu pago; se alguém da Câmara dos Deputados errar, pague. Se alguém do Supremo errar, um ou dois, que paguem. Agora, essa crítica de esculhambar todo mundo... Nós vivemos um momento de 64 a 85. Você decida aí o que achou daquele período. Pense. Não vou entrar em detalhe aqui.

"(...) Até mesmo a desacreditada OMS diz que o *lockdown* não serve para a pandemia", mentiu Bolsonaro, deliberadamente, em discurso no Encontro da Frente Parlamentar Mista da Micro e Pequena Empresa.

Nesta data, o país encontrava-se no auge da pandemia, com média de quase dois mil óbitos diários (e em franca expansão) com total de 270.656 mortes.

15 de março de 2021:

"A política do 'fique em casa', feche tudo e destruir (sic) milhões de empregos... a consequência está aí. (...) Agora, todo mundo é responsável. Agora, quem está com essa política excessiva do 'fique em casa'? Não sou eu", disse Bolsonaro, referindo-se à alta dos preços dos alimentos e ao distanciamento social, medida adotada em basicamente todos os países da Terra. Nesse dia, quando o "escândalo das rachadinhas"[23] explodiu com atualizações na imprensa nacional, o Brasil registrou 278.229 mortes (confirmadas oficialmente) decorrentes da pandemia.

18 de março de 2021:

Com mais de 284 mil mortes oficialmente confirmadas, as taxas de contágio e mortalidade crescendo exponencialmente e o colapso dos sistemas público e privado de saúde no Brasil, Bolsonaro entrou com ação no Supremo Tribunal Federal contra os decretos de governadores e prefeitos, considerando as medidas de distanciamento social que foram adotadas nos níveis subnacionais durante o combate à pandemia.

Vangloriou-se o presidente:

> Entramos com ação direta de inconstitucionalidade junto ao STF buscando conter esses abusos. Entre eles, o mais importante é que nossa ação foi contra o decreto de três governadores. No decreto, inclusive, o cara bota toque de recolher. Isso é estado de sítio, que só uma pessoa pode decretar: eu.

Nesse dia, todas as mortes somadas do segundo ao sétimo país com mais óbitos decorrentes da pandemia em todo o mundo totalizaram 2.743 vidas – Estados Unidos, Rússia, Itália, Polônia, Ucrânia e

---

[23] Sobre esse tema, leia a reportagem das jornalistas Amanda Rossi, Gabriela Sá Pessoa, Juliana Dal Piva e do jornalista Flávio Costa no site UOL: *Anatomia da Rachadinha*. Disponível em: https://noticias.uol.com.br/reportagens-especiais/anatomia-da-rachadinha-bolsonaro/. Acesso em: 08 set. 2021.

França. O Brasil, isolado em primeiro lugar, registrou 2.841 falecimentos. Nesse sentido, Bolsonaro havia conseguido cumprir a sua promessa de campanha: "Brasil acima de todos".

Enquanto o restante do mundo caminhava para o fim da pandemia, a situação brasileira piorava rapidamente rumo ao vórtice da tempestade perfeita criada pela interseção entre a pandemia e o bolsonarismo.

19 de março de 2021:

> O povo não tem nem pé de galinha para comer mais. Agora, o que eu tenho falado: o caos vem aí. A fome vai tirar o pessoal de casa. Vamos ter problemas que nunca esperávamos ter, problemas sociais gravíssimos,

garantiu Bolsonaro, afirmando que o governo federal precisaria adotar medidas contra as ações restritivas adotadas pelos governadores, eventualmente via a decretação de um Estado de Sítio, o que não faz o menor sentido.

Nesse dia, o Brasil atingiu 287.499 mortes e o número de óbitos e contágios diários crescia desenfreadamente. No dia seguinte, um estudo produzido pela Fundação Oswaldo Cruz[24] apontou que a disseminação sem controle do SARS-CoV-2 no Brasil já havia gerado mutações das variantes do novo coronavírus que circulavam no país. "Elas indicam que essas novas versões podem ser capazes de escapar parcialmente à imunidade adquirida por indivíduos", afirmou a publicação. A essa altura, o Brasil havia se tornado o epicentro da pandemia em todo o planeta.

---

[24] Sobre esse tema, veja o estudo na íntegra: "A evolução contínua das variantes de preocupação e interesse do SARS-CoV-2 no Brasil revelada por indels convergentes no domínio amino (N) - terminal da proteína Spike". *MedRxive*, 2021. Disponível em: https://www.medrxiv.org/content/10.1101/2021.03.19.21253946v2.full-text/. Acesso em: 08 set. 2021.

21 de março de 2021:

Mesmo no auge da sindemia que a interseção entre o bolsonarismo e a Covid-19 criou para o Brasil, Bolsonaro voltou a atacar os governadores e prefeitos por conta das medidas de distanciamento social e entrou com uma ação junto ao Supremo Tribunal Federal para combater as medidas restritivas.[25]

> Estão esticando a corda. Faço qualquer coisa pelo meu povo e essa qualquer coisa é o que está na nossa Constituição Federal. Podem confiar na gente, vocês me deram esse voto de confiança. Enquanto eu for presidente, só Deus me tira daqui. Eu estarei com vocês (...). Alguns tiranetes ou tiranos tolhem a liberdade de muitos de vocês, o nosso exército é o verde-oliva, mas também são vocês. Contem com as Forças Armadas (do Brasil) pela democracia e pela liberdade (...). O que o povo mais me pede é: "eu quero trabalhar". O trabalho dignifica o homem e a mulher, ninguém quer viver de favor do estado. Vamos vencer a batalha. Estamos do lado certo e do lado do bem, não queremos mergulhar no socialismo, aonde o povo vai à miséria ao tudo ou nada.

Nesse dia, enquanto Bolsonaro delirava sobre o socialismo, combatia e criticava as medidas cientificamente comprovadas eficientes no combate ao vírus, o Brasil superou a marca de 294 mil óbitos decorrentes da doença.

22 de março de 2021:

"Estamos dando certo, apesar de um problema gravíssimo que enfrentamos desde o ano passado. Mas o Brasil vem dando exemplo. Somos um dos poucos países que está na vanguarda em busca de soluções", disse Bolsonaro, durante evento para anunciar investimentos para o programa Águas Brasileiras, no Palácio do Planalto, em Brasília.

---

25 No dia 23 de março de 2021, o ministro Marco Aurélio Mello rejeitou o pedido de Bolsonaro e afirmou que "ao presidente da República cabe a liderança maior, a coordenação de esforços visando o bem-estar dos brasileiros".

CAPÍTULO I - A CRONOLOGIA DO NEGACIONISMO GENOCIDA...

Na pior semana da crise no Brasil até aquele momento (entre 15 e 21 de março de 2021), a nação registrou 25% das mortes por Covid-19 em todo o mundo. Nesse período, o Brasil teve o dobro de mortes do que os Estados Unidos, por exemplo, e se tornou alvo de exame internacional[26] considerando as respostas do governo federal junto à pandemia.

23 de março de 2021:

Com 3.158 mortes registradas oficialmente em apenas vinte e quatro horas (recorde até essa data), Bolsonaro afirmou que, "em nenhum momento, o governo deixou de tomar medidas importantes, tanto para combater o coronavírus, como para combater o caos na economia, que poderia gerar desemprego e fome", via pronunciamento feito em cadeia nacional de rádio e televisão. Ao todo, o Brasil registrava 298.843 mil óbitos.

No dia seguinte, exatamente um ano após Bolsonaro classificar a Covid-19 como "gripezinha", o Brasil atingiu 300 mil mortes decorrentes da sindemia. Infelizmente, nessa ocasião, os números de contágios e óbitos seguiam crescendo alarmantemente, de maneira a indicar que o país pudesse talvez até assumir a liderança do macabro ranking mundial de contágios e mortes até o fim da crise sanitária.

Mesmo com este cenário surrealista instalado, o presidente brasileiro manteve os discursos (e as posturas) adotados ao longo de toda a sindemia. Nas duas primeiras semanas de abril de 2021, com o país ultrapassando a marca total de 350 mil mortes oficialmente registradas e mais de quatro mil óbitos por dia, Bolsonaro viajou ao Sul do Brasil e seguiu defendendo o "tratamento precoce" contra o vírus, bem como as medidas que foram descartadas pela comunidade científica no combate à peste.

---

26 Grupo criado pela Organização Mundial da Saúde para avaliar como os governos reagiram à pandemia.

21 de junho de 2021:

No dia 21 de junho de 2021, o Brasil alcançou a trágica marca de 500 mil mortes decorrentes da Covid-19. Bolsonaro seguia enfatizando medicações inócuas contra a doença e promovendo o caos de todas as formas possíveis.

Nessa data, o presidente brasileiro não ofereceu uma única palavra de conforto à população do país, que seguia com níveis altíssimos, considerando as taxas de contágios e óbitos, rumo ao topo do ranking, considerando todos os piores resultados possíveis.

1.1 Descumprimento do isolamento social

Além das mensagens contra a ciência, as vacinas, a imprensa, os outros poderes da República, o bom senso e a harmonia nacional, desde o começo da crise sanitária no país, o presidente brasileiro também descumpriu deliberadamente as medidas de distanciamento social em dezenas de ocasiões que foram mapeadas para este capítulo, conforme demonstrado.

No dia 4 de julho de 2020, Bolsonaro participou de um churrasco em comemoração ao dia da independência dos Estados Unidos da América na casa do embaixador estadunidense no Brasil, Todd Chapman, em Florianópolis, Santa Catarina, quando apertou as mãos de diversos apoiadores. Três dias depois, ele anunciou que estava contaminado pela Covid-19.

Ainda assim, o presidente brasileiro seguiu minimizando a doença. Efetivamente diagnosticado com a Covid-19, Bolsonaro participou de uma cerimônia com a bandeira nacional no Palácio da Alvorada, no dia 19 de julho de 2020, quando baixou a máscara para falar com os seus apoiadores. Quatro dias mais tarde, ele realizou um passeio de moto na área externa do Palácio da Alvorada e conversou com profissionais de limpeza pública sem usar a máscara de proteção.

Nos meses seguintes, Bolsonaro simplesmente seguiu agindo como se a pandemia não existisse e promoveu aglomerações durante aparições públicas absolutamente desnecessárias. Em todas as ocasiões, o presidente brasileiro não estava usando a máscara de proteção e tocou em diversas pessoas.

Neste sentido, nenhuma administração federal em todo o planeta foi tão inepta, inconsequente e negligente como a administração bolsonarista no enfrentamento à pandemia e com os cuidados dedicados à saúde dos brasileiros de forma mais ampla. Sob a gestão Bolsonaro, por exemplo, o Brasil não atingiu as metas para nenhuma das principais vacinas infantis pela primeira vez desde a crise causada pela Gripe Espanhola, em 1920.

Alguns dos vizinhos sul-americanos do Brasil e muitas outras nações ao redor do mundo foram capazes de conduzir o problema sanitário de forma muito mais adequada para minimizar o número de cidadãos contaminados e de mortes decorrentes da doença, conforme avaliaremos no próximo capítulo.

CAPÍTULO II
A AUSÊNCIA DO FEDERALISMO COOPERATIVO, OS NÚMEROS DA PANDEMIA NO BRASIL, NA AMÉRICA DO SUL E EM OUTROS PAÍSES

> Sem coordenação nacional no enfrentamento da pandemia, a situação seguiu piorando.
>
> *Lorena Barberia*

No dia 11 de setembro de 2020, com mais de 130 mil brasileiros mortos vítimas da pandemia, Bolsonaro afirmou que o Brasil foi um dos países que melhor lidou com a "questão do vírus" em todo o planeta. Exatamente um ano depois, o país registrava mais de 270 mil óbitos e as taxas de contágios e falecimentos batiam sucessivos recordes diários.

O Brasil foi o segundo estado mais atingindo pela pandemia no mundo entre março de 2020 e junho de 2021. Atrás apenas dos Estados Unidos – nação que também foi governada por um presidente que negou a ciência e emitiu sinais criminosos à população durante parte da crise sanitária – o país registrou sozinho um número maior de óbitos do que todos os seus vizinhos sul-americanos somados (nesse período).

Entre 11 de março de 2020 e 13 de março de 2021, o número total de pessoas mortas em todos os países sul-americanos (218.515) em decorrência da pandemia – Argentina (53.578), Chile (21.451), Colômbia (60.950), Peru (48.484), Bolívia (11.930), Paraguai (3.436), Uruguai (689), Venezuela (1.422), Equador (16.193), Guiana (206) e Suriname (176) – era inferior aos óbitos registrados no Brasil.[27]

Considerando a taxa de mortalidade por milhão de habitantes (até o dia 12 de março de 2021), que é um dos parâmetros mais utilizados por autoridades e instituições de saúde para avaliar a eficácia das medidas de prevenção e combate a pandemias, o Brasil encontrava-se na vigésima segunda posição no ranking global,[28] atrás, na América do Sul, somente do Peru.

No dia 11 de março de 2020, enquanto a Organização Mundial da Saúde já qualificava a doença causada pelo novo coronavírus como uma pandemia, o Brasil tinha apenas 53 casos confirmados em oito estados. Outros países – como o Canadá (93) e a Alemanha (1296) – já registravam um número maior de pessoas contaminadas do que o país naquela ocasião.[29]

Durante o início da pandemia na América do Sul, Europa e América do Norte ofereciam todos os sinais que qualquer administração federal precisaria para se posicionar de forma a enfatizar a gravidade da situação, conforme demonstrado no capítulo anterior.

Ainda no dia 11 de março de 2020, o Ministério da Saúde do Brasil emitiu a Portaria 356, que estabeleceu as medidas de isolamento considerando os casos suspeitos.

---

27 Wikipédia, *The New York Times* e Universidade *Johns Hopkins*.

28 Segundo o *Our World In Data*, da Universidade de Oxford, na Inglaterra, o Brasil apresentava uma proporção de 1.294 mortes por milhão nessa data.

29 Segundo o *Our World In Data*, da Universidade de Oxford, na Inglaterra, o Brasil apresentava uma proporção de 1.294 mortes por milhão nessa data.

CAPÍTULO II – A AUSÊNCIA DO FEDERALISMO COOPERATIVO...

2.1 Descentralização e a falta da coordenação Federal: a ausência do federalismo cooperativo

Em seguida, houve uma resolução fundamental por parte da gestão bolsonarista no sentido de agravar a pandemia no Brasil. No dia 20 de março de 2020, Jair Bolsonaro promulgou a Medida Provisória n° 926 e alterou o texto da Lei n° 13.979, estabelecendo que as medidas de resposta à crise sanitária seriam geridas no nível subnacional, ou seja, pelos próprios estados e sem a coordenação federal, o que enfraqueceu o já combalido federalismo cooperativo, as portarias anteriores emitidas pelo próprio Ministério da Saúde do Brasil e a lógica de funcionamento do Sistema Único de Saúde, que pressupunham a coordenação e a articulação do nível federal.

De fato, o federalismo cooperativo – que foi introduzido pela Constituição Federal de 1988[30] – propõe uma distribuição descentralizada dos poderes de forma equilibrada, considerando os diferentes níveis de governo no Brasil. Contudo, este parâmetro constitucional visa estimular o fortalecimento das relações de cooperação e coordenação entre os entes federativos e o governo federal.

Nesse sentido, o parágrafo único do artigo 23 da Constituição Federal discorre sobre as competências comuns de caráter cooperativo, com o objetivo de equacionar o equilíbrio do desenvolvimento e o bem-estar de toda a nação e que devem ser reguladas por leis complementares.

A República Federativa do Brasil é formada pela união indissolúvel dos seus entes federativos,[31] que juntos devem atuar para garantir o desenvolvimento nacional,[32] com competências comuns relevantes:

---

30 Artigo 23° da Constituição Federal de 1988: Parágrafo único: "Leis complementares fixarão normas para a cooperação entre a União e os Estados, o Distrito Federal e os Municípios, tendo em vista o equilíbrio do desenvolvimento e do bem-estar em âmbito nacional."

31 Artigo 1° da Constituição Federal de 1988.

32 Artigo 3° II da Constituição Federal de 1988.

políticas de saúde, acesso à educação, proteção do meio ambiente e do patrimônio público e saneamento básico, por exemplo. Portanto, o caráter cooperativo é fundamental para reger as relações federativas no Brasil. Esse é o pressuposto do federalismo cooperativo brasileiro.

Apesar disso, durante a pior pandemia do último século, a gestão Bolsonaro e diversas autoridades da vida política brasileira exaltaram este parâmetro da Carta Magna para avançar que o estabelecimento de um nível de autonomia político-legislativa entre as entidades federativas e o governo federal era o caminho mais adequado para lidar com a complexidade da crise sanitária.

Historicamente, quando existem competências concorrentes entre a União e os entes federativos, o Supremo Tribunal Federal esteve inclinado a manter a centralização na autoridade federal em detrimento dos poderes locais. O STF tem sido "centralizador e uniformizador da atividade legiferante nacional"[33] e os conflitos de competência são "tipicamente decididos contra o poder local".[34] Ou seja, a centralização (planejamento e coordenação central) é percebida como algo positivo ou de necessidade prática em muitos casos quando existem divergências sobre determinadas atribuições.

Durante a pandemia, contudo, o STF deliberou por um nível maior de autonomia estadual considerando as respostas elaboradas contra a Covid-19. Fundamentalmente, porque o governo federal não apresentou qualquer planejamento estruturado para lidar com a crise no âmbito nacional. A corte entendeu que centralizar as atenções em uma administração inepta seria inviável e agravaria ainda mais o cenário brasileiro.[35]

---

[33] CANELLO, Júlio. *STF e ideologia*: entre as influências da ordem liberal-democrática e os desafios da globalização. 2016.

[34] MAUÉS, Antônio Moreira. *Jogando com os precedentes: regras, analogias, princípios*, 2012.

[35] Sobre esse tema, assista ao webinar "Covid-19. Federalismo e descentralização no STF: reorientação ou ajuste pontual?", de Natália Pires de Vasconcelos e Diego Werneck Arguelhes.

CAPÍTULO II - A AUSÊNCIA DO FEDERALISMO COOPERATIVO...

Conforme explica Natália Pires de Vasconcelos, professora do Instituto de Ensino e Pesquisa (Insper) e doutora em Direito Constitucional pela Universidade de São Paulo:

> A nossa constituição determina quem tem poder para fazer o que e quando. Contudo, esse desenho não é muito claro e oferece margens para interpretações. Existem competências materiais (executar tarefas) e legislativas (legislar sobre casos) que muitas vezes ficam sobrepostas a cargo da União, dos estados e municípios.[36]

Vasconcelos acrescenta:

> O STF, por ser o tribunal constitucional, acaba sendo a última instância considerando a disputa desses conflitos sobre o que significam essas normas constitucionais com relação às competências. (...) O que a literatura científica vem comprovando é que, na maior parte dos casos, existe uma inclinação maior do STF em direção a dar mais prerrogativas e poderes à União quando existem conflitos de competências. Na pandemia, dada a ausência de planejamento e da articulação da autoridade central no sentido de estabelecer um plano claro de combate à doença em todos os estados e municípios, o STF tentou neutralizar a interferência da União, que nesse caso contrariou a ciência e embaraçou a coordenação dessas medidas.[37]

O que a decisão do Supremo Tribunal Federal significava, na prática, é que valia a regra mais eficiente e embasada cientificamente, no sentido de dar legitimidade constitucional às posições dos estados e municípios que enfrentaram a crise com base na razão.

> Suponhamos que o presidente adotasse uma regra branda e um prefeito adotasse medidas mais rígidas. No município desse prefeito, valeria a regra mais forte, porque a realidade nessa municipalidade pode ser diferente do contexto nacional.[38]

---

[36] Entrevista concedida ao autor no dia 12 de novembro de 2020.
[37] Entrevista concedida ao autor no dia 12 de novembro de 2020.
[38] Entrevista concedida ao autor no dia 6 de outubro de 2020.

elucida Fernando Haddad, que foi ministro da Educação de 2005 a 2012, prefeito da cidade de São Paulo de 2013 a 2016 e esteve no segundo turno da disputa presidencial pelo Partido dos Trabalhadores (PT) em 2018, quando recebeu mais de 47 milhões de votos.

Vale ressaltar, portanto, que a independência dos estados, neste contexto, serve diferentes propósitos elementares referentes ao tamanho e à complexidade da nação brasileira, mas não pode jamais ser entendida como sinônimo de omissão e falta de coordenação por parte do governo federal, principalmente durante situações calamitosas.

Essa medida de descentralizar as estratégias de enfrentamento da pandemia no Brasil foi radicalmente oposta às decisões adotadas pela imensa maioria dos países que lidaram de forma mais adequada com o problema, tanto na América do Sul, como em outras regiões do planeta.

Exceto pelos Estados Unidos, que foram brutalmente atingidos pela pandemia, as outras nações se sobressaíram pela coordenação das medidas por meio de suas lideranças nacionais, motivadas pela necessidade de coesão nas respostas como forma de convencer a população a atuar coletivamente.

Em diversos locais, como no Canadá e na Argentina, por exemplo, a polarização do cenário político e a rivalidade político-partidária não impediram o enfrentamento coordenado ao patógeno. Houve alta coordenação na federação alemã também com convergência nas estratégias de combate à doença, ainda que com diferenças significativas no controle partidário das regiões e mesmo com a maioria de medidas sendo decretadas pelos níveis subnacionais, e não impostas pelo governo federal.

Assim, de acordo com Lorena G. Barberia, professora livre-docente do Departamento de Ciência Política da Universidade de São Paulo e pesquisadora que atuou no mapeamento das respostas que foram elaboradas por diferentes níveis do governo no Brasil e em outras nações no combate à pandemia, a administração Bolsonaro cometeu diversos equívocos crassos no enfrentamento ao Covid-19.[39]

---

[39] Entrevista concedida ao autor no dia 1 de setembro de 2020.

CAPÍTULO II – A AUSÊNCIA DO FEDERALISMO COOPERATIVO...

"Realizamos várias pesquisas para avaliar as respostas do Governo Federal (do Brasil), (governos) estaduais, municipais e de outros países (frente à pandemia)", introduz a professora, que colaborou com pesquisadores internacionais da Universidade de Oxford,[40] da revista *The Lancet*[41], e coletivos de ciência no Brasil.

Com base no sistema de codificação do *Oxford Covid-19 Government Response Tracker (OxCGRT)*, Barberia e os seus colegas elaboraram "um relato sistemático e objetivo da força das políticas de resposta ao Covid-19 que foram implementadas pelo Governo Federal, pelos governos estaduais e de algumas capitais brasileiras", explica o texto introdutório do artigo intitulado "As medidas governamentais adotadas em resposta ao Covid-19 no Brasil atendem aos critérios da OMS para flexibilização de restrições?".[42]

Juntamente com essas informações, a publicação apresenta uma análise de dados de mobilidade de telefones celulares, bem como os resultados de uma pesquisa com 1.654 moradores de oito capitais do Brasil.

Prossegue o texto do artigo:

> Os dados de mobilidade foram desagregados em diferentes tipos de movimento, e mostram se as pessoas estavam ficando em casa

---

40 PETHERICK, Anna; GOLDSZMIDT, Rafael; KIRA, Beatriz; BARBERIA, Lorena. "As medidas governamentais adotadas em resposta ao Covid-19 no Brasil atendem aos critérios da OMS para flexibilização de restrições?". *BSG Working Paper Series*, n. 33, 2020. Disponível em: https://www.bsg.ox.ac.uk/sites/default/files/2020-06/BSG-WP-2020-033-PT.pdf. Acesso em: 03 jul. 2021.

41 BARBERIA, Lorena; GÓMEZ, Eduardo. "Perigos políticos e institucionais da crise Covid-19 do Brasil". *The Lancet*, 2020. Disponível em: https://www.thelancet.com/journals/lancet/article/PIIS0140-6736(20)31681-0/fulltext/. Acesso em: 08 set. 2021.

42. PETHERICK, Anna; KIRA, Beatriz; GOLDSZMIDT, Rafael; BARBERIA, Lorena. "As medidas governamentais adotadas em resposta ao Covid-19 no Brasil atendem aos critérios da OMS para flexibilização de restrições?". *Rede de políticas públicas & Sociedade*, 2020. Disponível em: https://redepesquisasolidaria.org/dados/as-medidas-governamentais-adotadas-em-resposta-ao-Covid-19-no-brasil-atendem-aos-criterios-da-oms-para-flexibilizacao-de-restricoes/. Acesso em: 03 jul. 2021.

durante o dia, mudanças nas distâncias percorridas e mudanças no número de deslocamentos não essenciais realizados. A pesquisa foi projetada para verificar se a realidade local corresponde à lista de recomendações feitas pela Organização Mundial da Saúde (OMS) sobre as medidas que deveriam ser implementadas antes que as políticas de resposta ao Covid-19 pudessem ser relaxadas com segurança.

O estudo foi realizado por meio dos telefones celulares, entre os dias 6 e 27 de maio de 2020, e usou uma amostra estratificada por idade, sexo, escolaridade e faixa de renda.

Ainda segundo o documento:

> (...) as seis recomendações da OMS publicadas em 14 de abril não foram amplamente discutidas no Brasil. O documento de orientação da OMS que apresenta tais recomendações afirma que "sem um planejamento cuidadoso e na ausência de ampliação das capacidades do sistema de saúde pública e do atendimento clínico, a flexibilização prematura das medidas de distanciamento físico provavelmente levará a um ressurgimento descontrolado da transmissão do Covid-19 e a uma segunda onda ampliada de casos" (OMS, 14 de abril, p. 3). Essas recomendações incluem, por exemplo, sugestões específicas para testar, rastrear e isolar novos casos; para a adaptação física dos locais de trabalho, escolas e casas de repouso para torná-los seguros; e recomendações sobre a importância de garantir que a população compreenda o processo em etapas para o relaxamento das políticas de distanciamento. As recomendações não são adaptadas às vulnerabilidades socioeconômicas específicas de diferentes populações, mas foram apresentadas em reconhecimento às escolhas mais difíceis para estabelecer e manter políticas rígidas de distanciamento social enfrentadas em contextos mais vulneráveis.

Como demonstrado previamente, nos meses seguintes às orientações emitidas pela Organização Mundial da Saúde, Jair Bolsonaro utilizou, de todas as formas, a força da Presidência da República do Brasil para contrariar estas resoluções.

Conforme explica Barberia:

> Na ausência de vacinas e medicamentos para curar os infectados, a OMS recomendou, basicamente, o aumento do distanciamento físico e a adoção de medidas econômicas e sociais que ajudassem a população a sobreviver em meio à crise e a permanecer em casa. Desde março, os boletins que produzimos mostram que o governo Federal adotou medidas para fragilizar as políticas estaduais e municipais voltadas a aumentar o distanciamento físico e todas as orientações da Organização Mundial da Saúde e da Organização das Nações Unidas.[43]

O texto que resume a nota técnica de número vinte afirma que:

> (...) sem estratégia, o governo federal estimula a fragmentação do país e deixa de coordenar a resistência à Covid-19. A desmobilização do Ministério da Saúde, a desorganização das políticas de testagem e de distanciamento social realçam o fracasso do governo diante da pandemia e a triste liderança assumida pelo Brasil em número de novos óbitos-por-milhão de habitantes, ultrapassando os Estados Unidos.

Entre as principais conclusões deste artigo:

- Apesar das inúmeras diretrizes da OMS em relação à massificação dos testes, à identificação, ao isolamento e ao rastreamento de pessoas infectadas ou dos casos suspeitos, o Governo Federal (do Brasil) deixou de elaborar e coordenar Políticas Públicas para proteger a população e salvar vidas;

- Medidas de controle da pandemia voltadas para a atenção primária somente foram identificadas a partir de junho de 2020 com a criação de Centros de Referência no Enfrentamento da Covid-19, que fizeram uso apenas limitado das competências pré-existentes e dos instrumentos da saúde primária no Brasil;

---

[43] Entrevista concedida ao autor no dia 1 de setembro de 2020.

- A falta de mobilização da Estratégia de Saúde da Família, estruturada ao longo dos anos pelo Ministério da Saúde (MS) e pelo Sistema Único de Saúde, enfraquece a resistência da população ao vírus, em especial de sua parcela mais vulnerável;
- Na ausência de vacinas e medicamentos para curar os infectados, a OMS recomendou o aumento do distanciamento físico e a adoção de medidas econômicas e sociais que ajudassem a população a sobreviver em meio à crise e a permanecer em casa. Desde março, de forma orquestrada, o governo Federal adotou medidas para fragilizar as políticas estaduais e municipais voltadas para aumentar o distanciamento físico;
- As posições do Presidente da República ignoraram ou reorientaram recomendações técnicas, descontinuaram a atuação do Ministério da Saúde com a substituição de dois ministros, flexibilizaram os serviços essenciais e reduziram até mesmo a obrigatoriedade do uso de máscaras, no mês de julho;
- Ao equalizar a atuação na Saúde com a da Economia, o governo Federal levou o país a confundir as prioridades. Ignorou que as perdas na economia seriam menores na (mesma) medida em que a disseminação do vírus fosse contida mais rapidamente;
- Na Saúde, as medidas adotadas pelo governo Federal se dedicaram majoritariamente ao aumento da capacidade de atendimento de alta especialização, como a habilitação de leitos de UTI. Na economia, o investimento foi praticamente três vezes maior do que na saúde.

De acordo com Barberia, as administrações federais prévias do Brasil, que foram conduzidas por diferentes partidos políticos, foram mais capazes de articular respostas coordenadas para as crises sanitárias do que a gestão Bolsonaro.

No gerenciamento de uma pandemia, um país precisa ativar um sistema de emergência com regras e responsabilidades bem definidas. Conforme garante a pesquisadora:

CAPÍTULO II – A AUSÊNCIA DO FEDERALISMO COOPERATIVO...

> No Brasil, os enfrentamentos das pandemias mais recentes foram conduzidos com estratégias claras do Governo Federal, de modo a orientar o SUS (Sistema Único de Saúde) e coordenar a ação dos estados e municípios. Foi assim nos casos da AIDS, do H1N1 e da SARS, que deram crédito ao Brasil no plano internacional. No caso da Covid-19, isso não aconteceu. A gestão bolsonarista não apresentou qualquer estratégia elaborada para combater a pandemia no âmbito nacional.[44]

"Além das ações mais evidentes de intervenção na saúde da população", prossegue ela:

> (...) como a criação de hospitais de campanha, a habilitação de leitos de UTI Covid-19 e a manutenção de unidades de saúde básica, o Governo Federal também possui outras atribuições na gestão de emergências de saúde. Ao comparar (a gestão de Jair Bolsonaro) com outras federações ao redor do mundo, torna-se evidente que os casos de sucesso se destacaram em virtude da coordenação no nível nacional, ainda que os governos subnacionais tenham um papel importante na implementação e até na definição de prioridades dentro de seus territórios.[45]

A pesquisadora da Universidade de São Paulo estudou as respostas de países que obtiveram resultados mais eficazes contra a doença, como Argentina, Alemanha e Canadá, e casos mais problemáticos, como os Estados Unidos e México. "Todas são federações, ou seja, países nos quais os governos subnacionais têm maior autonomia",[46] ressalta.

Sobre quais seriam os pontos preponderantes para explicar o êxito dos países estudados, ela aponta:

> (...) várias diferenças importantes. No caso do Brasil, houve a troca do ministro da saúde diversas vezes e o general Eduardo Pazuello, que ficou por mais tempo no cargo durante a crise,

---

44 Entrevista concedida ao autor no dia 1 de setembro de 2020.
45 Entrevista concedida ao autor no dia 1 de setembro de 2020.
46 Entrevista concedida ao autor no dia 1 de setembro de 2020.

atuou como interino (até meados do mês de setembro, quando foi efetivado no cargo). Os outros países não trocaram a liderança na gestão da pasta (da Saúde) durante a pandemia.[47]

Resume Barberia:

> Além disso, as nações que lidaram com a pandemia de forma mais eficiente desenvolveram rapidamente a capacidade de testagem, adquiriram tecnologia e a habilidade de divulgar estes protocolos foi coordenada pelas autoridades sanitárias nacionais desde as primeiras semanas de janeiro de 2020 ao longo dos seus territórios.[48]

Segundo ela, no caso do Brasil, a capacidade de testagem foi concentrada em São Paulo e no Rio de Janeiro, inicialmente, e demorou a chegar às outras regiões do país. Insiste a professora:

> Houve testagem em massa e rastreamento de contatos desde o início (da pandemia) em vários destes países mencionados. Houve alta coordenação nas medidas adotadas pelos governos subnacionais e o governo federal exerceu um papel importante em coordenar essas respostas nestes países.[49]

Reforça Barberia:

> Ao fazermos essa comparação com outros países, fica evidente que o Brasil tem um número bem maior de óbitos por conta das falhas que apontamos acima: falta de testagem, falta de apoio às medidas recomendas pela Organização Mundial da Saúde, falta de liderança e coordenação de políticas de saúde para todos os níveis da nação. O Governo Federal do Brasil adotou políticas que foram absolutamente na contramão das medidas recomendadas pela OMS e sabotou o plano vacinal brasileiro.[50]

---

[47] Entrevista concedida ao autor no dia 1 de setembro de 2020.
[48] Entrevista concedida ao autor no dia 1 de setembro de 2020.
[49] Entrevista concedida ao autor no dia 1 de setembro de 2020.
[50] Entrevista concedida ao autor no dia 1 de setembro de 2020.

CAPÍTULO II - A AUSÊNCIA DO FEDERALISMO COOPERATIVO...

Além disso, as mensagens transmitidas à população por meio do simbolismo presidencial hiperbolizaram a crise sanitária no Brasil, conforme abordaremos com algumas das principais lideranças políticas do país no próximo capítulo.

Ilustra a pesquisadora:

> O presidente deu inúmeras declarações e adotou gestos contra as medidas que foram comprovadas cientificamente para evitar e diminuir a transmissão do vírus. Dessa forma, as ações desta liderança geraram confusão na população sobre se havia que aderir ou não ao distanciamento físico, a usar máscaras, tomar certo tipo de medicação, a evitar aglomerações e procurar ficar em casa, por exemplo.[51]

Conclui Barberia:

> As nossas pesquisas que analisam a evolução da pandemia na federação alertam que poderíamos ter adotado, e ainda podemos, em crises futuras, políticas para diminuir o número de casos e óbitos. (...) Sem coordenação nacional no enfrentamento da pandemia, a situação seguiu piorando.[52]

---

[51] Entrevista concedida ao autor no dia 1 de setembro de 2020.
[52] Entrevista concedida ao autor no dia 1 de setembro de 2020.

CAPÍTULO III
SIMBOLISMO PRESIDENCIAL E LIDERANÇA POLÍTICA

> Quando o exemplo que vem de cima avança a violência, o ódio e o desprezo pela vida, essas mensagens são entendidas pela sociedade como uma espécie de salvo-conduto.
>
> *Guilherme Boulos*

Dan Stewart escreveu, no fim de setembro de 2020, para introduzir o texto da revista *Time* que reconheceu o simbolismo presidencial do mandatário brasileiro como uma das forças sociais mais influentes do mundo em 2020:[53]

> A história deste ano no Brasil pode ser contada em números: 137.000 vidas perdidas para o coronavírus. A pior recessão em 40 anos. Pelo menos cinco ministros demitidos (...). Um presidente cujo ceticismo teimoso sobre a pandemia e a indiferença à espoliação ambiental elevaram todos esses números.

---

[53] *Time 100 Most Influential*, 2020.

Teoricamente, o simbolismo presidencial é o conjunto de processos de comunicação exercido pelo presidente da República e membros do seu gabinete para infundir o debate público e espiritar a vida social, política e econômica da nação.

Na prática, essa força presidencial estimulou a multiplicação desenfreada de grupos neonazistas brasileiros, a proliferação sem precedente de armas de fogo no país, o consumo de substâncias que não tiveram a eficiência comprovada contra a peste e o aumento expressivo dos casos de contágio e mortes durante a pandemia,[54] por exemplo.

Entre os meses de maio de 2018 e maio de 2020, a criação de novas páginas de internet com conteúdo relacionado ao nazismo cresceu mais de 700% no Brasil,[55] a venda do Ivermectina – vermífugo que foi receitado enfaticamente por Bolsonaro na luta contra o vírus sem qualquer comprovação científica de eficácia – explodiu no mercado farmacêutico nacional durante a pandemia com o crescimento de 466%, no acumulado de 2020 até novembro e na comparação com o mesmo período de 2019,[56] e houve um recorde de quase 180 mil novas armas de fogo registradas na Polícia Federal em 2020.[57]

---

[54] "'O cenário de superlotação de leitos (acima de 80%) foi verificado na primeira semana de março (de 2021) – poucos dias após a visita da comitiva presidencial. Não é necessário qualquer tipo de raciocínio avançado para perceber que a ação dos representados ignorou totalmente as medidas destinadas a mitigar a pandemia', disseram procuradores do Acre em representação contra Bolsonaro". MADEIRO, Carlos. "Covid: Cidades em que Bolsonaro gerou aglomerações veem piora e até colapso". *UOL*, 2021. Disponível em: https://noticias.uol.com.br/saude/ultimas-noticias/redacao/2021/03/19/covid-cidades-em-que-bolsonaro-gerou-aglomeracoes-tem-piora-e-ate-colapso.htm/. Acesso em: 04 jul. 2021.

[55] Segundo levantamento realizado pela organização não-governamental *Safernet*, em maio de 2020 foram criadas no Brasil 204 novas páginas de conteúdo neonazista, contra 42 no mesmo mês de 2019, e 28 em maio de 2018. Em nota, a entidade afirmou ser "inegável que as reiteradas manifestações de ódio contra minorias por membros do governo Bolsonaro têm empoderado as células neonazistas no Brasil".

[56] Consultoria IQVIA.

[57] Segundo dados obtidos pela *BBC News Brasil* com a Polícia Federal, foram registradas 179.771 novas armas em 2020, um aumento de 91% ante o registrado

No dia 27 de março de 2021, quando um de seus apoiadores aproximou-se e tirou uma foto ao lado de Bolsonaro fazendo o símbolo criminoso de supremacistas estadunidenses com as mãos em forma de OK, o presidente brasileiro respondeu: "Eu sei que é um gesto bacana, mas pega mal para mim".[58] Ao fundo, é possível escutar um dos seguranças de Bolsonaro pedir para a pessoa apagar a foto.

> É óbvio que o efeito que isso tem na sociedade é devastador. Quando o exemplo que vem de cima avança a violência, o ódio e o desprezo pela vida, essas mensagens são entendidas pela sociedade como uma espécie de salvo-conduto. Uma autorização para todos os tipos de perversidades e barbaridades. Não é por acaso que, durante os primeiros dois anos do governo Bolsonaro, a letalidade policial aumentou em todo o Brasil. (...) Isso vai gerando uma cultura da morte e do ódio que se espalha por toda a sociedade e esse talvez seja o efeito mais danoso dessas declarações: elas não são simplesmente simbólicas, mas servem de exemplo e influenciam as pessoas (a tomarem medidas práticas),[59]

elucida Guilherme Boulos, professor, bacharel em filosofia, ativista social, político e escritor.

Manuela d'Ávila, jornalista, política, escritora e candidata à vice-presidência da República pelo Partido dos Trabalhadores em 2018, cita o sociólogo Pierre Bourdie para ilustrar a questão do simbolismo presidencial bolsonarista durante a pandemia:[60]

---

em 2019 (94.064), ano em que já havia ocorrido uma forte alta (84%). É o maior patamar da série disponibilizada pela instituição, que começou em 2009.

58 Dias antes, outro assessor de Jair Bolsonaro fez o mesmo gesto durante sessão do Senado Federal. O símbolo significa *White Power*, Poder Branco, em inglês. Em outras ocasiões, outros ministros e figuras centrais do bolsonarismo fizeram referências explícitas ao nazismo.

59 Entrevista concedida ao autor no dia 14 de outubro de 2020. Disponível em: https://www.youtube.com/watch?v=r1GH71vT-ho. Acesso em: 04 jul. 2021.

60 BOURDIEU, Pierre. *O poder simbólico*. Rio de Janeiro: Bertrand, 1989.

o poder simbólico de fazer ver e crer. O Bolsonaro fez parte do seu eleitorado ver e crer as coisas mais absurdas durante a pandemia, tais como não acreditar no distanciamento social, no uso de máscaras e nas vacinas, por exemplo.[61]

3.1 A eficácia política do Poder Simbólico

Lilia Katri Moritz Schwarcz, historiadora, antropóloga, autora e professora na Universidade de São Paulo e na Universidade de Princeton, discorre sobre o que ela convencionou chamar de a "eficácia política do poder simbólico".

Schwarcz elucida:

> Eu costumo inverter a máxima do (sociólogo Émile) Durkheim que fala sobre a eficácia simbólica do poder político e digo que existe a eficácia política do poder simbólico. A minha maior preocupação não é com o que o Bolsonaro eventualmente pense ou diga, mas com o que ele avaliza. Ele tenta transmitir essa imagem de virilidade, dos séculos passados, montando cavalos de forma imponente mesmo demonstrando que não tem intimidade com a montaria. Existe uma foto clássica do Mussolini, no qual os assessores deles seguram o animal para o ditador pousar em cima da cela segurando a sua espada para cima, que lembra muito essa imagem do Bolsonaro. Essa linguagem bélica que ele utiliza o tempo todo, com símbolos fálicos e que usa a violência como forma de governar.[62]

Para ela:

> (...) em termos de imagens do poder, os dirigentes com frequência evocam a questão da infância para se representar, porque as crianças simbolizam a continuidade e o futuro. O Bolsonaro foi fotografado fazendo "arminha" com as mãos das crianças.

---

61 Entrevista concedida ao autor no dia 2 de março de 2021.
62 Entrevista concedida ao autor no dia 12 de novembro de 2020.

> Esse é um símbolo muito forte do bolsonarismo, que visa sempre transformar adversários políticos em inimigos pessoais, principalmente por meio da disseminação de teorias conspiratórias. Todas pautadas em notícias falsas e na construção de realidades paralelas. (...) A polarização potencializada pelo bolsonarismo é organizada ao redor de subjetividade,[63] afeto e simbolismo. (...) A lógica da alteridade faz muito parte da base das mensagens avançadas pelo discurso bolsonarista e dos símbolos que eles alimentam a todo o momento.[64]

Ou seja, o simbolismo presidencial é uma das principais forças de qualquer gestão federal nos estados modernos, porque as ideias adotadas e avançadas pelo presidente da República e quadros da sua composição política ganham ressonância na cultura popular do país e se consolidam em ações práticas que orientam o rumo da nação, principalmente em momentos de crise. É imprescindível muita cautela na forma como este instrumento político é utilizado, ainda mais considerando o caráter individualista e a amplitude do alcance público em virtude da capacidade de viralização de conteúdo das redes sociais digitais no século XXI.

A despeito de toda esta complexidade e das tecnologias que funcionam via internet estarem no cerne do debate político-eleitoral e sociopolítico de basicamente todas as sociedades civis modernas do mundo na última década, o procurador-geral da República do Brasil expressou, durante a maior crise sanitária do último século, o seu entendimento de que estas mensagens não implicam qualquer responsabilidade por parte do Presidente da República.

Augusto Aras afirmou, no dia 11 de setembro de 2020:

---

63 Sobre esse tema, veja a ideia do "empobrecimento da subjetividade", de Rubens R. R. Casara, no livro *Bolsonaro*: o mito e o sintoma. CASARA, Rubens R. R. *Bolsonaro*: o mito e o sintoma. São Paulo: Contracorrente, 2020.

64 Sobre esse tema, veja a ideia do "empobrecimento da subjetividade", de Rubens R. R. Casara, no livro *Bolsonaro*: o mito e o sintoma. CASARA, Rubens R. R. *Bolsonaro*: o mito e o sintoma. São Paulo: Contracorrente, 2020.

> Apesar de a conta pessoal do presidente da República (no Instagram) ser utilizada para informar os demais usuários acerca da implementação de determinadas políticas públicas ou da prática de atos administrativos relevantes, as publicações no Instagram não têm caráter oficial e não constituem direitos ou obrigações da Administração Pública.

Desta forma, interpretações que ressaltam valores positivistas e reducionistas do século XIX não oferecem instrumentais suficientemente equipados para lidar com a complexidade da vida social e política das sociedades civis atuais. Evidentemente, todas as comunicações e publicações do presidente da República possuem caráter oficial, simplesmente porque todas essas manifestações inspiram o debate público e geram impactos concretos na sociedade brasileira.

Considerando que os candidatos podem fazer campanhas via redes sociais, parece razoável argumentar que, quando eleitos, existam parâmetros constitucionais que sirvam para exercer limites ao uso que é feito deste simbolismo atribuído ao cargo público.

Durante a pandemia, a administração Bolsonaro utilizou o seu simbolismo presidencial via redes sociais sem quaisquer restrições jurídicas, éticas ou pautadas em premissas científicas.

Ciro Gomes, advogado e professor universitário brasileiro filiado ao Partido Democrático Trabalhista (PDT), do qual é vice-presidente, avalia:

> A gestão bolsonarista da pandemia foi a pior do mundo. A crise levou três meses a mais do que na China e dois meses a mais do que na Europa para chegar aqui (no Brasil). Num primeiro momento, o que cabia ao Governo Federal fazer era controlar a entrada no país, entrar em acordo com a China em busca de reagentes para testagem em massa e comprar respiradores. Ao invés disso, (a administração Bolsonaro) alinhou-se ao (Donald) Trump e declarou guerra diplomática à China.[65]

---

[65] Entrevista concedida ao autor no dia 21 de agosto de 2020.

CAPÍTULO III – SIMBOLISMO PRESIDENCIAL E LIDERANÇA...

Uma das figuras mais proeminentes da política nacional, Ciro foi deputado estadual por duas legislaturas no Ceará, prefeito da cidade de Fortaleza, governador do Ceará, ministro da Fazenda do Governo Itamar Franco durante a implantação do Plano Real e ministro da Integração Nacional durante o projeto de transposição do rio São Francisco, no governo de Luiz Inácio Lula da Silva. Em 2018, concorreu à Presidência da República pelo Partido Democrático Trabalhista, recebeu 13.344.371 votos e ficou no terceiro lugar na eleição presidencial.

"No segundo momento", prossegue ele:

> (...) o que cabia ao governo, com o começo da transmissão comunitária do vírus, era promover rígidas quarentenas de vinte dias para controlar a doença no Brasil. Ao invés disso, (Jair Bolsonaro) se lançou numa cruzada contra o isolamento social e desinformou a população sobre a doença, que chamou de "gripezinha", inclusive, receitando como mágico um remédio rejeitado pela comunidade científica nacional e internacional.[66]

Gomes elabora que, enquanto o governo de Milão, na Itália, pedia perdão pela campanha intitulada "Milão não para", o governo brasileiro usava o simbolismo presidencial para lançar uma iniciativa idêntica no Brasil.

> Isso gerou a maior tragédia de nossa história, mas o bolsonarismo não parou neste ponto. (O governo) deveria ter apressado o auxílio às pessoas, para ficarem em casa, e às microempresas, para que elas sobrevivessem. Ao invés disso, lutou contra o auxílio para a população, que foi dado pelo Congresso (Nacional), e até hoje, o prometido crédito para microempresas não chegou a grande parte delas,[67]

acrescenta o político.

Ainda segundo ele,

---

[66] Entrevista concedida ao autor no dia 21 de agosto de 2020.
[67] Entrevista concedida ao autor no dia 21 de agosto de 2020.

tudo isso se refletiu em números frios e terríveis. Enquanto o Brasil tem 208 milhões de habitantes, a China tem um bilhão e quatrocentos milhões. A pandemia começou lá, três meses antes de chegar ao Brasil. Pois bem, na China morreram cerca de cinco mil pessoas de Covid-19. No Brasil, possivelmente superaremos os 150 mil, infelizmente. Cabe esta comparação com os nossos vizinhos e outros países para entendermos o tamanho do estrago causado pelo bolsonarismo.[68]

Em toda a América do Sul, que sem o Brasil tem dez milhões de habitantes a mais do que o nosso país, morreu um número significativamente menor de pessoas por conta da pandemia durante o período estudado por este livro, conforme abordado no segundo capítulo.

Caso tivesse sido eleito presidente do Brasil em 2018, Ciro Gomes afirma que teria seguido

> (...) o conhecimento científico no combate à pandemia. Nesse momento, manteria a suspensão da abertura de shows, bares e restaurantes, escolas e universidades, e investiria pesado no desenvolvimento de uma vacina e em conseguir reagentes para aumentar a testagem no Brasil.[69]

Ciro Gomes reflete:

> Economicamente, implantaria o imposto sobre lucros e dividendos empresariais (o Brasil é o único país que não cobra), recriaria a alíquota de 35% do imposto de renda, que cobrei com o Itamar (Franco), e aumentaria o imposto sobre heranças. Abriria investigação imediata sobre as operações compromissadas e diminuiria sua remuneração. Cortaria 20% por igual de todas as desonerações do governo de saída antes de analisar caso por caso.[70]

---

[68] Entrevista concedida ao autor no dia 21 de agosto de 2020.
[69] Entrevista concedida ao autor no dia 21 de agosto de 2020.
[70] Entrevista concedida ao autor no dia 21 de agosto de 2020.

CAPÍTULO III – SIMBOLISMO PRESIDENCIAL E LIDERANÇA...

Ciro Gomes resume:

> Todas essas medidas preparariam um orçamento equilibrado já em 2021. Contudo, o principal seria tirar o investimento público do limite do Teto de Gastos, retomando milhares de obras paradas e já licitadas por todo território nacional. Para restaurar a saúde financeira das empresas, um grande plano de refinanciamento nacional, e das famílias, meu plano de refinanciar as dívidas que levaram mais de sessenta milhões de cidadãs e cidadãos ao Serviço de Proteção ao Crédito (SPC). Essas seriam as medidas de curto e médio prazo que equilibrariam as contas, retomariam o esforço de desenvolvimento e preparariam a celebração de um novo projeto industrial para o Brasil.[71]

Fernando Haddad também avalia que o simbolismo, a negligência e a falta de liderança da administração Bolsonaro frente à pandemia causada pela Covid-19 agravaram a situação brasileira de forma significativa.

> Não há dúvida sobre esse fato. A Índia, que tem a população sete vezes maior do que a nossa, não alcançou o número de mortes do Brasil (até a data dessa entrevista, pelo menos). Estamos falando do colapso da gestão pública (brasileira). Não houve protocolo, matriz de risco, coordenação e orientação para governadores e prefeitos, não houve uma reunião séria em Brasília. Nada. O presidente não assumiu o comando do país e agora estamos com esse número absurdo de mortes.[72]

Ainda de acordo com Haddad:

> (...) nas estimativas iniciais, os especialistas diziam que, caso o Brasil fizesse tudo certo, morreriam entre 30 e 40 mil pessoas e, caso o país fizesse tudo errado, seriam 70 mil vítimas (da Covid-19). Esse era o pior número. A gestão Bolsonaro conseguiu multiplicar muitas vezes o pior cenário projetado no começo

---

[71] Entrevista concedida ao autor no dia 21 de agosto de 2020.
[72] Entrevista concedida ao autor no dia 6 de outubro de 2020.

do ano de 2020. Perdemos muito mais vidas. Não era para ser assim. Não foi assim nos países liderados por gente séria (...). Não existe, até hoje, nenhuma orientação do governo federal no sentido de coordenar e instruir as ações dos governadores e prefeitos. Em nenhuma área.[73]

Sobre os motivos pelos quais, apesar de todas as evidências, indícios e escândalos de corrupção que surgiram recentemente e relacionaram a família Bolsonaro com diversas práticas criminosas, o presidente seguir contando com o apoio de parte do eleitorado brasileiro, Haddad faz uma analogia com a política do "rouba, mas faz".

> O bolsonarismo lembra muito o malufismo. Nenhum dos seus seguidores tinha muita dúvida de quem era o (Paulo) Maluf e ainda assim o apoiavam. Por isso não existe nenhuma indignação com todas as provas que surgiram de como a família Bolsonaro construiu o seu patrimônio desviando dinheiro público via servidores fantasmas. Todos os dias têm matérias nos jornais e os apoiadores do Bolsonaro não ligam a mínima, porque nunca foi esse o problema para eles.[74]

Por fim, ele ressalta que a liderança política do chefe do Poder Executivo é fundamental para catalisar o processo de educação que levou as nações mais desenvolvidas da Terra a se emanciparem antes de se tornarem grandes potências.

Haddad conclui:

> Essa orientação é fundamental, porque o nacionalismo verdadeiro é forjado pelo povo. Quando o povo chega às universidades e começa a pensar o seu próprio destino você tem um projeto nacional em curso. Esse processo começou muito recentemente no Brasil, fruto dos investimentos que foram feitos nos últimos governos. É um processo histórico e longo: forjar a consciência nacional para despertar e emancipar o

---

73 Entrevista concedida ao autor no dia 6 de outubro de 2020.
74 Entrevista concedida ao autor no dia 6 de outubro de 2020.

país. Ciência, política e arte. Essas são as três vias para a nossa felicidade.[75]

---

[75] Entrevista concedida ao autor no dia 6 de outubro de 2020.

CAPÍTULO IV
DESINFORMAÇÃO E AS MILÍCIAS DIGITAIS

> No WhatsApp, não existe qualquer tipo de controle social ou regulação (...) e você tem as peças (de desinformação) mais agressivas, radicais e apócrifas, realmente.
>
> *Rodrigo Ratier*

Muito antes do surgimento dos modelos de extração de atenção[76] e das redes sociais digitais, um dos atos criminosos mais selvagens e tristes da história humana, o Genocídio em Ruanda, vitimou mais de 800 mil pessoas da etnia tutsi. Mulheres, homens, idosos e crianças foram mortas a golpes de foice e porretes por membros do grupo *hútus*, em 1994. O genocídio foi perpetrado com o auxílio direto de desinformação, discursos de ódio e uma rede social.

Nos meses anteriores ao extermínio, Félicien Kabuga, um dos empresários mais ricos do país naquela ocasião, além de comprar as armas brancas que foram utilizadas na "limpeza étnica", utilizou a sua

---

[76] Os modelos de extração de atenção humana são utilizados para organizar os algoritmos das redes sociais digitais de forma a extrair o máximo de atenção possível dos seus usuários, o que as tornam extremamente restritivas e viciantes.

rádio, *Mille Collines*, para transmitir à população de todo o país milhares de horas de mensagens de ódio caracterizando os tutsis como insetos que deveriam ser esmagados para o surgimento de uma nação superior.

Esta mesma dinâmica vem sendo aplicada no Genocídio Rohingya, no estado de Mianmar, no sul da Ásia, desde 2016, por exemplo. Contudo, o veículo de comunicação de massa utilizado pelos perpetradores neste caso é a plataforma oferecida pelo Facebook.

Casos assim são os resultados extremos do que a perigosa combinação de ódio e veículos de comunicação de ampla abrangência pode produzir, em última instância. No Brasil, entre 2020 e 2021, estes processos de desinformação e disseminação de elitismos históricos via internet foram determinantes para agravar a crise causada pelo coronavírus e também custaram incalculáveis vidas.

Somente entre março e outubro de 2020, o presidente brasileiro deu 653 declarações falsas ou distorcidas sobre a pandemia, que foram transmitidas por meio das suas redes sociais,[77] fundamentalmente. Durante os dois primeiros anos na Presidência da República (2019 e 2020), Bolsonaro deu 2.187 declarações falsas ou distorcidas em discursos, entrevistas, postagens nas mídias sociais e interações com os seus apoiadores. O volume diário de desinformação foi significativamente maior em 2020, quando foram classificadas como falsas ou distorcidas 1.582 declarações do presidente, uma média de 4,3 por dia. Em 2019, esse número ficou em 1,6.[78]

Conforme notou Ivan Paganotti, doutor em Ciências da Comunicação pela Universidade de São Paulo (USP) e professor da Universidade Metodista de São Paulo (PósCom/UMESP), que estudou a estratégia de comunicação do bolsonarismo no início da pandemia no Brasil, as notícias falsas foram disseminadas por meio de pulsos de desinformação nos grupos bolsonaristas.

---

[77] Estudo feito pelo site de verificação de notícias Aos Fatos.

[78] Estudo feito pelo site de verificação de notícias Aos Fatos.

CAPÍTULO IV - DESINFORMAÇÃO E AS MILÍCIAS DIGITAIS

Seis ondas iniciais de desinformação.

> Essas ondas seguiram o debate público e a estratégia de, preventivamente, formular uma narrativa para transformar uma adversidade em algo benéfico para o governo ou inverter algo que seria positivo para os adversários políticos do bolsonarismo,[79]

explica Paganotti.

Prossegue o professor:

> Durante a primeira onda, em janeiro (de 2020), quando o Brasil ainda não tinha vítimas confirmadas da pandemia, esses grupos bolsonaristas de WhatsApp já estavam disseminando teorias da conspiração considerando a origem do vírus e a possível participação chinesa na produção da doença com fins geopolíticos e econômicos.[80]

No segundo momento, entre março e abril de 2020, quando surgiram os primeiros casos confirmados da doença no país e a população brasileira estava assustada com a possibilidade da contaminação, os grupos de WhatsApp bolsonaristas começaram a falar em prevenção, remédios caseiros e chá com limão, por exemplo.

> (...) Uma espécie de defesa mágica (contra o vírus) para que as pessoas pudessem continuar vivendo de forma natural – instrumentalizar a saída – como se a doença não existisse ou não representasse um grande risco à população,[81]

sintetiza Paganotti.

A terceira onda, que ocorreu entre o fim de abril e o começo de maio, também foi sobre supostas curas e tratamentos contra a

---

[79] Entrevista concedida ao autor no dia 15 de setembro de 2020.
[80] Entrevista concedida ao autor no dia 15 de setembro de 2020.
[81] Entrevista concedida ao autor no dia 15 de setembro de 2020.

doença. Com ela, veio a questão da cloroquina, que se tornou um instrumento "identitário do bolsonarismo, quase tão expressivo quanto o símbolo de representar as armas utilizando as mãos",[82] compara o acadêmico.

"Utilizando o Diagrama de Venn,[83] os círculos que englobam as pessoas que eram bolsonaristas e as pessoas que defendem o uso da cloroquina apresentavam um alinhamento muito grande", complementa Paganotti.

Na quarta onda houve uma seletividade das fontes médicas utilizadas neste sentido, conforme enfatiza Paganotti:

> Quando os estudos reforçavam a visão bolsonaristas, eles eram compartilhados com mais ênfase. Quando eles demonstraram o contrário, os trabalhos eram ignorados (pelos grupos de WhatsApp bolsonaristas). Sem qualquer critério, além do alinhamento ideológico com o bolsonarismo.[84]

Neste momento, também surgem especulações sobre caixões vazios sendo enterrados, hospitais sem pacientes e unidades de saúde que estariam deliberadamente assassinando as pessoas que eram internadas com o Covid-19.

Estas ideias vinham acompanhadas de imagens sem contexto que eram, geralmente, de hospitais que haviam sido inaugurados em anos anteriores ou de denúncias de fraude de seguros. Elas foram usadas para reforçar que as pessoas não estavam morrendo e a população estava sendo enganada. Como mencionado anteriormente, o objetivo central era garantir que a população ignorasse as recomendações de distanciamento social para manter a economia aquecida.

---

[82] Entrevista concedida ao autor no dia 15 de setembro de 2020.

[83] Representação gráfica utilizada na matemática para apresentar elementos, propriedades ou problemas de um conjunto. É caracterizado por duas ou mais circunferências que se cruzam formando subconjuntos.

[84] Entrevista concedida ao autor no dia 15 de setembro de 2020.

CAPÍTULO IV - DESINFORMAÇÃO E AS MILÍCIAS DIGITAIS

Em maio de 2020, uma quinta onda de desinformação apresentou dados deturpados de cartórios brasileiros, comparando anos inteiros com períodos de apenas três ou quatro meses, para avançar o raciocínio de que o número de mortos em 2020 não era superior ao registrado em anos anteriores por conta de gripes comuns.

> Muitos veículos e jornalistas conhecidos no âmbito nacional, como o Alexandre Garcia, por exemplo, utilizaram estes dados oficiais que foram interpretados com o propósito específico de relativizar a seriedade da crise sanitária, o que acabou por confundir ainda mais a população,[85]

acrescenta o professor.

A sexta e última onda inicial de desinformação ocorreu entre os meses de junho e julho de 2020 e abordou o tema das vacinas e possíveis tratamentos. Quando o debate público voltou-se para este tema, os grupos bolsonaristas começaram a questionar a eficácia das vacinas, estratégia que foi adotada por Bolsonaro.

> (...) Faz sentido de acordo com a lógica de radicalização (da sociedade) que segue o bolsonarismo. Ou seja, existe um movimento "anti-vacinas" que se fortalece a partir deste momento e que tinha uma proximidade com as ideias avançadas pelo Donald Trump,[86]

pondera Paganotti.

Um estudo acadêmico[87] foi realizado para entender o impacto dessas notícias falsas sobre a saúde da população brasileira e comparou

---

[85] Entrevista concedida ao autor no dia 15 de setembro de 2020.
[86] Entrevista concedida ao autor no dia 15 de setembro de 2020.
[87] FERNANDES, Ivan; FERNANDES, Gustavo Almeida Lopes; FERNANDES, Guilherme; SALVADOR, Pedro Ivo. "Ideology, Isolation, and Death. An Analysis of the Effects of Bolsonarism in the Covid-19 Pandemic". *SSRN*, 2020. Disponível em: https://papers.ssrn.com/sol3/papers.cfm?abstract_id=3654538. Acesso em: 04 jul. 2021.

os índices de isolamento social nas cidades que votaram em Bolsonaro com as cidades que votaram em Fernando Haddad, majoritariamente, e no segundo turno das eleições de outubro de 2018.

Essa pesquisa demonstra que existe uma correlação significativa entre as cidades que votaram em Bolsonaro e índices mais baixos de aderência às medidas de isolamento. Estados como Santa Catarina, no qual o presidente venceu o segundo turno das eleições em 2018 com 75,9% dos votos válidos, Goiás (65,5%), Mato Grosso (66,4%) e Mato Grosso do Sul (65,2%) apresentaram alguns dos menores índices de distanciamento social do Brasil.

Existem indícios científicos para estabelecer uma correlação negativa entre o isolamento social efetivo e a proporção de votos obtidos por Jair Bolsonaro nos municípios brasileiros durante as eleições de 2018. A partir dessa correlação, utilizando uma técnica de variável instrumental, estima-se o índice de isolamento social efetivo sobre o número de óbitos, casos e taxa de mortalidade.

Foram encontradas evidências que apontam para um efeito prejudicial considerando o discurso presidencial no sentido de reduzir o isolamento social e, consequentemente, aumentar os casos de contágios e óbitos na pandemia.

Outra pesquisa universitária conduzida pela Universidade Federal do Rio de Janeiro (UFRJ) em parceria com o IRD (Instituto Francês de Pesquisa e Desenvolvimento) identificou essas mesmas evidências e cunhou o termo "efeito Bolsonaro" para falar da propagação do coronavírus no Brasil.[88]

---

[88] O levantamento considerou uma série de dados de todos os municípios no país, cruzou as informações sobre a expansão da doença com o resultado na votação em primeiro turno nas eleições presidenciais nos 5.570 municípios e concluiu que há uma correlação direta entre a preferência pelo presidente Jair Bolsonaro e a expansão mais expressiva do vírus.

CAPÍTULO IV - DESINFORMAÇÃO E AS MILÍCIAS DIGITAIS

4.1 Por que o WhatsApp?

Durante os últimos anos, diversas plataformas digitais foram usadas para promover desinformação, espalhar o ódio e exacerbar elitismos históricos em diversos países de todas as regiões da Terra.

Apesar disso, o WhatsApp, ferramenta que pertence ao grupo Facebook, foi o aplicativo mais usado e nocivo para os processos democráticos destes estados, inquestionavelmente. Por quê?

No livro *A ascensão do bolsonarismo no Brasil do século XXI*, Guilherme Casarões aponta que:

> (...) a campanha do Bolsonaro conseguiu aglomerar, durante os últimos anos, quase cinquenta milhões de números de WhatsApp. Com todas as reportagens que o (jornal) Folha (de São Paulo) publicou, empresários bancando etc., você percebe a capilaridade que eles alcançaram com este mecanismo. Isso fez uma diferença muito grande, porque, pela primeira vez na história, o WhatsApp neutralizou o tempo de TV, basicamente.[89]

Em 2018, a chave da comunicação política no âmbito presidencial foi a formação de grupos de WhatsApp, que são capazes de evitar o algoritmo do Facebook para romper ou agravar as bolhas sociais tradicionais. Em março de 2021, quando, por decisão do ministro do Supremo Tribunal Federal, Edson Fachin, o ex-presidente Lula reconquistou os seus direitos políticos e se tornou elegível, os grupos bolsonaristas no WhatsApp partiram novamente para a ofensiva com as mesmas estratégias de disseminação de elitismos históricos e desinformações.[90]

---

[89] CALEJON, Cesar; VIZONI. *A ascensão do bolsonarismo no Brasil do século XXI*. São Paulo: Kotter, 2019, p. 163.

[90] Sobre esse tema, leia: GALHARDI, Raul. "Com Lula de volta ao jogo, WhatsApp bolsonarista parte para ofensiva". *UOL*, 2021. https://noticias.uol.com.br/colunas/coluna-entendendo-bolsonaro/2021/03/23/com-lula-de-volta-ao-jogo-whatsapp-bolsonarista-parte-para-ofensiva.htm/. Acesso em: 04 jul. 2021.

Casarões complementa:

> Com o WhatsApp não tem isso, porque é uma plataforma sem filtros. E eu ressaltaria também alguns agravantes nesta discussão: (1) o WhatsApp não faz a verificação da veracidade do material que está sendo veiculado. (2) Nesta plataforma, a comunicação acontece, primordialmente, por meio de "memes", áudios e vídeos, o que faz todo o sentido considerando uma nação de analfabetos funcionais, infelizmente.[91]

Ou seja, o processo de verificação do material que está sendo disseminado é inexistente, porque se trata de um conteúdo muito simplista e raso, que, mesmo quando desmentido posteriormente, ainda consegue exercer o impacto psicológico desejado.

Rodrigo Ratier, jornalista e professor da Faculdade Cásper Líbero que também pesquisou o comportamento dos grupos de WhatsApp bolsonaristas durante a pandemia, explica que o alicerce ideológico do bolsonarismo nas redes sociais é formado pelos grupos da família Bolsonaro, de amigos, de parlamentares e de apoiadores mais diretos, mas que também existe a militância orgânica muito operante nesse sentido em todas as principais plataformas, cada uma com a sua própria característica.

Ratier, que examinou as dinâmicas de estruturação, manutenção e expansão de grupos políticos de WhatsApp – com um total de 3.261 usuários e 63.709 mensagens – que foram criados para apoiar o presidente Jair Bolsonaro, contempla:

> Na rede que eu estudo, que é o WhatsApp, pelo fato da criptografia (do aplicativo) não permitir qualquer tipo de controle social e regulação do que é transmitido, você tem as peças (de desinformação) mais agressivas, radicais e apócrifas, realmente.

---

91 Sobre esse tema, leia: GALHARDI, Raul. "Com Lula de volta ao jogo, WhatsApp bolsonarista parte para ofensiva". *UOL*, 2021. Disponível em: https://noticias.uol.com.br/colunas/coluna-entendendo-bolsonaro/2021/03/23/com-lula-de-volta-ao-jogo-whatsapp-bolsonarista-parte-para-ofensiva.htm. Acesso em: 04 jul. 2021.

CAPÍTULO IV - DESINFORMAÇÃO E AS MILÍCIAS DIGITAIS

> Por isso, o WhatsApp é a rede social mais agressiva de todas neste sentido.[92]

O estudo aponta para um "império opaco – estrutura ampla de disseminação de informações, organizada em rede e sem regulação quanto à natureza do conteúdo veiculado, que inclui variadas estratégias de desinformação".[93]

Todas estas características tornam o WhatsApp uma ferramenta muito destrutiva quando o objetivo é deliberadamente espalhar notícias falsas. Combinada ao pensamento concreto, elitista e acrítico que foi estimulado durante o processo de educação elementar da maior parte da população brasileira até a presente data, a plataforma oferecida pelo WhatsApp configura a solução tecnológica perfeita para fazer a manutenção da ignorância de forma rasteira, apelativa e mantendo os indivíduos circunscritos às suas bolhas sociais, cada vez mais radicalizados e enriquecendo os gigantes de tecnologia do Vale do Silício.

Por exemplo, não seria possível disseminar a narrativa do "kit gay" – que estaria falaciosamente sendo usado pelo Partido dos Trabalhadores em escolas brasileiras durante as eleições de 2018 – via rádio ou televisão com a mesma eficiência. As dinâmicas são distintas. Mesmo outras redes sociais digitais, como o próprio Facebook ou o Twitter, não apresentam a mesma eficiência do WhatsApp neste sentido, porque são mais elaboradas e não funcionam de maneira tão unidimensional.

Essa unidimensionalidade e o empobrecimento subjetivo vão ao encontro da estrutura de raciocínio segundo a qual operam centenas de milhões de brasileiros: uma forma mais polarizada, reducionista e

---

[92] Entrevista concedida ao autor no dia 30 de setembro de 2020.

[93] RATIER, Rodrigo Pelegrini. "Império Opaco: Mapeamento da expansão da rede bolsonarista no Whatsapp". *Revista PUC-SP*, 2020. Disponível em: https://revistas.pucsp.br/index.php/verbum/article/view/49942. Acesso em: 04 jul. 2021.

concreta de perceber o mundo,[94] que foi forjada pelos canais abertos da televisão brasileira e quase nenhuma literatura. Por meio desse pensamento concreto, uma pessoa pode concluir que uma carroça e uma bicicleta são a mesma coisa, porque ambas possuem rodas, por exemplo.

Com um tipo de pensamento mais elaborado, que os psicólogos intitularam pensamento abstrato generalizador,[95] o sujeito é capaz de entender as similaridades e diferenças entre os dois veículos para abstrair o que lhe for útil para compreender a complexidade da questão, neste caso, as diferenças entre a bicicleta e a carroça, apesar de as duas apresentarem rodas. Em última análise e na prática, significa ser capaz de perceber a vida de uma maneira mais integral e elaborada.

Em linhas gerais, os brasileiros passaram a segunda metade do século passado assistindo às telenovelas noturnas e aos programas de palco. Organizando a construção da sua realidade de forma concreta por meio de imagens e representações gráficas definidas que deixam pouquíssima margem para o raciocínio e a livre elaboração.

Esse processo criou a fragilidade ideal para a proliferação da linguagem que o WhatsApp e os pastores evangélicos avançariam décadas mais tarde. Exatamente por esse motivo, a gestão Bolsonaro combateu de forma tão veemente a literatura e as universidades, que são as duas dimensões da vida social que mais estimulam o pensamento crítico abstrato por meio da constituição do conhecimento e da aquisição de cultura.

Além disso, a infraestrutura da internet no Brasil, assim como a de outros países em desenvolvimento, como a Índia, por exemplo, ainda é muito precária em alguns municípios e cara na comparação com outras nações. Consequentemente, as redes sociais que mais viralizam são as de baixíssimo custo, que não exigem banda larga ou o processamento de

---

[94] Ainda sobre esse tema, avalie a ideia do "empobrecimento subjetivo" contida no livro *Bolsonaro: o mito e o sintoma*, de Rubens Casara. CASARA, Rubens R. R. *Bolsonaro:* o mito e o sintoma. São Paulo: Contracorrente, 2020.

[95] Conceito explanado pelo psicólogo Guillermo Arias Beatón ao autor em 12 de outubro de 2020.

fotos, vídeos ou conteúdo mais pesados[96] – em termos de dados – e ainda assim são extremamente capazes de avançar narrativas simplistas e eficazes quando o objetivo é desinformar deliberadamente.

4.2 Combate às notícias falsas

Os pesquisadores entrevistados para a composição deste capítulo apontam quatro grandes áreas na composição de uma estratégia eficiente para combater a disseminação das notícias falsas e os seus efeitos deletérios junto à sociedade brasileira: (1) a intervenção técnica, nos aplicativos, nas redes sociais e plataformas de busca; (2) o jornalismo profissional e a verificação de fatos; a (3) educação midiática e a (4) criminalização.

A intervenção técnica nas grandes empresas de tecnologia depende diretamente da capacidade que a sociedade civil tem de estruturar movimentos e ações sociais no sentido de estabelecer mecanismos de pressão para compelir estas companhias a adotarem modelos de negócios mais humanizados, éticos e transparentes.

Ao longo do desenvolvimento da República Federativa do Brasil, diversos produtos, serviços e comportamentos vêm sendo regulados considerando os seus respectivos potenciais de oferecer risco aos cidadãos enquanto indivíduos ou ao desenvolvimento coletivo da nação. Apesar deste livro não aprofundar este tópico de forma específica, parece seguro afirmar que este é definitivamente o caso dos serviços oferecidos pelas redes sociais em 2021.

Evidentemente, o jornalismo e a verificação de fatos, principalmente com o cruzamento de informações no âmbito internacional por meio de organizações como o *Instituto Poynter* e o *International Fact--Checking Network* (IFCN), exercem um papel fundamental no enfrentamento às notícias falsas em 2020.

---

[96] Exatamente por este motivo, muitos planos de operadoras de telecomunicações oferecem redes como o WhatsApp de forma gratuita no Brasil.

Com a exacerbação dos populismos nacionalistas de diferentes líderes políticos que foram eleitos ao longo dos últimos cinco anos em diversas partes do mundo utilizando a desinformação, o ódio e a internet, a verificação de fatos além das barreiras nacionais tornou-se uma necessidade imperativa no sentido de utilizar fontes plurais capazes de abstraírem a polarização dos contextos domésticos de cada nação para discernir de forma menos enviesada as informações.

Ao contrário da verificação dos fatos, que é extremamente trabalhosa e tem a sua eficácia reduzida, a criminalização é o caminho mais rápido e perigoso para deter os estragos causados pelas notícias falsas, porque a aplicação de legislações efetivas neste sentido pode criar mecanismos de censura, de restrição da atividade de comunicação da sociedade civil e do exercício da política institucional.

Terceiro ponto no argumento aqui elaborado, a educação midiática tem por objetivo instruir os usuários de internet sobre como se tornarem mais críticos ao avaliarem o conteúdo que recebem por meio das redes sociais. Diversos acadêmicos e veículos alternativos de comunicação, tais como a Agência Lupa, os sites Aos Fatos, *Fato ou Fake*, Agência Pública, *Fake Check* e muitos outros vêm dedicando seus esforços para esse fim.

A criminalização é o último aspecto aqui explorado e o mais sensível também. Atualmente, o Marco Civil da internet exige a determinação judicial para que determinado conteúdo seja removido da internet no Brasil. Assim, a judicialização da política, que é um dos principais eventos transnacionais desta era, também precisa ser considerada nesta discussão.

Alexandre Inagaki, jornalista e consultor de comunicação para mídias digitais, pondera essas alternativas e acredita que o problema deverá se agravar nos próximos anos.

E ressalta:

> As redes sociais não conseguem sequer impedir as formas tradicionais de desinformação, imagine as *deep fakes*[97] nas

---

[97] Métodos mais elaborados para se criar e disseminar notícias falsas.

CAPÍTULO IV – DESINFORMAÇÃO E AS MILÍCIAS DIGITAIS

plataformas fechadas. Na verdade, esse é o grande desafio (as plataformas fechadas): como o WhatsApp, porque ali é uma terra sem lei. Várias notícias sendo difundidas por listas de transmissão, em grupos, sem o mínimo filtro do que é real ou não. Então, estamos em um cenário de combate destas narrativas paralelas, no qual cada um diz o que quer sem compromisso com os fatos.[98]

O áudio recebido por Senival Lins da Silva, encarregado da portaria em um condomínio na Zona Sul de São Paulo, que disse sentir certo receio de usar as máscaras faciais para se proteger contra o vírus por conta de desinformações desta natureza, afirma:

> Atenção, atenção. Hoje, dia 8 de abril de 2020, estou gravando para alertar todos vocês. Façam com que chegue a milhões de brasileiros. De onde surgiu o Coronavírus? Foi da China! De lá que está partindo este maior inferno, porque eles comem morcego, todo o tipo de porcaria. E vocês veja (sic) bem a estratégia que eles arrumaram para espalhar o vírus no mundo inteiro: estão exportando milhões de máscaras que já estão contaminadas com o vírus.

"Eu não acredito muito nessas coisas (que chegam via WhatsApp), mas a gente fica um pouco perdido e não sabe no que acreditar",[99] diz Silva. O plano da China para conquistar o mundo, hospitais que estariam assassinando pacientes de propósito e caixões vazios sendo enterrados formam hoje o que o "kit gay" e o anticomunismo foram em 2018: desinformação em massa.

O Facebook alega que é mais difícil de coibir a difusão de notícias falsas no WhatsApp por conta da criptografia.

Inagaki sugere:

---

[98] Entrevista concedida ao autor no dia 15 de maio de 2020.
[99] Entrevista concedida ao autor no dia 24 de abril de 2020.

> Porém, existem várias medidas que poderiam ser adotadas para reduzir a disseminação descontrolada que temos atualmente. Por exemplo: o botão que é utilizado para bloquear e denunciar certo usuário ou conteúdo é muito discreto. Na interface visual do aplicativo, isso deveria aparecer de forma mais clara para que se possa denunciar qualquer pessoa que insista em compartilhar notícias falsas.[100]

E acrescenta:

> Outra ideia seria trocar o botão que serve para compartilhar os áudios e vídeos (instantaneamente), porque isso facilita demais o fluxo de conteúdos de difícil verificação. Substituir essa opção de encaminhar pela de denunciar qualquer notícia falsa que se receba já ajudaria bastante.[101]

Sem dúvida, medidas como esta tornariam o aplicativo menos dinâmico ao propósito do Facebook neste momento. Contudo, esse equilíbrio pode mudar na mesma proporção em que se altere a pressão que a sociedade civil exerce nos parlamentares e sobre as próprias companhias donas destas plataformas e aplicativos, no sentido de exigir produtos e serviços que não resultem em estragos ao país.

Segundo Inagaki:

> (...) com o aprimoramento das *deep fakes*, a desinformação maciça da população, que vem causando danos incalculáveis durante os principais eventos históricos dos últimos anos, promete ganhar contornos ainda mais elaborados e eficientes no futuro breve. (...) Por exemplo, o (Barack) Obama defendendo o nazismo. Uma pessoa incauta assiste ao vídeo e acredita naquilo. Isso é um grande risco, realmente, porque, neste cenário atual, no qual notícias falsas são difundidas a torto e a direito, já temos a tradicional "mamadeira de piroca". A partir do momento em que você inclui vídeos ou áudios elaborados nesta equação, o

---

[100] Entrevista concedida ao autor no dia 15 de maio de 2020.
[101] Entrevista concedida ao autor no dia 15 de maio de 2020.

CAPÍTULO IV – DESINFORMAÇÃO E AS MILÍCIAS DIGITAIS

efeito de viralização se torna muito maior, com riscos potenciais mais sérios para a democracia e para a saúde da nação em todos os sentidos.[102]

O consultor propõe:

> No Twitter, figuras como o Osmar Terra e o Alexandre Garcia, que vêm difundindo notícias falsas repetidamente, possuem perfis verificados. Deveria existir algum tipo de advertência para a primeira vez (que o usuário compartilha notícias falsas), depois eles (Twitter) deveriam retirar o selo de verificação da conta e, caso ainda assim a pessoa insista, ela deveria ser banida (da plataforma).[103]

A liberdade de expressão – como consta na Constituição de 1988 – garante que "(...) é livre a expressão da atividade intelectual, artística, científica e de comunicação, independentemente de censura ou licença", contudo, a lei brasileira também prevê os crimes de racismo, homofobia e misoginia, bem como o de falsidade ideológica, que é definido como "um tipo de fraude criminosa que consiste na criação ou adulteração de documento, público ou particular, com o fito de obter vantagem – para si ou para outrem – ou mesmo para prejudicar terceiro". Enquadra-se, portanto, a disseminação deliberada de notícias falsas com discursos nocivos para avançar ou sustentar posições políticas.

Assim, o Marco Civil da internet é muito importante com relação à liberdade de expressão, porque afirma que os provedores e sites de internet são obrigados a retirar certo conteúdo do ar somente caso haja a determinação judicial, o que garante que, por exemplo, um restaurante (ou qualquer empresa ou figura pública) não consiga remover uma crítica negativa sobre os seus pratos e serviços. "O papel do Estado, neste sentido, precisa ser de educação e esclarecimento, principalmente. Campanhas que visem informar as pessoas sobre

---
102 Entrevista concedida ao autor no dia 15 de maio de 2020.
103 Entrevista concedida ao autor no dia 15 de maio de 2020.

como identificar e evitar a disseminação de notícias falsas",[104] diz o consultor.

> Apesar disso, seria interessante também organizarmos uma portaria nos moldes da lei Carolina Dieckmann[105] – com aprimoramentos, claro (penas mais pesadas etc.) – para ser incluída no Código Penal Brasileiro, criminalizando as pessoas que insistem em difundir notícias falsas. O máximo que podemos fazer é isso, considerando que o Estado não pode ter o monopólio de decidir o que são ou não notícias falsas, até porque estamos vendo, notoriamente, um presidente (da República) que divulga desinformação em seus próprios perfis,[106]

complementa Inagaki.

A linha é tênue, mas, assim como a sociedade brasileira impôs regras e restrições à indústria do tabaco ou vedou qualquer forma de discriminação em virtude de raça, sexo, cor, origem, condição social, idade, porte ou presença de deficiência e doença não contagiosa por contato social, por exemplo, porque entendeu que essas questões são muito nocivas para serem livremente conduzidas, faz-se necessário que as empresas que administram as maiores plataformas sociais da internet sejam demandadas a assumir parte da responsabilidade – e, portanto, da busca por soluções mais eficientes – considerando o estrago que é causado pelas notícias falsas e mensagens de ódio. Afinal de contas, essas falácias avançam por meio dos serviços oferecidos por essas companhias gigantes de tecnologia.

A equação é extremamente complexa, mas precisamos de uma legislação mais efetiva no sentido de coibir a circulação das notícias falsas. Além disso, os gigantes da web precisam ser compelidos – pela população, principalmente – a colaborar de forma mais incisiva, porque

---

[104] Entrevista concedida ao autor no dia 15 de maio de 2020.

[105] Lei Brasileira (12.737/2012) sancionada em 30 de novembro de 2012 pela ex-presidenta Dilma Rousseff e que promoveu alterações no Código Penal Brasileiro, tipificando os chamados delitos ou crimes informáticos.

[106] Entrevista concedida ao autor no dia 15 de maio de 2020.

estão em jogo os valores que constituem de fato o Estado de Direito da República Federativa do Brasil e possibilitam que as pessoas discordem e coexistam de forma civilizada. Sem eles, todas as nossas instituições colapsam e nos resta somente o obscurantismo de um autoritarismo vil.

CAPÍTULO V
O BOLSONARISMO CONTRA A CIÊNCIA E OS PROFISSIONAIS DA SAÚDE NA LINHA DE FRENTE NO COMBATE AO CORONAVÍRUS

> Nunca houve um governo que se posicionou tão notoriamente contra a ciência e a educação.
>
> *Natália Pasternak*

A atuação do bolsonarismo durante a pandemia afetou o Brasil e a ciência nacional de forma linear.[107] Todos os setores da vida social da nação foram seriamente impactados, mas os profissionais da área de saúde, especialmente os que atuaram na pesquisa e na linha de frente do combate ao vírus na rede pública de saúde do país, sentiram essa influência de forma mais imediata e enfática.

---

[107] Sobre esse assunto, veja: "'A hostile environment'. Brazilian scientists face rising attacks from Bolsonaro's regime". *Science*, 2021. Disponível em: https://www.sciencemag.org/news/2021/04/hostile-environment-brazilian-scientists-face-rising-attacks-bolsonaro-s-regime. Acesso em: 04 jul. 2021.

A maioria dos profissionais brasileiros não recebeu qualquer treinamento ou apoio do governo federal para lidar com a crise sanitária e sofreu com os impactos psicológicos causados pelo desgaste do enfrentamento à doença igualmente sem nenhum tipo de orientação da gestão Bolsonaro.[108]

Além disso, no dia 27 de outubro de 2020, com mais de 157 mil cidadãos brasileiros oficialmente falecidos em decorrência da crise sanitária, Jair Bolsonaro e Paulo Guedes efetivaram um decreto presidencial que pretendia lançar as bases da privatização total da área de saúde no Brasil: um programa de concessões e privatizações das unidades básicas de saúde via o Programa de Parcerias de Investimentos (PPI).[109] Nesse mesmo dia, o presidente brasileiro revogou o decreto em virtude dos impactos negativos que a iniciativa causou junto à população e afirmou que reeditaria a medida.

Contudo, o desmonte da área médica no Brasil começou muito antes da pandemia e precedeu até a administração Bolsonaro, que deu sequência e agravou as medidas adotadas pela gestão de Michel Temer.

Entre 2015 e 2020, por exemplo, os gastos com a pesquisa científica no Brasil, somando os recursos orçamentários do Conselho Nacional de Desenvolvimento Científico e Tecnológico (CNPq), do Fundo Nacional de Desenvolvimento Científico e Tecnológico (FNDCT) e da Coordenação de Aperfeiçoamento de Pessoal de Nível Superior (CAPES), caiu de R$ 13,9 bilhões para R$ 5 bilhões.[110]

---

[108] Estudo da Fundação Getúlio Vargas em parceria com a Fundação Oswaldo Cruz entrevistou 1523 profissionais da área de saúde em todo o Brasil entre setembro e outubro de 2020.

[109] O texto do decreto 10.530 ressaltava que fossem feitos estudos "de parcerias com a iniciativa privada para a construção, a modernização e a operação de unidades básicas de saúde".

[110] WESTIN, Ricardo. "Corte de verbas da ciência prejudica reação à pandemia e desenvolvimento do país". *Agência Senado*, 2020. Disponível em: https://www12.senado.leg.br/noticias/infomaterias/2020/09/corte-de-verbas-da-ciencia-prejudica-reacao-a-pandemia-e-desenvolvimento-do-pais?fbclid=IwAR3z5We rsMrSwwKjsPcaC6ZZPJM1PjLPxDXjdIZTfJKOHFSDRlHeEVJDTtg. Acesso em: 04 jul. 2021.

Assim, essa drástica redução de verbas da ciência prejudicou a reação à pandemia, as equipes de saúde e o próprio desenvolvimento do país de forma mais ampla. Durante o período mais agudo da doença no Brasil, por falta de planejamento e capacidade administrativa, o bolsonarismo também deixou de aplicar o dinheiro reservado para contratar profissionais da área médica, reestruturar hospitais, adquirir testes para o Covid-19 e potencializar a agricultura familiar,[111] o que comprometeu seriamente a resposta das equipes brasileiras à crise.

Para a elaboração deste capítulo, foram entrevistados cientistas, médicos e enfermeiras que atuaram nas redes pública e privada de saúde no Brasil durante os meses mais agudos da calamidade.

Natália Pasternack, microbiologista e divulgadora científica, avalia:

> A gestão bolsonarista simplesmente negou que o problema sequer existia e optou por não conduzir o Brasil durante a pandemia. Essa postura negacionista foi adotada desde o início da crise sanitária pelo próprio presidente da República e pelo governo federal. As falas de Jair Bolsonaro foram absolutamente anticientíficas e demonstraram a total falta de conhecimento sobre como a ciência funciona. (...) Todo o esforço que foi feito no sentido de esclarecer a população, ele jogou pela janela. As mensagens emitidas pelo presidente geraram dúvidas e orientaram medidas absolutamente equivocadas em todas as direções.[112]

Pasternak acrescenta:

> O desmonte da pesquisa e do campo científico nunca foi tão intenso quanto no governo Bolsonaro, mas ele já existia antes. A falta de investimento em ciência não surgiu na administração bolsonarista. (...) Contudo, nunca houve um governo que se posicionou tão notoriamente contra a ciência e a educação como essa gestão, o que representa um problema enorme, porque são

---

111 Relatórios apresentados pela Câmara dos Deputados na última semana de novembro de 2020.

112 Entrevista concedida ao autor no dia 20 de janeiro de 2021.

as universidades que desenvolvem as soluções, novas tecnologias, e que vêm trabalhando na questão da própria vacina contra a doença, em testes de diagnósticos, esse tipo de "balbúrdia",[113] por exemplo. O bolsonarismo combateu a atuação das comunidades médica e científica com muita ênfase no Brasil durante a pandemia. Basta ver que o ministro de Ciência e Tecnologia (Marcos Pontes) não entende absolutamente nada sobre o tema da pasta e desperdiçou R$ 11 milhões com o teste clínico de um remédio para fazer populismo.[114]

Esse recurso, nas mãos de uma instituição séria, como o Laboratório de Desenvolvimento de Vacinas da Universidade de São Paulo, no qual ela atua, por exemplo, seria utilizado de uma forma infinitamente mais produtiva, garante a pesquisadora.

Enfatiza a microbiologista:

> Nós conseguimos o aporte de R$ 1 milhão do Conselho Nacional de Desenvolvimento Científico e Tecnológico (CNPq) para desenvolver três tipos de vacinas diferentes contra a Covid-19. Onze vezes menos para trabalhar as vacinas contra um remédio que todos sabiam que não tinha plausibilidade biológica nenhuma para funcionar. Trate-se de um governo extremamente populista e que se utiliza de pseudociência para se promover a qualquer custo.[115]

---

[113] Ao longo do ano de 2019, Abraham Weintraub, o então ministro bolsonarista da Educação, fez várias declarações desqualificando as universidades brasileiras e as classificando como centros produtores de "balbúrdia".

[114] Com direito a ampla divulgação pelo governo e cerimônia com presença do presidente Jair Bolsonaro, o antiparasitário Nitazoxanida, vendido no Brasil sob a marca Annita, foi apresentado, na terceira semana de outubro de 2020, no Palácio do Planalto, como um tratamento promissor para a Covid-19 no início da infecção.

[115] Com direito a ampla divulgação pelo governo e cerimônia com presença do presidente Jair Bolsonaro, o antiparasitário Nitazoxanida, vendido no Brasil sob a marca Annita, foi apresentado, na terceira semana de outubro de 2020, no Palácio do Planalto, como um tratamento promissor para a Covid-19 no início da infecção.

O preço desse tipo de descaso e ignorância, segundo ela, foi pago com vidas humanas.

Em 2020, sob a gestão bolsonarista, o governo federal brasileiro gastou R$ 20.202.480,42 somente com a compra de leite condensado. Ao longo do ano, enquanto faltaram insumos elementares, como oxigênio, analgésicos, sedativos, seringas e agulhas em vários estados da nação, os órgãos do Poder Executivo gastaram mais de R$ 2.816.459.997,95 em alimentos. Foram comprados itens como bombom (R$ 10.542.000,51), bacon defumado (R$ 11.676.763,11), frutas in natura (R$ 83.253.838,03) e refrigerantes (R$ 48.654.708,26).[116]

5.1 O bolsonarismo contra os profissionais na linha de frente do combate à Pandemia

Durante a primeira semana de maio de 2020, o Pronto Socorro de Clínica Médica do Hospital das Clínicas da Faculdade de Medicina da Universidade de São Paulo, por exemplo, que formou parte da linha de frente da estrutura de saúde pública na guerra contra a pandemia no Brasil, estava operando perto do limite da sua capacidade de atendimento e a desinformação era o principal obstáculo enfrentado pelos médicos e profissionais da área de saúde na luta contra o Covid-19.[117]

Fernando Salvetti Valente, médico assistente do Pronto Socorro de Clínica Médica do HCFMUSP, em São Paulo, constatou:

---

[116] Painel de Compras do Ministério da Economia. Compras referentes ao ano de 2020.

[117] Um grupo de médicos e cientistas protocolou, na segunda semana de fevereiro de 2021, um pedido de impeachment na Câmara dos Deputados contra o presidente Jair Bolsonaro. O documento afirmou que Bolsonaro cometeu crimes de responsabilidade na condução da crise sanitária e enfatizou que o negacionismo do presidente diante da pandemia de Covid-19 custou vidas. Mais de sessenta pedidos de impeachment já haviam sido protocolados contra o presidente da República nessa ocasião.

> Eu não sei dizer com certeza, porque a rotatividade dos pacientes está bem alta e isso varia bastante de dia para dia. Além disso, eu atuo em uma parte do Pronto Socorro a cada plantão, o que não me permite ver o todo ao mesmo tempo. Contudo, estamos operando próximos à capacidade total. O nosso cotidiano (profissional) mudou, no sentido de que hoje temos muitos casos de uma mesma doença que é extremamente contagiosa, o que requer o uso dos equipamentos de proteção durante o dia todo. (...) Nós recebemos os casos encaminhados (de Covid-19), então quase todos os pacientes que chegam ao Pronto Socorro do Hospital das Clínicas, atualmente, são relacionados a problemas respiratórios.[118]

O médico relata que tratou de vários brasileiros que perderam a vida para a Covid-19:

> Um paciente, por exemplo, que foi cuidado pelo mesmo (médico) residente por três dias (seguidos), me causou uma impressão forte. Quando ele faleceu, o residente ficou muito emocionado. Toda a equipe, mas aquele médico, em especial, teve mais contato com aquela pessoa e ficou bastante sentido com a perda.[119]

Segundo ele, a Covid-19 afetou significativamente as relações entre as equipes médicas e os pacientes:

> Em certa medida, a doença tira o que eu – enquanto médico – valorizo muito: o contato mais próximo, o olhar no olho, aquele toque acolhedor. (...) No caso desse paciente, eu creio que ele identificou e reconheceu aquele profissional como o médico dele até o momento final. Para mim, a aprendizagem neste caso foi entender que, mesmo em meio às calamidades, a nossa humanidade deve ser fortalecida, porque nós vamos precisar muito dela.

---

[118] Entrevista concedida ao autor no dia 30 de abril de 2020.
[119] Entrevista concedida ao autor no dia 30 de abril de 2020.

CAPÍTULO V – O BOLSONARISMO CONTRA A CIÊNCIA...

Além do humanismo, que serve não somente para os tempos de pandemia, o Brasil precisava de liderança política e investimentos maciços em ciência para evitar uma catástrofe ainda maior, o que não aconteceu. Sobre a atuação do presidente da República durante a pandemia, o médico afirma que "atrapalhou bastante" o trabalho das equipes de saúde.

Valente prossegue:

> Caso ele realmente teste positivo (para Covid-19), trata-se de um ato ainda pior do que a desinformação que foi conduzida por esta gestão federal. Contaminar outros seres humanos de forma deliberada é simplesmente desumano e inescrupuloso. (...) Além disso, com toda a ansiedade (das pessoas durante a pandemia), essas falas que desqualificam ou negam a ciência e oferecem soluções mágicas ganharam mais ressonância. Isso é muito perigoso.[120]

Bolsonaro testou positivo para a doença diversas vezes.

Considerando o afrouxamento das medidas de distanciamento social, por exemplo, que foi estimulado pelo governo federal ao longo de toda a crise, o médico avalia que a gestão bolsonarista não agiu de forma correta.

O médico, na ocasião, advertiu:

> Os dados científicos de casos e de mortes estavam aumentando. Falar em abertura, enquanto existia a ascensão dos casos, não é correto. Não era o momento. Outros países que optaram por este caminho pagaram um preço altíssimo e tiveram que retomar o fechamento posteriormente. Precisamos de critérios claros e dados científicos, ao invés de radicalismos e desinformação para este diálogo, que é necessário, mas ainda não estamos neste ponto.[121]

---

[120] Entrevista concedida ao autor no dia 30 de abril de 2020.
[121] Entrevista concedida ao autor no dia 30 de abril de 2020.

O isolamento apenas de idosos e pessoas com doenças concomitantes proposto por Bolsonaro foi experimentado em alguns países da Europa, como a Inglaterra e a Holanda, e abandonado após o número de doentes crescer exponencialmente de forma a ameaçar os sistemas públicos de saúde destas nações.

Entre os líderes europeus que foram inicialmente resistentes ao isolamento, Boris Johnson viveu o exemplo mais emblemático. No dia 13 de março de 2020, mais de trinta países da Europa já haviam suspendido as atividades letivas. Contudo, o primeiro ministro britânico disse à população que não havia justificativa para a medida. O "isolamento vertical", com a recomendação de que idosos (de setenta anos ou mais) permanecessem em casa por quatro meses, veio três dias depois, acompanhado da proibição de eventos públicos e da orientação para que os britânicos trabalhassem de casa quando possível.

Esta abordagem não funcionou e, no dia 20 de março de 2020, Johnson fechou o comércio do Reino Unido. No dia 23, o país decretou a quarentena. Cinco dias depois, ele testou positivo para a doença e teve que ser levado para o que seria uma semana entre a vida e a morte em um leito de terapia intensiva, que, felizmente, estava disponível por conta das medidas de distanciamento social que foram adotadas para proteger o *NHS (National Health System)*, o sistema público de saúde da Inglaterra. Boris Johnson informou a população do Reino Unido sobre o seu teste positivo para o Covid-19 ainda no dia 28 de março.

Clareza, bom senso e liderança política – independentemente de posições político-partidárias ou ideológicas – são fundamentais para endereçar crises desta magnitude. Conforme salientaram múltiplas fontes entrevistadas para este trabalho, a ausência destas qualidades causou danos incalculáveis à atuação dos profissionais da saúde.

Nos Estados Unidos, por exemplo, Donald Trump sugeriu que as pessoas tomassem desinfetante para enfrentar a doença e casos de intoxicação pelo produto foram notificados imediatamente após o discurso do presidente estadunidense. No Brasil, contrariando dados científicos que demonstram, unanimemente, a eficácia das estratégias de

CAPÍTULO V – O BOLSONARISMO CONTRA A CIÊNCIA...

isolamento social no combate ao vírus em dezenas de países, Bolsonaro seguiu alegando que as medidas eram inócuas.

Valente explica:

> Tão nociva quanto à falta de insumos materiais e humanos na luta contra a doença foram as falas e os exemplos do presidente da República. Eu destacaria isso, sem dúvida, porque ele simplesmente tem uma postura de descaso e negação da pandemia. É inconcebível termos um presidente que reage, repetidamente e já com milhares de mortos em decorrência da doença, como o Jair Bolsonaro. As falas dele representam um dos maiores obstáculos na luta contra a Covid-19, porque elas ganham efeitos práticos e não são apenas discursos.[122]

Ainda de acordo com o médico, parte fundamental do processo de enfrentamento à pandemia dizia respeito a esclarecer a população sobre temas correlatos à doença.

Valente orientou ainda:

> Como médico, eu aconselho as pessoas a procurarem informações em boas fontes. (...) Cuidado com WhatsApp e redes sociais. Ouçam os especialistas de cada área. Fiquem em casa neste momento. Reforcem as medidas de distanciamento social. Ainda não chegamos ao pico (de contaminação da doença). Essa colaboração nos ajuda demais, porque, desta forma, a quantidade de gente doente que chega aos hospitais ao mesmo tempo para ser atendida continuará sendo administrável.[123]

Alexandre Kawassaki, médico pneumologista do Hospital das Clínicas da Faculdade de Medicina da Universidade de São Paulo, do Hospital Nove de Julho e do Hospital Israelita Albert Einstein, relatou um "problema gigantesco por falta de alinhamento"[124] do governo federal.

---

[122] Entrevista concedida ao autor no dia 30 de abril de 2020.
[123] Entrevista concedida ao autor no dia 30 de abril de 2020.
[124] Entrevista concedida ao autor no dia 25 de maio de 2020.

De acordo com Kawassaki, parte da população não entendeu completamente a gravidade do problema. "(...) Durante as últimas oito semanas (entre maio e junho de 2020), nossa equipe vem trabalhando todos os dias. Sem parar. Não existe folga. Eu venho trabalhando ativamente contra a doença ou em processos de educação", relatou o pneumologista momentos antes de ser interrompido por uma enfermeira que o solicitava no atendimento clínico. "Estamos totalmente voltados à Covid-19. É uma avalanche",[125] complementou.

O médico afirmou que muitos profissionais de saúde apresentavam quadros de insônia e estresses físico e psicológico. "Mudou tudo. Parei de fazer Aikido e fiquei cerca de um mês fora de casa para proteger a minha família".[126]

Considerando o uso da cloroquina e os ataques às medidas de isolamento social promovidos pelo Governo Federal do Brasil durante a pandemia, Kawassaki também ressaltou a importância da ciência. "Esses temas não podem ser politizados desta maneira. Por isso temos a ciência",[127] garante.

Para ele, não existia comprovação científica para o uso da cloroquina em ampla escala, apesar da recomendação insistente feita pelo presidente da República. "Eu gostaria muito que funcionasse, mas, em termos de eficácia clínica, os estudos científicos demonstraram o contrário",[128] acrescenta Kawassaki.

Com relação ao isolamento social, ele diz que acredita ser o ideal. O médico, que também foi reconhecido pela rede social LinkedIn com o prêmio *Top Voice* da Saúde,[129] alertou:

---

[125] Entrevista concedida ao autor no dia 25 de maio de 2020.
[126] Entrevista concedida ao autor no dia 25 de maio de 2020.
[127] Entrevista concedida ao autor no dia 25 de maio de 2020.
[128] Entrevista concedida ao autor no dia 25 de maio de 2020.
[129] Prêmio dado aos profissionais de saúde que atuaram na linha de frente ou que possuem experiência em saúde pública, epidemiologia ou inovação médica e compartilharam experiências e ofereceram informações confiáveis sobre a Covid-19.

CAPÍTULO V – O BOLSONARISMO CONTRA A CIÊNCIA...

> Conseguimos achatar a curva (de infecção da doença). Precisamos de métodos que sejam efetivos, aplicáveis e as pessoas respeitem. Além disso, precisamos testar (os brasileiros) de forma ampla e irrestrita. Em Nova Iorque, por exemplo, todo o sistema de saúde colapsou. Por enquanto, estamos conseguindo evitar isso, mas estamos no limite.

Informações confiáveis e coordenação entre os diferentes níveis federativos são dois elementos cruciais para o enfrentamento à pandemia, conforme enfatizado exaustivamente nos capítulos anteriores. A ausência de ambos por parte do Governo Federal em 2020 prejudicou seriamente a atuação dos médicos durante a crise sanitária.

> Esse é um momento de extrema gravidade e precisamos de estabilidade política. Informações desencontradas geram o caos. (...) Cria-se um problema gigantesco por falta de alinhamento de informações. Pior para o povo em geral,[130]

ponderou Kawassaki.

Por exemplo, tradicionalmente, doenças que atacam o sistema respiratório tendem a se agravar durante o inverno, porque a atmosfera fica mais seca e estável, o que faz com que as partículas circulem menos no ar.

Observou o médico:

> Contudo, não sabemos ainda se isso também se aplica (ao novo coronavírus). Estamos estudando. Aparentemente, não existe sazonalidade em virtude do clima. Veja o que está acontecendo em vários estados brasileiros que têm o clima extremamente quente durante todo o ano, basicamente.[131]

Um dado interessante constatado por Kawassaki e seus colegas diz respeito ao medo causado pela pandemia nas pessoas que precisavam tratar outras doenças. A Organização Mundial de Saúde também cons-

---

[130] Entrevista concedida ao autor no dia 25 de maio de 2020.
[131] Entrevista concedida ao autor no dia 25 de maio de 2020.

tatou a interrupção dos serviços de saúde mental na maioria dos países pesquisados.[132]

Salienta ainda:

> Foi observacional. Os casos sumiram, praticamente: infartos, apendicites, crises de asma, por exemplo. As pessoas estão com medo de buscar o tratamento necessário por conta do risco de se contaminarem com a Covid-19. O problema é que, dependendo do caso, quanto mais agudo é o quadro identificado, menor é a chance de eficácia do tratamento.[133]

Além disso, segundo ele, algumas patologias foram desagravadas por conta da redução da poluição, do estresse e de doenças virais que seriam transmitidas caso o fluxo de pessoas estivesse liberado sem as ações de isolamento. "Essas medidas reduziram tudo isso".

Para Kawassaki, além do alinhamento e da veracidade das informações, outro aspecto fundamental na luta contra a pandemia é a urgência pela humanização no tratamento dos pacientes, que foi severamente desestimulado pelas mensagens presidenciais enviadas à população.

O médico reflete:

> Nunca fomos tão desumanos e isso é o que mais me incomoda na medicina atual (...) Uma das coisas mais assustadoras que eu já vivenciei na minha carreira médica foi entrar nos "COVI-Dários" hospitalares e, se é assustador para nós, profissionais da saúde, imagine para quem está internado.[134]

---

[132] "Covid-19 interrompendo os serviços de saúde mental na maioria dos países, pesquisa da OMS", *Organização Mundial da Saúde*, 2020. Disponível em: https://www.who.int/news-room/detail/05-10-2020-Covid-19-disrupting-mental-health-services-in-most-countries-who-survey. Acesso em: 04 jul. 2021.

[133] Entrevista concedida ao autor no dia 25 de maio de 2020.

[134] Entrevista concedida ao autor no dia 25 de maio de 2020.

CAPÍTULO V - O BOLSONARISMO CONTRA A CIÊNCIA...

Ainda de acordo com ele, o paciente que recebe os procedimentos de respiração artificial muitas vezes acorda absolutamente desorientado. Ele ressalta:

> O que nós geralmente usávamos para enfrentar este momento era a presença dos familiares ou amigos muito próximos. Infelizmente, nós perdemos isso. Então, hoje, precisamos ser criativos e inovar, com a videochamada, por exemplo, que não é o ideal, mas ajuda. Em linhas gerais e em todos os âmbitos e sentidos, precisamos ser mais empáticos.[135]

Kawassaki conclui:

> (...) A solidão e o sofrimento dos pacientes – que estão com uma doença grave e potencialmente mortal. Qualquer atitude que possa confortar um pouco é de grande valia. Nessas horas, precisamos ser mais humanos do que médicos, nos despir da vergonha e acolher o quanto for possível aquele que está na cama, porque poderia ser qualquer um de nós.[136]

Médico infectologista do Instituto de Infectologia Emílio Ribas, Mário Gonzalez também disse que a atuação do presidente brasileiro durante a pandemia dificultou o seu trabalho. Esclareceu:

> (...) Bolsonaro minimiza a pandemia e a doença causada pelo coronavírus comparando-a com uma "gripezinha". Eu quero dizer para vocês que não é uma "gripezinha". Em uma boa porcentagem dos pacientes, ela se apresenta de uma forma mais grave, uma síndrome respiratória aguda grave. Ou seja, uma pneumonia grave.[137]

Sobre relaxar as medidas de distanciamento social e retomar o ritmo normal de funcionamento da sociedade, conforme a persistente orientação do Governo Federal do Brasil durante toda a pandemia, o médico foi categórico:

---

[135] Entrevista concedida ao autor no dia 25 de maio de 2020.
[136] Entrevista concedida ao autor no dia 25 de maio de 2020.
[137] Entrevista concedida ao autor no dia 10 de abril de 2020.

> (...) o Ministério da Saúde já está propondo distanciamento social seletivo (isolamento somente das pessoas que se enquadram nos grupos de risco) nos estados em que a doença não está progredindo, de acordo com eles. Esta é exatamente a discussão neste momento, porque se a gente não tem os testes sendo aplicados na população, esta medida está sendo feita às cegas. Alguns países, como a Inglaterra, por exemplo, tiveram que voltar atrás na decisão de relaxar o distanciamento social. Eles adotaram o distanciamento social seletivo – liberando os jovens – e perceberam uma aceleração no número de casos.[138]

Considerando as origens do vírus e possíveis narrativas conspiratórias disseminadas pelo Governo Federal contra a China, Gonzalez afirma que não existem respostas conclusivas:

> Temos teorias, mas não sabemos de onde veio exatamente o vírus, de qual animal, porque entendemos que o coronavírus é uma zoonose, que vem dos animais, mas de qual animal e em que momento ocorreu este salto para os humanos não está muito claro ainda. Seguimos estudando. Geneticamente, este vírus tem muita semelhança com o coronavírus presente em morcegos, mas não podemos concluir que (o coronavírus presente nos humanos) veio dos morcegos ou do hábito de comer morcegos, porque não sabemos o quanto disso é especulação e o quanto é verdadeiro.[139]

Ainda de acordo com o infectologista, apesar de o isolamento cobrar um preço alto, física e psicologicamente, o que também pode debilitar o sistema imunológico, promover as medidas de distanciamento social era o único caminho "de evitar uma catástrofe ainda maior".[140]

Recomendou:

---

[138] Entrevista concedida ao autor no dia 10 de abril de 2020.
[139] Entrevista concedida ao autor no dia 10 de abril de 2020.
[140] Entrevista concedida ao autor no dia 10 de abril de 2020.

> Com o distanciamento social, as pessoas começam a enfrentar problemas relacionados à ansiedade, ao sedentarismo e à depressão. Procure tomar sol, mesmo em casa. A vitamina D é superimportante para o sistema imune. As pessoas precisam de níveis adequados (para se manter saudáveis). Para conseguir isso, é importante que se faça um banho de sol por 15 minutos diários, o que é suficiente para manter os níveis adequados de vitamina D no sangue.[141]

Assim, apesar dos transtornos causados pelo distanciamento social, esta era, segundo o infectologista, a única opção disponível naquele momento:

> O que nós temos hoje, para evitar uma catástrofe ainda maior, é o distanciamento social. Com muitas pessoas doentes ao mesmo tempo, não haverá recursos hospitalares suficientes. Eu adoraria dizer que temos um remédio ou uma vacina para o Covid-19, mas não temos. Todas as substâncias (cloroquina etc.) e procedimentos ainda estão sendo estudadas. Fiquem em casa.[142]

Marileide Martins da Silva, enfermeira em um hospital privado localizado na zona sul da cidade de São Paulo e que pediu para não ter o nome da instituição citado neste trabalho, alega que as mensagens do bolsonarismo "dificultaram seriamente o exercício da profissão"[143] da enfermagem durante a pandemia.

Revelou:

> (...) A população (brasileira), infelizmente, tem um déficit de aprendizagem. Então, eu e qualquer profissional da enfermagem, como auxiliares e técnicos, não andamos mais de branco e evitamos a roupa branca nos transportes públicos, por medo da população. Antes causa de orgulho, hoje somos motivo de

---

[141] Entrevista concedida ao autor no dia 10 de abril de 2020.
[142] Entrevista concedida ao autor no dia 10 de abril de 2020.
[143] Entrevista concedida ao autor no dia 23 de setembro de 2020.

medo, porque as pessoas não entendem e acham que somos transmissores da doença. Indiretamente, eu percebo que isso está relacionado à atuação do presidente (Jair) Bolsonaro durante a pandemia, porque ele não atuou para conscientizar a população de qualquer maneira. Pelo contrário: as mensagens dele criaram a falsa ilusão de que existia uma solução mágica (para a doença causada pelo Covid-19) e o número de pessoas contaminadas que chegam no hospital continua crescendo até hoje (23 de setembro de 2020).[144]

Obstetra e professor universitário, Raphael Marques de Almeida Rosa da Cruz atuou no Hospital Ipiranga e no Hospital Maternidade Leonor Mendes de Barros, ambas instituições públicas do estado de São Paulo, e concorda com os outros profissionais da área de saúde que foram entrevistados para a composição deste capítulo.

As mensagens do presidente tornaram o atendimento mais difícil, porque as pessoas, de um modo geral, não sabiam em quem confiar com relação à forma como deveriam se cuidar. Também houve muita dificuldade na aceitação de procedimentos de segurança, como o uso de máscaras (também a dificuldade com o racionamento destas) e a aceitação e a padronização dos EPIs (Equipamento de Proteção Individual) por parte dos profissionais de saúde, meus colegas, que não buscavam a literatura para os métodos adequados e acreditavam nas notícias falsas, (...) afinal, era apenas uma "gripezinha" e quem tivesse "porte de atleta" não precisaria se preocupar.[145]

Ele relata que o movimento na maternidade caiu bastante, inicialmente:

(...) em decorrência do medo que as pessoas tinham de ir aos hospitais e postos de saúde. (...) À medida que o presidente fazia os seus comentários (sobre a pandemia), esse medo foi caindo e as pessoas iam aos hospitais com toda a família para os partos.

---

[144] Entrevista concedida ao autor no dia 23 de setembro de 2020.
[145] Entrevista concedida ao autor no dia 29 de setembro de 2020.

Alguns, inclusive, levavam crianças pequenas sem nenhum tipo de proteção ou cautela.[146]

Ainda, de acordo com Rosa da Cruz:

(...) no momento em que houve o embate do presidente (Jair Bolsonaro) com os governadores, principalmente com o de São Paulo (João Dória Jr.), inflamou-se uma indignação (entre os médicos) por "diagnósticos errados" e "sub/sobre notificações" de Covid-19, o que agravou o atendimento à população.[147]

Conclui o médico:

Resumindo, o presidente da República, que é a maior referência de liderança no país, mas que não tem conhecimento de medicina ou enfermagem, disseminou "achismos" da própria cabeça, quando deveria ter delegado esta atividade a pessoas mais aptas. Isso dificultou muito o nosso trabalho pela carga mental que carregávamos e ainda carregamos, sobre o cuidado que temos que ter e mesmo assim não vemos acontecendo por parte dos usuários do serviço de saúde. Além disso, foram muitas licenças de médicos por sobrecarga psicológica, brigas entre colegas ou com pacientes sobre o que dizem "por ai", sobre a doença e as nossas recomendações dentro do hospital.[148]

---

[146] Entrevista concedida ao autor no dia 29 de setembro de 2020.
[147] Entrevista concedida ao autor no dia 29 de setembro de 2020.
[148] Entrevista concedida ao autor no dia 29 de setembro de 2020.

CAPÍTULO VI
MINISTÉRIO DA SAÚDE DO BRASIL?

> Sem dúvida, as trocas e a inépcia das lideranças do Ministério da Saúde foram (os erros) que mais prejudicaram o enfrentamento da pandemia.
>
> *Vanessa Elias de Oliveira*

Imagine que, para efeito de compreensão, o papel do Ministério da Saúde do Brasil durante grandes crises sanitárias pode ser comparado às atribuições de um maestro frente à orquestra. Cabe ao regente harmonizar os atores musicais para que cada membro da formação possa prover os seus recursos sonoros de forma coesa e no tempo mais adequado. No Brasil, em 2020, a sinfonia desafinou devido à corrupção e à inépcia da administração Bolsonaro, que subutilizou equivocadamente e burlou os recursos disponíveis para o combate à doença.[149] Assim, sobrou cloroquina e faltaram as vacinas, seringas, algodão e todos os tipos de insumos e infraestruturas elementares para o enfrentamento ao vírus e para o processo de vacinação em massa da população brasileira.

---

[149] Sobre esse tema, consulte as conclusões da Comissão Parlamentar de Inquérito da Covid-19, que acusou a administração Bolsonaro com diversos crimes cometidos durante a crise no Brasil.

Um relatório[150] apresentado em julho de 2020 pelo Tribunal de Contas da União (TCU) afirma que o Ministério da Saúde do Brasil utilizou somente 29% do dinheiro que estava ao seu dispor para as ações de enfrentamento à pandemia.

A análise estudou os gastos da instituição pública desde março e, de acordo com o documento, o Ministério da Saúde do Brasil recebeu, até o último dia de junho de 2020, R$ 38,9 bilhões para as ações específicas contra o coronavírus, que deveriam ser empregados da seguinte maneira, segundo o TCU: R$ 16 bilhões para os fundos municipais de saúde; R$ 9,9 bilhões para os fundos estaduais de saúde; R$ 11 bilhões em ações diretas do próprio Ministério da Saúde, como compra de respiradores, testes e equipamentos de proteção, e R$ 542 milhões em transferências para o exterior para a aquisição de insumos importados.

Segundo os auditores do TCU,[151] dos quase R$ 39 bilhões, o Ministério da Saúde do Brasil utilizou somente R$ 11,4 bilhões até o fim de junho de 2020: 29% de tudo o que recebeu para combater o coronavírus durante as fases iniciais da crise sanitária no país.

Assim, o Tribunal de Contas da União, cujo papel é exercer o controle externo do Governo Federal e auxiliar o Congresso Nacional do Brasil na missão de acompanhar a execução orçamentária e financeira do país, apontou a omissão e a falta de coordenação e critérios do Ministério da Saúde do Brasil sob a gestão Bolsonaro para a distribuição dos recursos por estados.

Segundo o texto do documento apresentado pelo órgão:

> (...) chama a atenção o fato (dos estados) Pará e Rio de Janeiro apresentarem, respectivamente, a segunda e a terceira maior taxa

---

[150] Tribunal de Contas da União. "TCU avalia a governança do Ministério da Saúde no combate à pandemia". Disponível em: https://portal.tcu.gov.br/imprensa/noticias/tcu-avalia-a-governanca-do-ministerio-da-saude-no-combate-a-pandemia.htm.

[151] Tribunal de Contas da União. "TCU avalia a governança do Ministério da Saúde no combate à pandemia". Disponível em: https://portal.tcu.gov.br/imprensa/noticias/tcu-avalia-a-governanca-do-ministerio-da-saude-no-combate-a-pandemia.htm.

de mortalidade por Covid-19 (31,4 e 28,1 mortes por 10.000 habitantes naquela data), conforme dados informados pelo Ministério da Saúde (do Brasil) em 28/5/2020, mas serem duas das três Unidades da Federação (UF) que menos receberam recursos em termos per capita para a pandemia.[152]

Outro fato alarmante e que demonstra bem os aspectos ressaltados pelo TCU é a subutilização dos exames RT-PCR durante a pandemia no Brasil. Ao todo, o Ministério da Saúde investiu R$ 764,5 milhões em testes e deixou 6,86 milhões de unidades, que custaram R$ 290 milhões desse recurso, simplesmente estocados em um armazém do governo federal na cidade de Guarulhos, em São Paulo, quando poderiam ter sido distribuídos para a rede pública.

Até a última semana do mês de novembro de 2020, o Sistema Único de Saúde havia aplicado cerca de cinco milhões de testes deste tipo. Assim, o país mais estocou e descartou exames do que efetivamente os realizou durante os piores meses da doença.

A compra desses testes foi efetuada pelo governo federal, mas a distribuição deveria ocorrer mediante a demanda dos governadores e prefeitos. Enquanto os entes federativos discordaram sobre as suas respectivas atribuições e responsabilidades, o Ministério da Saúde não foi capaz de coordenar as ações de forma mais coesa e a disputa política arrebentou os planos de testes e de vacinação, com informações erradas e insuficiência de insumos básicos, como seringas, agulhas e oxigênio. Na segunda semana de janeiro de 2021, a cidade de Manaus viveu o descaso mais emblemático considerando a falta de planejamento básico do poder público. Sem oxigênio para ministrar aos pacientes contaminados com a Covid-19, os profissionais de saúde foram confrontados com a terrível situação de ter que escolher quem deveria receber a ajuda para respirar e quem simplesmente sufocaria até morrer. Coube a figuras da sociedade civil brasileira e até ao governo da Venezuela

---

[152] Tribunal de Contas da União. "TCU avalia a governança do Ministério da Saúde no combate à pandemia". Disponível em: https://portal.tcu.gov.br/imprensa/noticias/tcu-avalia-a-governanca-do-ministerio-da-saude-no-combate-a-pandemia.htm.

enviar novos cilindros de oxigênio e médicos à capital do estado do Amazonas.[153]

A partir de março de 2021, enquanto várias nações do mundo caminhavam para o fim da pandemia, os sistemas privado e público de saúde colapsaram no Brasil e todos os tipos de insumos, inclusive para procedimentos vitais, como os do "kit intubação",[154] estavam esgotados, o que criou uma situação dantesca para o país.

Além disso, somente durante os primeiros seis meses da pandemia no Brasil (entre março e setembro de 2020), Jair Bolsonaro apresentou três ministros diferentes para gerir o Ministério da Saúde do Brasil: Luiz Henrique Mandetta, médico ortopedista; Nelson Luiz Sperle Teich, médico oncologista e Eduardo Pazuello, general de divisão do Exército Brasileiro.

Naturalmente, o militar esteve mais disposto a compactuar com os absurdos propalados pelo presidente da República, o que lhe deu a maior permanência no cargo, ainda que de forma insignificante, inócua, irresponsável e interina durante os primeiros meses da sua gestão. Assim, entre as nações que lidaram com o vírus de forma mais eficiente nenhuma cometeu erros tão crassos relacionados à qualidade e à permanência das lideranças ministeriais e à coordenação do nível federal.

Elize Massard da Fonseca, doutora em Política Social e professora da Escola de Administração de Empresas de São Paulo, da Fundação Getúlio Vargas (FGV), explica que:

> (...) o papel de coordenação da política de saúde cabe ao Ministério da Saúde e a provisão de serviços de saúde aos municípios.

---

[153] Em ofício encaminhado ao Supremo Tribunal Federal (STF) no dia 17 de janeiro de 2021, a Advocacia-Geral da União (AGU) afirmou que a administração Bolsonaro sabia do "iminente colapso do sistema de saúde" do Amazonas por conta do novo coronavírus pelo menos dez dias antes de a crise estourar.

[154] Sobre esse tema, leia: "Saúde cancelou em agosto compra de parte do 'kit intubação', diz Conselho". *UOL*, 2020. Disponível em: https://noticias.uol.com.br/saude/ultimas-noticias/redacao/2021/03/19/saude-cancelou-em-agosto-compra-de-parte-do-kit-intubacao-diz-conselhoc.htm. Acesso em: 05 jul. 2021.

> Os estados têm alguma responsabilidade de coordenação da política de saúde na sua jurisdição e também pela atenção de alta e média complexidade (e.g. hospitais). Caberia ao Ministério da Saúde desenvolver ações mais coordenadas entre os estados e alinhadas com as diretrizes da Organização Mundial da Saúde (OMS). Entretanto, em diversos momentos, o discurso do Ministério da Saúde e dos governadores não estavam alinhados (e.g. cloroquina). Portanto, isso causou confusão na população em um momento em que era fundamental ter confiança na autoridade sanitária.[155]

Avaliando as gestões Mandetta, Teich e Pazuello, torna-se evidente que o militarismo incutido na mentalidade do único ministro que não possui formação médica foi preponderante para os rumos que o Ministério da Saúde adotou.

Mandetta foi uma nomeação política e técnica. Acostumado com a política institucional, ele fazia parte da coalizão do presidente. No momento da crise, optou por seguir as diretrizes da Organização Mundial da Saúde e cercou-se de especialistas.

Fonseca aponta:

> Na entrevista de saída, ele deixou claro que ouviu os técnicos do Ministério da Saúde. Ele também tentou se equilibrar entre evitar o conflito com o presidente, principalmente com relação ao distanciamento social – e por isso deixou de ter um protagonismo maior no seu papel de coordenar a política de saúde, ou seja, de propor uma diretriz comum aos estados sobre o distanciamento social – e tomar as ações que eram recomendáveis pela evidência científica disponível naquele momento (e.g. uso de máscaras). Mas não podemos esquecer que ele é um político e as coletivas de imprensa diárias, além de garantir a transparência, eram um excelente palanque.[156]

---

[155] Entrevista concedida ao autor no dia 25 de setembro de 2020.
[156] Entrevista concedida ao autor no dia 25 de setembro de 2020.

Os holofotes sobre Mandetta incomodaram o presidente da República, que iniciou um processo de fritura do ex-ministro e o demitiu no dia 16 de abril de 2020.

Em seguida, a permanência de Teich no comando do Ministério da Saúde foi breve. "Uma ação importante na gestão dele foi tentar um diálogo com os governos subnacionais para a compra de medicamentos e equipamentos médicos, que até então estavam sob responsabilidade das gestões subnacionais",[157] esclarece a professora.

Com menos de um mês à frente do Ministério da Saúde, Teich renunciou ao mandato no dia 15 de maio de 2020 para evitar a demissão.

Pazuello, o militar, tinha incentivos distintos de Mandetta e Teich para assumir as posturas impostas pelo bolsonarismo. Fonseca ressalta:

> Foi uma gestão nebulosa. Ora promoveu uma importante ação que foi a transferência de tecnologia da vacina de Oxford, muito por impulso da Fiocruz, ora apoiou a medida controversa do protocolo da cloroquina. Sem dúvida, é o ministro que mais se curvou às preferências de Bolsonaro.[158]

Nesse sentido, Mandetta e Bolsonaro tiveram uma relação procedimental, porque o médico era um ministro da coalizão política. Teich foi uma aposta técnica para evitar um estrago maior com a demissão do primeiro ministro e a relação foi breve, sem muito diálogo, o que fez com que o ministro pedisse a demissão. Pazuello e Bolsonaro sustentaram uma relação de comandante e comandado, o que comprometeu severamente a atuação do Ministério da Saúde do Brasil. As interações se acalmaram na gestão Pazuello, mas a consequência foi o descontrole do governo federal sobre o alastramento da doença e sobre as medidas necessárias para o seu enfrentamento. A calmaria da gestão Pazuello foi fruto da inoperância do Ministério da Saúde e da aceitação cega às vontades presidenciais.

---

[157] Entrevista concedida ao autor no dia 25 de setembro de 2020.
[158] Entrevista concedida ao autor no dia 25 de setembro de 2020.

> O problema é que cada mudança requer um tempo de aprendizado sobre o Ministério da Saúde, dos processos e portarias, que são muitas. Imagine fazer isso três vezes em menos de cinco meses durante a fase crucial do desenvolvimento da doença,[159]

diz Fonseca.

Vanessa Elias de Oliveira, mestre e doutora em Ciência Política pela USP, professora e atual coordenadora da Pós-Graduação em Políticas Públicas da Universidade Federal do ABC (UFABC), avalia que a atuação do Ministério da Saúde durante a pandemia foi adequada em seu início, na gestão Mandetta, e desastrosa desde sua demissão.

Oliveira indica:

> Adequada, pois o ministro tinha uma equipe bastante alinhada e engajada, que apresentava dados sobre a evolução da pandemia, tinha uma postura realista sobre nossa situação e buscou desenvolver a coordenação federativa, articulando com os estados, seguindo os parâmetros recomendados pela OMS para o enfrentamento da doença. Mas, demorou a agir. Já sabíamos da ameaça da Covid-19 desde o início do ano e quando a OMS declarou a situação pandêmica, só então o Ministério da Saúde passou a atuar na ampliação do número de leitos, na demanda por equipamentos e insumos, como respiradores e testes de diagnóstico. As dificuldades para compra de insumos e equipamentos demonstram essa demora, pois o Ministério da Saúde já poderia ter se antecipado, considerando o cenário mundial e a detecção do primeiro caso no Brasil em fevereiro.[160]

Para ela, com a saída de Mandetta a situação piorou muito. "Teich não conseguiu organizar a equipe e fazer muita coisa. Nem se pode dizer que teve uma 'gestão'. Ele enfrentou forte oposição do presidente, apesar de afirmar que estava '100% alinhado com Bolsonaro'".[161]

---

[159] Entrevista concedida ao autor no dia 25 de setembro de 2020.
[160] Entrevista concedida ao autor no dia 27 de setembro de 2020.
[161] Entrevista concedida ao autor no dia 27 de setembro de 2020.

O decreto de Bolsonaro que permitiu a abertura de salões de beleza e de academias de ginástica, sobre o qual Teich tomou conhecimento somente em meio a uma coletiva de imprensa, é um exemplo claro da dinâmica salientada pela cientista política.

> Nessa breve gestão Teich foram exonerados funcionários de carreira e nomeação de militares para cargos de alto escalão no ministério, o que reduziu ainda mais a capacidade técnica de resposta do Ministério da Saúde durante a pandemia,[162]

acrescenta Oliveira.

Esse processo de militarização[163] do ministério intensificou-se com a nomeação de Pazuello como ministro interino. General da ativa, ele não tinha experiência prévia na área de saúde.

A professora avalia:

> (...) O número de militares em postos importantes cresceu bastante na gestão Pazuello. Em junho (de 2020), já eram vinte e cinco militares em postos do alto escalão do Ministério da Saúde. Depois de quatro meses como ministro interino, Pazuello tornou-se ministro de fato. Como militar que é, acatou as ordens do presidente Bolsonaro, seu superior. Logo que assumiu, lançou o documento autorizando o uso da cloroquina nos serviços de saúde, mas o documento saiu sem a assinatura do ministro interino e não era um protocolo clínico. O uso foi liberado mesmo sem estudos comprovando a sua eficácia.[164]

O Ministério da Saúde organizou o chamado "kit Covid-19", com cloroquina, hidroxicloroquina, azitromicina e ivermectina. Todos os medicamentos que foram descartados por não apresentarem eficácia científica comprovada na luta contra a doença. "É um total disparate

---

[162] Entrevista concedida ao autor no dia 27 de setembro de 2020.

[163] Entrevista concedida ao autor no dia 27 de setembro de 2020.

[164] Entrevista concedida ao autor no dia 27 de setembro de 2020.

o Ministério da Saúde sugerir um kit de medicamentos sem qualquer comprovação científica da sua eficácia",[165] pontua Oliveira.

Na segunda semana de janeiro de 2020, médicos da rede pública de saúde do estado do Amazonas denunciaram que estavam sofrendo pressões e ameaças de pacientes para que receitassem esse kit de medicamentos, com incentivo de parte da comunidade médica local, de autoridades e do Ministério da Saúde.[166]

6.1 Plano de imunização, a politização da vacina e o aparelhamento da Anvisa

Bolsonaro politizou até a questão da vacina de forma irresponsável[167] e afirmou que o governo brasileiro não compraria as doses da Coronavac,[168] declaração que contrariou radicalmente o anúncio feito pelo seu próprio ministro da Saúde no dia anterior e que se provou falsa, posteriormente.

Após a fala de Bolsonaro, o Instituto Butantan afirmou, por meio de nota pública, que a Agência Nacional de Vigilância Sanitária (Anvisa) havia retardado a importação de matéria-prima para impedir a fabricação da vacina chinesa no Brasil.

---

[165] Entrevista concedida ao autor no dia 27 de setembro de 2020.

[166] SCHELP, Diogo. "Médicos do AM dizem sofrer ameaças para receitar 'kit covid' sem eficácia". *UOL*, 2021. Disponível em: https://noticias.uol.com.br/colunas/diogo-schelp/2021/01/12/medicos-de-am-sofrem-ameacas-de-pacientes-para-receitar-kit-sem-eficacia.htm/. Acesso em: 05 jul. 2021.

[167] Na terceira semana de janeiro de 2021, um grupo com 352 notáveis, entre juristas, economistas, intelectuais e artistas, solicitou à Procuradoria Geral da República a abertura de uma ação criminal contra Jair Bolsonaro no Supremo Tribunal Federal por "sabotagens para retardar ou mesmo frustrar o processo de vacinação" brasileiro.

[168] Vacina desenvolvida pelo laboratório chinês Sinovac, em parceria com o Instituto Butantan, e que tinha o governo de São Paulo, comandado pelo rival político João Doria, como principal articulador no Brasil.

Coube ao Supremo Tribunal Federal anunciar o plano inicial de vacinação do próprio Ministério da Saúde do Brasil,[169] por exemplo, e Pazuello chegou a afirmar que a Coronavac seria distribuída à população caso houvesse demanda: "se houver demanda e preço nós vamos comprar", disse o ministro da saúde em reunião com João Doria, então governador do estado de São Paulo, na segunda semana de dezembro de 2020, quando o número de óbitos decorrentes da doença alcançou a trágica marca de 180 mil no Brasil. Doria conseguiu posteriormente a aprovação dos chineses para chamar o imunizante de a "vacina do Brasil" e começou a convidar figuras públicas ainda em dezembro de 2020 para a vacinação, o que lhe rendeu destaque na imprensa e o ganho de algum capital político.

Esses embates políticos ao redor de quais vacinas seriam ministradas por quais entes federativos e a recusa de Jair Bolsonaro em considerar todas as vacinas disponíveis[170] atrasaram o programa vacinal brasileiro e resultaram em um modelo de imunização descentralizado para a Covid-19, com brigas políticas e divergências.

Na segunda semana de janeiro de 2021, mais de quarenta países já estavam vacinando as suas respectivas populações, enquanto o governo Bolsonaro, por meio do seu ministro da saúde, ainda não havia anunciado uma data definitiva para o início da imunização no Brasil. No dia 12, Pazuello disse que o processo seria iniciado "no dia D, na hora H".

Até a metade do mês de fevereiro de 2021, a administração Bolsonaro havia gasto somente 9% do dinheiro liberado em caráter de

---

[169] No dia 12 de dezembro de 2020, por meio de uma nota pública assinada por trinta e seis pesquisadores, o grupo Eixo Epidemiológico do Plano Operacional Vacinação Covid-19, que assessorou o governo na elaboração do plano de imunização, afirmou que estava "surpreendido" ao saber pela imprensa da existência do documento.

[170] Por exemplo, o governo de Jair Bolsonaro rejeitou, ainda em 2020, uma proposta da empresa farmacêutica Pfizer, que previa setenta milhões de doses de vacinas contra a Covid-19 até junho de 2021 para o mercado nacional, segundo informações apresentadas pelo jornal Folha de São Paulo.

CAPÍTULO VI – MINISTÉRIO DA SAÚDE DO BRASIL?

urgência e emergência para a compra e o desenvolvimento de vacinas contra a Covid-19, outra mostra do atraso e da incompetência do governo federal na tentativa de vacinar em massa a população brasileira.[171]

Assim, pela primeira vez desde 1973, quando foi criado o Programa Nacional de Imunizações, o Brasil não contou com a coordenação sólida do governo federal para vacinar a sua população durante uma grande crise sanitária. Governadores e prefeitos recorreram ao STF para driblar o aparelhamento da Agência Nacional de Vigilância Sanitária (Anvisa) e registrar as vacinas em caráter emergencial. Esses embates trouxeram problemas epidemiológicos, logísticos e de desigualdades sanitárias entre locais que possuíam mais ou menos recursos disponíveis. Assim, a politização do plano nacional de vacinação acarretou o aparelhamento de agências reguladoras sérias, como a Anvisa, e envolveu o órgão que deveria zelar pela integridade dos produtos que os brasileiros usam e consomem em uma batalha político-eleitoral em meio à maior pandemia do século.

Gonzalo Vecina, médico, fundador e ex-presidente da Agência Nacional de Vigilância Sanitária, esclarece:

> A Anvisa foi criada para garantir a segurança sanitária de produtos e serviços de interesse para a saúde pública brasileira. A função da agência é proteger e promover a saúde da população brasileira garantindo a segurança sanitária. (...) Ela cria um conjunto de regras no mercado brasileiro que as empresas que atuam nessa área devem obedecer para comercializar os seus produtos e serviços. Todos os países do mundo têm a suas agências sanitárias reguladoras, basicamente. Elas também são importantes para o comércio internacional, portanto.[172]

---

[171] Para uma análise mais completa sobre este tema, veja: SASSISNI, Vinícius. "Governo Bolsonaro só gastou 9% da verba emergencial liberada para vacinas contra a Covid-19". *Follha*, 2021. Disponível em: https://www1.folha.uol.com.br/equilibrioesaude/2021/02/governo-bolsonaro-so-gastou-9-da-verba-emergencial-liberada-para-vacinas-contra-a-covid-19.shtml/. Acesso em: 05 jul. 2021.

[172] Entrevista concedida ao autor no dia 15 de dezembro de 2020.

Vecina afirma que:

> (...) o bolsonarismo indicou diversos militares para os principais cargos da Anvisa e alguns expressaram opiniões muito complicadas. Não há dúvidas de que a agência está sendo usada politicamente pela gestão Bolsonaro. (...) Tínhamos essas duas vacinas, a de Oxford e a CoronaVac, por causa da Fiocruz e do Butantan. O Ministério da Saúde não moveu uma palha sequer. (...) Chega a ser criminosa a forma como o Ministério da Saúde e o governo federal trataram a questão da vacinação.[173]

Entre o fim de 2020 e o começo de 2021, João Dória e Jair Bolsonaro travaram uma verdadeira guerra política, que teve o plano nacional de vacinação dos brasileiros como principal ponto da disputa. Ironicamente, o presidente brasileiro insistiu enfaticamente no caminho mais perigoso para a nação: simplesmente ignorar uma das primeiras vacinas a ser sintetizada em todo o mundo por questões meramente ideológicas.

Vecina alerta:

> O problema é que todos os fabricantes globais de vacinas para a Covid-19 estão com as suas produções vendidas. Temos pouquíssima oferta no mercado nesse momento. Até esse momento, o Brasil conta com as doses da Astrazeneca/Oxford, que foram negociadas pela Fiocruz e serão 140 milhões durante o ano de 2021. Temos, aparentemente, porque não há certeza, as doses da Pfizer, algo em torno de 70 milhões, e temos a Coronavac, a vacina chinesa, com outras 140 milhões de doses. Temos, teoricamente e ao todo, 350 milhões de doses que são suficientes para vacinar 175 milhões de pessoas, porque cada pessoa precisa ser imunizada duas vezes. Estamos no limite, porque não vamos vacinar crianças com menos de seis anos. (...) Sem a vacina chinesa, nós não teremos cobertura suficiente no Brasil.

Vecina lamenta e acredita que:

---

[173] Entrevista concedida ao autor no dia 15 de dezembro de 2020.

CAPÍTULO VI – MINISTÉRIO DA SAÚDE DO BRASIL?

> (...) Bolsonaro cometeu um equívoco enorme ao misturar a questão da tecnologia chinesa do 5G e a produção da vacina chinesa para a Covid-19 no Brasil. Ele aliou-se à política do Trump e colocou um imunizante para a maior pandemia do século no meio dessa confusão e passou a dizer que a vacina chinesa não era boa, que a China é comunista etc. Tudo isso é inexplicável.[174]

Confusão foi a principal característica da gestão Pazuello: diversas tentativas de suspensão da contagem de casos foram ensaiadas por meio da alteração da metodologia de contagem, por exemplo.

Vanessa Elias de Oliveira complementa:

> Isso tem relação direta com as inúmeras tentativas do presidente Bolsonaro em negar a doença e a sua gravidade. Houve ainda muita ausência e falta de transparência de dados, além de inconsistências em informações apresentadas pelo Ministério da Saúde, com discrepâncias entre bases de registros do próprio órgão.[175]

No dia 31 de julho de 2020, a organização não governamental Transparência Internacional apresentou um ranking segundo o qual a administração Bolsonaro ficou em penúltimo lugar considerando a transparência em contratações emergenciais durante pandemia, atrás de estados e prefeituras. O levantamento incluiu pela primeira vez o governo federal, que só ficou na frente do governo de Roraima. O estudo, que avaliou todos os estados e capitais, verificou como as informações dos contratos feitos para combater a doença foram divulgadas à população.

Portanto, o Ministério da Saúde falhou, considerando uma série de questões centrais para o combate à pandemia: não adquiriu e distribuiu os testes em quantidade mínima necessária, não divulgou o número de testes realizados diariamente, seus tipos ou a taxa de positividade,

---

[174] Entrevista concedida ao autor no dia 15 de dezembro de 2020.
[175] Conforme demonstrou o nono boletim da Rede de Pesquisa Solidária.

e não atuou de forma voltada ao fortalecimento da atenção primária no nível municipal, o que deixou os profissionais da linha de frente dos serviços de saúde desprotegidos, sem treinamento e recursos adequados para a prevenção.[176]

Além disso, sob a gestão Bolsonaro, o Ministério da Saúde negligenciou o cuidado da saúde indígena[177] e do sistema prisional, razão pela qual verificamos uma situação drástica de disseminação do vírus nas reservas indígenas e nas unidades carcerárias do país.

Oliveira detalha:

> Sem dúvida, contudo, as trocas de lideranças foram o que mais prejudicaram o enfrentamento da pandemia. A troca de um ministro implica na mudança de vários cargos-chave da gestão, como os Secretários de Vigilância em Saúde ou de Ciência, Tecnologia e Insumos Estratégicos em Saúde (SCTIE), por exemplo. São cargos do alto escalão que demandam conhecimento do setor, assim como do papel desempenhado pelos membros da sua equipe. A cada mudança, novos aprendizados se iniciam e mais tempo se perde para que haja afinidade entre a equipe e a sua chefia.[178]

Esse procedimento é comum nas trocas de governo, mas muito grave e atípico no meio de uma pandemia, quando o país deveria atuar de forma uníssona e coesa para combater a crise sanitária.

Na segunda semana de março de 2021, Pazuello foi humilhado e demitido por Bolsonaro, quando o médico Marcelo Queiroga, presidente da Sociedade Brasileira de Cardiologia (SBC), assumiu o posto, o que selou mais uma troca no comando do Ministério da Saúde do Brasil

---

[176] LOTTA, Gabriela. "Apenas 14,2% dos profissionais de saúde se sentem preparados para lidar com Covid-19, revela pesquisa". *FGV*, 2020. Disponível em: https://portal.fgv.br/noticias/apenas-142-profissionais-saude-se-sentem-preparados-lidar-Covid-19-revela-pesquisa. Acesso em: 05 jul. 2021.

[177] Conforme a Sesai.

[178] Entrevista concedida ao autor no dia 27 de setembro de 2020.

em meio ao momento mais agudo da crise sanitária no país. Nessa data, o Brasil tinha o quarto ministro da Saúde em um ano de pandemia: média de uma troca a cada três meses.[179] Queiroga assumiu afirmando que daria continuidade ao plano do governo e que percorreria os hospitais brasileiros para verificar se as pessoas realmente estariam morrendo vítimas da Covid-19.

Para complicar ainda mais o cenário, Bolsonaro levou semanas, durante o auge da crise no país, para confirmar a nomeação efetiva de Queiroga – em busca de tempo para imunizar Pazuello com um cargo parlamentar antes de o militar deixar o comando da Saúde – o que deixou o Ministério da Saúde sem liderança durante o momento mais agudo da pandemia na nação, literalmente.

Oliveira define:

> Já seria difícil sem mudanças constantes e todas essas confusões, mas ficou muito mais complexo com elas. Para piorar, não foi apenas uma mudança. Foram três ministros em menos de seis meses. Ademais, como dito anteriormente, a entrada de Pazuello significou a entrada de muitos militares no ministério, o que significou a entrada de pessoas de fora da área de saúde, que precisaram de tempo para aprender os processos gerenciais e políticas públicas desenvolvidas, assim como a lógica de trabalho do corpo burocrático da pasta.[180]

Ela prossegue:

> Por outro lado, a experiência de cooperação regional alcançada na região Nordeste demonstrou a potencialidade das estratégias

---

[179] Sobre esse tema, veja: SADI, Andréia. "Saída de Pazuello visa também a esvaziar CPI e tirar pressão de investigação no STF". *G1*, 2021. Disponível em: https://g1.globo.com/politica/blog/andreia-sadi/post/2021/03/15/troca-de-pazuello-visa-tambem-a-esvaziar-cpi-e-tirar-pressao-de-investigacao-no-stf.ghtml/. Acesso em: 05 jul. 2021.

[180] SADI, Andréia. "Saída de Pazuello visa também a esvaziar CPI e tirar pressão de investigação no STF". *G1*, 2021. Disponível em: https://g1.globo.com/politica/blog/andreia-sadi/post/2021/03/15/troca-de-pazuello-visa-tambem-a-esvaziar-cpi-e-tirar-pressao-de-investigacao-no-stf.ghtml. Acesso em: 05 jul. 2021.

de cooperação federativa para a gestão da pandemia. Quando o governo federal se ausenta, os estados assumem o protagonismo, e foi isso o que verificamos na pandemia de Covid-19 no Brasil.[181]

---

[181] SADI, Andréia. "Saída de Pazuello visa também a esvaziar CPI e tirar pressão de investigação no STF". *G1*, 2021. Disponível em: https://g1.globo.com/politica/blog/andreia-sadi/post/2021/03/15/troca-de-pazuello-visa-tambem-a-esvaziar-cpi-e-tirar-pressao-de-investigacao-no-stf.ghtml/. Acesso em: 05 jul. 2021.

CAPÍTULO VII

SUBDIAGNOSTICAÇÃO, SUBNOTIFICAÇÃO E POLÍTICAS PÚBLICAS

> É possível estimar que o número de pessoas que se infectaram no Brasil seja entre sete e dez vezes maior do que o número de casos conhecidos.
>
> *Claudio Maierovitch*

Existe uma diferença elementar que precisa ser bem compreendida para abordarmos o tema deste capítulo: subdiagnosticação é o termo usado para expressar a baixa quantidade de casos que foram identificados no Brasil com relação à totalidade das infecções e mortes geradas pelo Covid-19. Subnotificação é a palavra utilizada para descrever a baixa taxa e a falta de qualidade da comunicação que foi efetivada pelas autoridades governamentais junto à população considerando os casos que foram diagnosticados.[182]

Para ambos os casos, devido aos baixíssimos níveis de testes que foram realizados na população brasileira, à morosidade da administração

---

[182] Durante o auge da pandemia, sistemas como o SIVEP GRIPE ficaram constantemente indisponíveis e subnotificaram as infecções e mortes causadas pelo Covid-19.

Bolsonaro em adquirir os reagentes necessários para viabilizar esse processo em ampla escala e à politização da divulgação dos dados que o bolsonarismo imprimiu ao tema,[183] toda a classe científica das ciências médicas e sociais brasileiras foi obrigada a enfrentar a maior pandemia do século, na nação, até o presente momento, sem dados acurados para pautar as suas decisões e organizar as melhores estratégias. No escuro, basicamente.

O desalinhamento e a falta de credibilidade dos dados apresentados pelos órgãos oficiais foram traços muito característicos da forma como o governo federal lidou com a crise e gerou apagões de dados. No começo de julho de 2020, a Associação Paulista de Medicina apresentou um estudo,[184] segundo o qual quase metade (45,4%) dos médicos brasileiros entrevistados acreditava que a quantidade de casos da doença era superior ao informado pelo Ministério da Saúde do Brasil, por exemplo. A desconfiança da classe médica era um pouco menor considerando os dados das secretarias estaduais de saúde: 18,5% alegaram perceber subnotificação das mortes decorrentes do vírus e 37% do volume de casos.

Diferentes estudos foram conduzidos por pesquisadores brasileiros para dimensionar a real extensão da subdiagnosticação e da subnotificação de casos de Covid-19 no Brasil. Apesar de ser impossível cravar com precisão absoluta, essas investigações indicam que, até o dia 20 de abril de 2020, quando o Brasil tinha 40.581 casos oficiais de Covid-19 diagnosticados e notificados e 2.575 óbitos, o número real de casos no país era cerca de onze vezes mais alto do que o número oficial de casos notificados.[185]

---

[183] CASTLE, Jennifer L.; DOORNIK, Jurgen A.; HENDRY, David F. *Forecasting cases and deaths of the Covid-19 pandemic in Latin America*. Reino Unido: Universidade de Oxford, 2020.

[184] Foram entrevistados 1.984 médicos em 23 estados brasileiros. Entre os profissionais que participaram do estudo, 60% clinicaram em hospitais ou prontos-socorros que receberam pacientes contaminados com o Covid-19. Ao todo, 38,5% atuaram em serviços públicos, 33% em privados e 28,5% em ambos.

[185] PRADO, Marcelo Freitas do; ANTUNES, Bianca Brandão de Paula; BASTOS, Leonardo dos Santos Lourenço; PERES, Igor Tona; SILVA, Amanda de Araújo Batista da; DANTAS, Leila Figueiredo; BAIÃO, Fernanda Araújo; MAÇAIRA,

Claudio Maierovitch, médico sanitarista da Fiocruz Brasília, garante:

> Cerca de metade das infecções é assintomática e outra parcela importante tem sintomas leves. A maior parte desses casos não teve acesso a testes. Então, é possível estimar que o número de pessoas que se infectaram no Brasil (entre os meses de março e outubro de 2020) seja entre sete e dez vezes maior do que o número de casos conhecidos. Isso foi confirmado em pesquisas que testaram amostras da população.[186]

Considerando esses valores apresentados por médicos e as observações científicas, o número total de mortes causadas pela Covid-19 entre os meses de março de 2020 e 2021, levando em conta as 300 mil mortes reconhecidas oficialmente no Brasil, variaria entre 2.1 milhões e 3.3 milhões. O total de pessoas infectadas poderia variar entre 84 milhões e 132 milhões de acordo com esses parâmetros.

Maierovitch afirma que a subdiagnosticação, mais do que a subnotificação, dificultou:

> (...) o conhecimento das reais dimensões da epidemia e de detalhes importantes para as ações de prevenção. Seria essencial testar todos os casos suspeitos e seus contatos, garantindo que ficassem isolados durante o período de transmissão. A subdiagnosticação foi consequência da falta de testagem e de estratégias de busca. No início, não havia disponibilidade de testes em quase nenhum país do mundo. Entretanto, mesmo quando se estabeleceu a possibilidade de aplicação dos testes, o Brasil não definiu um plano para fazer o teste de todos os sintomáticos e contatos para aplicar de forma efetiva isolamento e

---

Paula; HAMACHER, Silvio; BOZZA, Fernando Augusto. "Análise da subnotificação de Covid-19 no Brasil". *SciELO*, 2020. Disponível em https://www.scielo.br/j/rbti/a/XHwNB9R4xhLTqpLxqXJ6dMx/?lang=pt&format=pdf. Acesso em: 05 jul. 2021.

[186] Entrevista concedida ao autor no dia 3 de novembro de 2020.

quarentena para interromper as cadeias de transmissão. Até hoje, o Brasil não tem um plano para reduzir a propagação do vírus.[187]

Durante a segunda e a terceira semanas de maio de 2020, para cada caso confirmado de Covid-19 no Brasil segundo as estatísticas oficiais, existiam pelo menos sete casos reais na população dos principais centros urbanos brasileiros. O estudo intitulado "Evolução da prevalência de infecção por Covid-19 no Brasil: estudo de base populacional" (Epicovid19-BR), coordenado pelo Centro de Pesquisas Epidemiológicas da Universidade Federal de Pelotas (UFPel), em parceria com o Ministério da Saúde do Brasil, aferiu se as pessoas tinham anticorpos para a doença, o que significava que elas haviam sido ou estavam infectadas pelo novo coronavírus.

Noventa municipalidades, que somadas contabilizavam 104.782 casos confirmados e 7.640 mortes, foram testadas para a pesquisa. No entanto, a estimativa dos pesquisadores demonstrou que, de fato, 760 mil brasileiros estariam contaminados pelo novo coronavírus nessas cidades e nessa data, considerando também os casos assintomáticos.

Nessas municipalidades, cujas populações somadas correspondem a 25,6% da população nacional (54,2 milhões de pessoas), a proporção de pessoas identificadas com anticorpos para Covid-19 foi estimada em 1,4%, podendo variar de 1,3% a 1,6% levando em conta a margem possível de erro. Desta forma, a estimativa final apontou para 760 mil casos, com margem de erro variando entre 705 e 867 mil pessoas infectadas. Os especialistas que conduziram o trabalho enfatizaram que esses achados não deveriam ser extrapolados para todo o país ou usados para estimar o número absoluto de casos no país, considerando que essas são cidades com alta densidade populacional, com circulação intensa de pessoas e que oferecem serviços de saúde, o que não se aplica de forma homogênea para toda a nação.

A Secretaria de Saúde de Poços de Caldas (MG) divulgou, no dia 28 de outubro de 2020, o resultado de uma pesquisa sobre a

---

[187] Entrevista concedida ao autor no dia 3 de novembro de 2020.

subnotificação da Covid-19 na cidade. O trabalho afirma que 3,6% das 1200 pessoas que foram testadas apresentaram resultado positivo para a doença e estavam assintomáticas.

Com todos esses dados, torna-se evidente que o número real de pessoas contaminadas e mortas pela Covid-19 no Brasil foi substancialmente maior do que o noticiado pelos órgãos oficiais e veículos de comunicação, o que complicou seriamente a atuação de toda a classe médica do Brasil e a elaboração de políticas públicas para lidar com a pandemia de forma assertiva.

Cristiane Kerches da Silva Leite, professora e doutora no curso de Graduação em Gestão de Políticas Públicas e no programa de pós-graduação Mudança Social e Participação Política (Promuspp) da Escola de Artes, Ciências e Humanidades da Universidade de São Paulo (EACH/USP), explica:

> Sem a cooperação dos diferentes poderes da República e dados reais foi inviável elaborar políticas públicas adequadas para lidar com a pandemia. Os pressupostos básicos para a formulação de políticas públicas, no sentido de fazer planejamento e pensar em um horizonte, são os indicadores. Com dados subdiagnosticados e subnotificados, que não permitem a avaliação do comportamento epidemiológico da doença, e sem a cooperação de todos os níveis do poder fica praticamente impossível.[188]

Segundo ela, o desenho institucional do Sistema Único de Saúde (SUS) pressupõe uma lógica de coordenação federativa que foi afetada no seu âmago neste contexto de crise. Como fazem parte de basicamente todos os aspectos da vida, o dissenso e o conflito também atuam na constituição das políticas públicas. A acadêmica acrescenta:

> No entanto, divergências entre a Presidência da República e um ministro de uma área estratégica, como a saúde, neste momento, é anômalo e muito grave política e socialmente. A divergência é

---

[188] Entrevista concedida ao autor dia 7 de abril de 2020.

profunda e não se dá somente no plano dos instrumentos de política, mas no plano do paradigma, da concepção do fenômeno social imbricado nesta política pública específica.[189]

A professora diz ainda:

> As condições de trabalho dos profissionais de saúde que estão na ponta, por exemplo, aonde bate a onda do "tsunami da pandemia", deveriam ser o foco de todas as ações – da Presidência da República às coordenações de saúde municipais – no eixo federativo. Há necessidade de boas condições objetivas de trabalho (materiais, instrumentos, locais estruturados etc.), assim como de apoio social e político mais amplo aos profissionais. É preciso lembrar que, historicamente, o Sistema Único de Saúde foi vilipendiado por vários setores, desde a grande mídia corporativa a interesses privados na área médica. Agora, o sistema que sempre foi "pintado" como ineficiente e "drenador de recursos" é o nosso bastião de sobrevivência coletiva.[190]

Outro ponto que ela ressalta é o arranjo público privado na oferta dos serviços de saúde, que estão presentes em vários municípios e estados brasileiros desde os anos 1990 (com a valorização da Reforma Gerencial, no governo FHC). Kerches avalia:

> Isso pode agravar o problema de coordenação da política. Formou-se, nas últimas décadas, um sistema estruturado em arranjos fragmentados, descoordenados e desconectados, que gera um ambiente institucional no qual a dimensão pública fica refém das lógicas privadas das organizações. As métricas e objetivos das OSS (como a Cejum, por exemplo), determinadas nos contratos de gestão, tendem a colidir com a lógica pública coordenada. Por exemplo, sistema de metas de atendimento, ausência de controle social e opacidade na construção de informações podem gerar um grande problema de desconexão entre as estruturas implementadoras e a lógica da política de

---

[189] Entrevista concedida ao autor dia 7 de abril de 2020.
[190] Entrevista concedida ao autor dia 7 de abril de 2020.

saúde formulada pelos gestores, que já é bastante tumultuada, conforme comentado.[191]

A doutora alerta:

> Caso as subnotificações estejam passando por decisões no âmbito desses arranjos, trata-se de um gravíssimo problema, pois não se formula, implementa, monitora e avalia-se políticas públicas sem informações cientificamente confiáveis, conforme supramencionado por ela. É fundamental construir políticas públicas com indicadores sociais baseados em dados atualizados, consistentes e comprovados. Desta forma, na medida em que a notificação de casos é uma etapa importante na construção de indicadores que podem ser utilizados para o monitoramento do atual quadro da saúde, a subnotificação nos deixa no escuro, na pior situação possível.

Ainda segundo ela, a emenda constitucional do teto (do governo Temer) fragilizou o SUS em vários níveis. E ressalta:

> Desde a contratação de pessoal, reposição de material, planejamento de ampliação de postos de saúde e hospitais. Afetou tudo. Foi um impacto linear em insumos, recursos humanos, infraestrutura, em tudo. A própria cobertura vacinal é um indicador que demonstra isso durante os últimos anos.[192]

"Esta crise é muito séria para ficarmos reféns de um grupo político que já demonstrou total inépcia e que coloca seus cálculos políticos usurpadores acima da dimensão humana e pública",[193] adverte Kerches.

Em termos de políticas de governo para enfrentar a crise, a acadêmica acredita na criação de:

---

191 Entrevista concedida ao autor dia 7 de abril de 2020.
192 Entrevista concedida ao autor dia 7 de abril de 2020.
193 Entrevista concedida ao autor dia 7 de abril de 2020.

(...) condições para que os mais pobres sejam protegidos. De imediato, o urgente pagamento da renda básica, a manutenção das demais transferências, como o BPC, e a proposição de outros programas que auxiliem os mais necessitados no plano local. Precisamos agora pensar na ampliação da proteção social aos mais vulneráveis. Um programa habitacional de prospecção de imóveis ociosos no centro expandido (de São Paulo), hotéis, entre outros. Há instrumentos políticos, inclusive de ordem tributária, para os prefeitos e governadores coordenarem este tipo de ação. É falaciosa a ideia de que existe uma contraposição entre saúde e economia. O papel mais ativo do Estado é fundamental para fomentar e estruturar os dois eixos. O que se fez até agora, sobretudo no Estado de São Paulo, mas também no restante do País, ainda é muito tímido.[194]

---

[194] Entrevista concedida ao autor dia 7 de abril de 2020.

CAPÍTULO VIII
CRISE ENTRE OS PODERES DA REPÚBLICA

> O governo virou uma usina de crises permanentes.
> *Rodrigo Maia*

Em diversas ocasiões durante os meses que selaram o auge da crise sanitária no país, figuras emblemáticas do bolsonarismo ameaçaram publicamente o fechamento de órgãos máximos do Poder Judiciário no Brasil, atacaram alguns dos principais representantes do Poder Legislativo no Congresso Nacional e entraram em atritos contra governadores e prefeitos[195] de diferentes localidades no Brasil. Além disso, ministros e membros do próprio governo brigaram internamente ante ao escrutínio público com muita frequência.

---

[195] Na segunda semana de fevereiro de 2021, a Frente Nacional dos Prefeitos (FNP) atribuiu a "sucessivos equívocos do governo federal na coordenação do enfrentamento à Covid-19 a escassez e falta de doses de vacinas em cidades de todo o país". Sobre esse tema, leia: MILITÃO, Eduardo. "Equívocos do governo federal causam falta de vacina, diz FNP". *UOL*, 2021. Disponível em: https://noticias.uol.com.br/politica/ultimas-noticias/2021/02/16/equivocos-do-governo-federal-causam-falta-de-vacina-diz-fnp.htm. Acesso em: 05 jul. 2021.

Contudo, a desarmonia entre os poderes da República que foi causada pela administração Bolsonaro intensificou-se meses antes com a saída do outrora aliado que foi instrumental para a ascensão do próprio bolsonarismo por meio dos processos de ativismo judicial que foram conduzidos pela Operação Lava-Jato e durante o impedimento de Dilma Rousseff, conforme demonstrado no livro *A ascensão do bolsonarismo no Brasil do Século XXI*.[196]

8.1 Lavajatismo x bolsonarismo

No dia 24 de abril de 2020, Sérgio Moro anunciou a sua demissão do Ministério da Justiça e deixou o governo Bolsonaro. Nos meses seguintes, o Brasil enfrentou, além da disseminação desenfreada do vírus, a falta de sintonia e colaboração entre alguns dos principais atores políticos da República e o combate direto que se estabeleceu entre os poderes Executivo, Judiciário e Legislativo.

As acusações feitas por Sérgio Moro contra Jair Bolsonaro caracterizaram uma das piores crise que a gestão bolsonarista enfrentou durante a pandemia e o presidente brasileiro reencontrou nos intitulados partidos do "centrão"[197] a sua base de sustentação parlamentar.

William Nozaki, cientista político e professor da Fundação Escola de Sociologia e Política de São Paulo (FESPSP), acredita que:

> (...) a demissão de Sérgio Moro se inscreveu em um cenário complexo marcado, de um lado, pelos efeitos de uma pandemia e, do outro, por um movimento de isolamento institucional de Jair Bolsonaro, que foi protagonizado por ele mesmo. Diante das resistências e reações do presidente contra as orientações da

---

[196] CALEJON, Cesar; VIZONI, Adriano. *A ascensão do bolsonarismo no Brasil do Século XXI*. São Caetano do Sul: Lura, 2019, p. 66 e 94.

[197] Neste contexto, o centrão é um bloco informal na Câmara dos Deputados do Brasil que reúne partidos como o PP (40 deputados), PL (39), PSD (36), MDB (34), Republicanos (31), DEM (28), Solidariedade (14), PTB (12), PROS (10), PSC (9), Avante (7) e Patriota (6).

OMS (Organização Mundial da Saúde) e especialistas no enfrentamento à Covid-19, o chefe do Executivo intensificou a aposta em manter sua base orgânica coesa e mobilizada em torno de discursos negacionistas e anticientificistas.[198]

O cientista avalia que – diante das divergências – Bolsonaro optou pelo caminho de tensionar as relações institucionais dentro do Governo e entre os poderes da República.

Previu:

> Primeiro veio a demissão de (Luis Henrique) Mandetta. Na sequência, ataques contra (Rodrigo) Maia. Depois, a apresentação de um programa econômico incipiente à revelia de Paulo Guedes. Esse cenário, somado ao desconforto do presidente com algumas investigações da PF (Polícia Federal), culminou no tensionamento da relação do presidente com Sérgio Moro. A saída (de Moro) explicitou e aprofundou uma cisão na base do bolsonarismo. Olavismo e lavajatismo se separaram e impuseram uma fissura no eixo de sustentação do presidente, tanto na opinião pública quanto junto às instituições. O cenário político, que já estava marcado por radicalizações, caminhou para uma instabilidade ainda mais severa.[199]

De acordo com ele, os argumentos apresentados por Sérgio Moro para justificar sua saída explicitaram crimes de responsabilidade, de probidade contra a gestão pública e de autonomia no exercício dos poderes.

Nozaki avaliou:

> Juridicamente, esses crimes justificariam a abertura de processo de impeachment. Dada a relação tensa entre Bolsonaro, o Congresso (Nacional) e o STF (Supremo Tribunal Federal), essa instabilidade pode aumentar a animosidade entre os poderes, além de diminuir a legitimidade, questionar a legalidade e,

---

[198] Entrevista concedida ao ator no dia 28 de abril de 2020.

[199] Entrevista concedida ao ator no dia 28 de abril de 2020.

possivelmente, afetar a popularidade do presidente. O presidencialismo de coalizão, que já experimentava uma crise com um mandatário sem base parlamentar certa e sem partido definido, agora tem uma presidência com um presidente que se tornou um anão moral e institucional.[200]

8.2 Bolsonarismo x Congresso Nacional

Além da inépcia da administração Bolsonaro, as eleições de outubro de 2018 trouxeram o Congresso Nacional mais fragmentado da história do Brasil.

No Senado, composto por 81 parlamentares, o MDB seguiu com a maior bancada, mas o partido, que iniciou a sessão legislativa em fevereiro de 2015 com dezenove representantes, começou 2019 com apenas doze senadores. Em seguida, aparece o PSDB, com oito senadores, o PSD, com sete, o DEM, com seis senadores, e o PT, com seis parlamentares.

Das cinco maiores bancadas que começaram a sessão legislativa de 2019, três perderam parlamentares em relação a 2015. Além do MDB, o PT sofreu queda de treze para seis senadores e o PSDB passou de onze para oito representantes. O DEM cresceu de cinco para seis senadores, enquanto a representação do PSD saltou de quatro para sete parlamentares.

São 21 legendas. Em 2015, eram quinze. Podemos, Rede, PSL, PHS (Partido Humanista da Solidariedade), PROS (Partido Republicano da Ordem Social), PRP (Partido Republicano Progressista), PTC (Partido Trabalhista Cristão) e Solidariedade não tinham parlamentares no início de 2015 e agora estão presentes no Senado. PCdoB (Partido Comunista do Brasil) e PSOL (Partido Socialismo e Liberdade) não elegeram senadores em 2019.

---

[200] Entrevista concedida ao ator no dia 28 de abril de 2020.

CAPÍTULO VIII – CRISE ENTRE OS PODERES DA REPÚBLICA

Na Câmara dos Deputados, os brasileiros têm 513 deputados federais de trinta partidos diferentes. A bancada do PT tem 56 deputados e a do PSL, 52. São os dois partidos com mais deputados federais eleitos.

Em seguida, estão Progressistas (37), MDB (34) e PSD (34). O MDB foi o que mais perdeu cadeiras: caiu de 66 eleitos em 2014 para 34 em 2018. O PSL foi o partido que mais ganhou posições: foram 52 deputados eleitos agora, contra apenas um em 2014. Menos da metade dos deputados conseguiu se reeleger: 240 dos 513. O PSDB, que foi a terceira maior bancada eleita em 2014, caiu para a nona posição, com 29 deputados.

> Temos (desde 2019) o Congresso (Nacional) mais fragmentado desde a redemocratização (do Brasil), aliás, o mais fragmentado da história da humanidade. Nunca houve, em qualquer democracia do mundo, um legislativo nacional tão fragmentado como este. Além disso, o chefe do Executivo não tem sequer partido definido. Isso é incrível. Trinta partidos e o maior deles tem aproximadamente 10% das cadeiras. É muita fragmentação e indefinição,

alerta Cláudio Gonçalves Couto, cientista político e coordenador do Mestrado Profissional em Gestão e Políticas Públicas da Fundação Getúlio Vargas (FGV-SP).

Sobre essa estruturação hiperfragmentada e caótica, a relação do presidente brasileiro com a Câmara dos Deputados e o Senado Federal oscilou entre a tensão e a fragilidade durante a fase mais aguda da crise sanitária no Brasil.

Nozaki aponta:

> Bolsonaro não tem partido claro nem base definida. Quando os projetos do Governo atendem determinados interesses e são articulados com liderança são pautados e votados. Quando obedecem só a interesses pessoais, familiares ou de segmentos estritamente ideológicos tropeçam em inconsistências técnicas e inabilidades políticas. Bolsonaro só aprova emendas constitucionais de interesse do mercado, só aprova PLs (Projetos de Lei) a reboque de interesses de terceiros. Fora isso, soluça com medidas provisórias que expiram de tempos em tempos.

No dia 3 de maio de 2020, com o parlamento brasileiro mais confuso da história e o coronavírus avançando em progressão geométrica sobre a população brasileira, Bolsonaro participou presencialmente de atos públicos que demandaram o fechamento do Congresso Nacional e do Supremo Tribunal Federal, em Brasília.[201]

Em discurso aos seus seguidores, que hostilizaram a imprensa e agrediram fisicamente a equipe do jornal O Estado de São Paulo, o presidente brasileiro disse que não admitiria "mais interferência" por parte dos outros poderes da República e que estava decidido a "intervir" no sentido de agravar o golpe parlamentar de estado que foi iniciado com o impedimento de Dilma Rousseff. Agora, o caráter seria militar e, novamente, envolveria o fechamento do Congresso Nacional e a possível redução de todos os tipos de liberdades civis.

8.3 Bolsonarismo x Supremo Tribunal Federal

Após esses atos, o Supremo Tribunal Federal, que é a mais alta corte do país, conduziu dois inquéritos contra o governo durante a pandemia. O primeiro dizia respeito à disseminação de notícias falsas e, o segundo, ao financiamento dessas manifestações antidemocráticas[202] contra a própria instituição e o Congresso Nacional, em Brasília.

Os militares palacianos tentaram melhorar as relações de Bolsonaro com o Poder Judiciário, sobretudo com os ministros do STF, ao enviarem, durante o mês de junho de 2020, três emissários do governo para um encontro com o ministro Alexandre de Moraes, que era o responsável pelos dois inquéritos. Além disso, essas ações do STF

---

[201] GUGLIANO, Monica. "Vou intervir: o dia em que Bolsonaro decidiu mandar tropas para o Supremo". *Revista Piauí*, 2020. Disponível em: https://piaui.folha.uol.com.br/materia/vou-intervir/. Acesso em: 05 jul. 2021.

[202] Atos que contaram com a presença do presidente Jair M. Bolsonaro, conforme abordado anteriormente, e demandaram o fechamento do Congresso Nacional e do Supremo Tribunal Federal.

deveriam ser somadas com os processos que tramitaram no Tribunal Superior Eleitoral (TSE) para impugnar a chapa Bolsonaro/Mourão considerando a disseminação de notícias falsas durante a campanha eleitoral presidencial de 2018.

Em março de 2021, ápice da crise sanitária no país até então, Bolsonaro foi além e responsabilizou, diretamente, o STF por impedir, segundo ele, a implementação do seu plano de combate à pandemia no âmbito nacional. Membros da corte reagiram afirmando que o presidente estava mentindo e era "um gênio".[203]

Eleonora Coelho, advogada e professora do curso de pós-graduação do Instituto de Estudos Políticos de Paris (*Sciences Po*), pondera que o principal ato agravante nesse sentido foi a participação do presidente nos atos contra os outros poderes da República, o que acirrou severamente o cenário geopolítico nacional durante a pandemia.

"A situação tornou-se extremamente delicada. Antes (das manifestações antidemocráticas), existia somente o inquérito das notícias falsas, cuja constitucionalidade estava sendo questionada",[204] introduz a jurista.

O argumento utilizado era o do "fruto da árvore envenenada", porque o inquérito foi instaurado pelo próprio STF e isso causaria uma confusão entre acusadores e julgadores, o que poderia gerar um questionamento sobre as origens das provas apresentadas.

A professora prossegue:

> Contudo, crimes praticados nas dependências do STF podem ser apurados mediante inquérito instaurado pelo próprio tribunal. Os crimes, uma vez praticados no ambiente virtual com ameaças a integrantes do STF, como a possibilidade de explodir a corte ou de estupros e assassinatos contra as filhas de ministros,

---

203 SOUZA, Josias de. "Ministro do STF ironiza Bolsonaro: 'É um gênio!'". *UOL*, 2021. Disponível em: https://noticias.uol.com.br/colunas/josias-de-souza/2021/03/04/ministro-do-stf-ironiza-bolsonaro-e-um-genio.htm. Acesso em: 05 jul. 2021.

204 Entrevista concedida ao autor no dia 20 de junho de 2020.

são muito graves. São crimes lindeiros com o terrorismo. Não são somente milícias virtuais, mas efetivas e que estão dispostas a agir fisicamente. Ou seja, não se trata somente de um crime de notícias falsas ou liberdade de expressão, mas crimes de ameaça, atentado contra a honra, imputação de falso crime e até atos que podem ser considerados como práticas terroristas.[205]

Assim, ainda segundo ela, Bolsonaro enfrentou uma situação muito frágil do ponto de vista jurídico, porque existiam três frentes que poderiam gerar o possível encerramento da sua gestão: (1) abertura de impeachment, (2) crime comum (rachadinha) e (3) cassação da chapa Bolsonaro/Mourão.

Contudo, o ministro Og Fernandes, corregedor do Tribunal Superior Eleitoral (TSE), ignorou os documentos do WhatsApp que identificaram os autores dos disparos de notícias falsas em massa nas eleições de 2018.

O Bolsonaro comprou o "centrão" para evitar ser imputado com crimes de responsabilidade em eventual pedido de impeachment ou no âmbito de um crime comum, porque ele precisaria de pelo menos dois terços do Congresso (Nacional),[206]

explica Coelho.

Para ela, tem ocorrido uma troca grande entre o STF e o TSE. "(...) Até porque o ministro (Luis Roberto) Barroso, que é o presidente do TSE, também é membro da suprema corte. O STF está mais unido do que nunca pela manutenção da democracia e da Constituição",[207] acrescenta.

A advogada complementa:

---

[205] Entrevista concedida ao autor no dia 20 de junho de 2020.
[206] Entrevista concedida ao autor no dia 20 de junho de 2020.
[207] Entrevista concedida ao autor no dia 20 de junho de 2020.

CAPÍTULO VIII - CRISE ENTRE OS PODERES DA REPÚBLICA

> Todavia, agora, há outros inquéritos, inclusive (que foram solicitados) pela Procuradoria-Geral da República, mas eu considero que o mais importante deles é o que investiga o financiamento de atos antidemocráticos contra o Congresso (Nacional) e o STF. Neste inquérito, existe a avaliação se houve disparo em massa de mensagens via WhatsApp, o que caracteriza o financiamento de campanha por pessoa jurídica e é inconstitucional (ação de inconstitucionalidade 4650). Eles também investigam a utilização de perfis falsos e a compra de usuários de cadastros.[208]

Ainda no dia 2 de dezembro de 2018, uma reportagem do jornal Folha de São Paulo abordou o funcionamento desta dinâmica em ação nas eleições brasileiras de 2018.[209]

A professora resume:

> Atualmente, contudo, existem todos estes outros inquéritos que foram mencionados. Todos pedem a cassação da chapa Bolsonaro/Mourão. (...) O Bolsonaro vive de insuflar a sua base de apoio, mas, quanto mais ele faz isso, mais ele complica a própria situação do governo, especialmente no inquérito que avalia o financiamento de manifestações antidemocráticas e ataques contra os demais poderes da República.[210]

Na segunda semana de abril de 2021, o ministro do STF, Luís Roberto Barroso, determinou a abertura de uma Comissão Parlamentar de Inquérito (CPI) para apurar os crimes do bolsonarismo durante a sindemia entre 2020 e 2021. Bolsonaro reagiu tentando organizar o impedimento do magistrado para evitar a CPI da Covid.

Independentemente do rumo que essas iniciativas tomaram posteriormente, elas demonstram de forma prática o nível do desgaste que

---

[208] Entrevista concedida ao autor no dia 20 de junho de 2020.

[209] CALEJON, Cesar; VIZONI, Adriano. *A ascensão do bolsonarismo no Brasil do Século XXI*. São Caetano do Sul: Lura, 2019, p. 154.

[210] Entrevista concedida ao autor no dia 20 de junho de 2020.

esteve vigente entre os poderes da República durante o momento mais severo da maior crise sanitária dos últimos cem anos no Brasil.

8.4 O Coonestador-Geral da República

Um piloto de uma companhia aérea comercial, apesar de estar no comando da aeronave, não pode fazer o que bem entender durante o voo. Existem outros profissionais e dispositivos institucionais do próprio avião que foram elaborados para garantir que a conduta do capitão esteja alinhada ao objetivo de garantir a segurança e o bem estar da sua tripulação e dos passageiros, principalmente em momentos turbulentos.

Cláudio Gonçalves Couto afirma que o então Procurador-Geral da República, Augusto Aras, que deveria assumir o papel central no sentido de reforçar os limites que o presidente da República deveria respeitar durante a pandemia, atuou como "um aliado de Bolsonaro".[211]

O cientista político acrescenta:

> (...) Durante a gestão FHC (Fernando Henrique Cardoso), tínhamos o Geraldo Brindeiro, que era o "Engavetador-Geral da República", porque não permitia que qualquer processo contra o governo avançasse. Hoje, o Augusto Aras é o "Coonestador-Geral da República", porque ele atua de forma a proteger e legitimar o presidente, e não como membro independente do Ministério Público.[212]

De acordo com Couto:

> (...) o questionamento (feito pelo Supremo Tribunal Federal) de três generais[213], que eram membros do gabinete presidencial, foi algo mais severo. (...) Isso mostra o tamanho do imbróglio que as Forças Armadas (do Brasil) se meteram com este governo

---

[211] Entrevista concedida ao autor no dia 12 de maio de 2020.

[212] Entrevista concedida ao autor no dia 12 de maio de 2020.

[213] Luiz Eduardo Ramos, Augusto Heleno e Walter Souza Braga Netto.

(bolsonarista). Todos os problemas produzidos pela família Bolsonaro e pelo próprio presidente da República acabam por afetar os militares. Esse inquérito deixa isso claro.[214]

8.5 Bolsonarismo x Governadores estaduais e Prefeitos municipais

Ainda endossado pelo respaldo dos militares, Jair Bolsonaro travou uma verdadeira cruzada contra alguns dos governadores dos maiores estados da nação durante a pandemia, o que incluiu ofensas de cunho pessoal, conforme demonstrado anteriormente.

Entre os maiores desafetos, o bolsonarismo combateu João Dória, Wilson Witzel e Flávio Dino, governadores dos estados de São Paulo, Rio de Janeiro e Maranhão, respectivamente.

Esses embates, quando o país mais precisou de unidade e cooperação, resultaram na politização até da própria vacina contra a Covid-19. Na segunda semana de novembro de 2020, Bolsonaro chegou a explicitamente comemorar a interrupção dos testes da CoronaVac, imunizante que foi utilizado como plataforma política por Dória.[215]

Witzel enfrentou um processo de impedimento do governo do estado do Rio de Janeiro. No fim de outubro de 2020, alegou que estava sendo perseguido por Bolsonaro e chegou a cogitar a solicitação de asilo político junto ao Canadá.

A disputa de Bolsonaro com Flávio Dino foi intensificada desde a criação do Consórcio Nordeste, que reúne os nove estados da região em defesa de políticas administrativas próprias. Após a criação desse

---

214 Entrevista concedida ao autor no dia 12 de maio de 2020.

215 No dia 10 de novembro de 2020, Bolsonaro afirmou, utilizando a terceira pessoa do singular: "mais uma que Jair Bolsonaro vence", para comentar a suspensão dos testes que foi determinada pela Agência Nacional de Vigilância Sanitária. A morte que causou a suspensão das pesquisas da vacina CoronaVac foi o suicídio de um voluntário de 33 anos ocorrido em 29 de outubro, segundo apurou o site UOL.

bloco e durante entrevista com a imprensa internacional, Bolsonaro disse a Onyx Lorenzoni, que era o ministro-chefe da Casa Civil: "daqueles governadores de 'Paraíba', o pior é o do Maranhão. Tem que ter nada com esse cara", orientou o presidente, que também disse ter cancelado uma visita a Balsas (MA), porque Dino não teria permitido que a Polícia Militar fizesse parte da sua segurança.

Em resposta, o governador do Maranhão disse que a afirmação era uma "mentira" e recorreu ao STF. Em outro ataque, Bolsonaro disse: "tem que tirar o PCdoB de lá, pelo amor de Deus. Só aqui no Brasil mesmo comunista falando que é democrático".

Assim, Bolsonaro montou uma estratégia de guerra contra os governadores de alguns dos maiores estados do Brasil e prefeitos municipais em meio ao auge da pandemia no país, enfatizando constantemente que a atividade produtiva do Brasil deveria ser mantida normalmente a qualquer custo e incentivando os ânimos da população contra os líderes estaduais, que procuraram agir com respaldo nas recomendações científicas.

Na primeira semana de março de 2021, devido à escassez das vacinas disponíveis para imunizar a população nacional e a inépcia do governo federal para endereçar a questão, a Frente Nacional de Prefeitos (FNP) organizou um consórcio municipal para adquirir mais vacinas contra a Covid-19 no Brasil, com um total de 1.703 prefeituras inscritas. O número de municípios que aderiram à iniciativa equivalia a mais de 125 milhões de brasileiros, 60% da população.

8.6 Bolsonaro x Mourão e os militares

Durante as duas primeiras semanas de novembro de 2020, após a derrota de Donald Trump nas eleições presidenciais estadunidenses, o apoio irrestrito que o Estado-Maior do Exército brasileiro oferecia ao bolsonarismo começou a ruir.

O vice-presidente da República deu diversas demonstrações públicas do inegável desalinhamento que se estabeleceu. Em questão de

CAPÍTULO VIII – CRISE ENTRE OS PODERES DA REPÚBLICA

dias, Hamilton Mourão contrariou Bolsonaro em assuntos relacionados ao Conselho Nacional da Amazônia[216] e à eleição de Joe Biden nos Estados Unidos, afirmando que a vitória do democrata "era cada vez mais irreversível". O presidente também demonstrou irritação com o vice, chegou a afirmar que Mourão vazava informações à imprensa e não "ajudava" o governo, deixando-o de fora de reuniões ministeriais que reuniram todo o gabinete presidencial.

Dessa forma, diversas questões afetaram a relação entre as duas figuras centrais do Poder Executivo durante a crise pandêmica, mas a mais grave delas foi uma suposta negociação que envolveria Mourão, Luciano Huck e Sérgio Moro para uma aliança em 2022.

O estranhamento entre Bolsonaro e Mourão não significou um evento isolado. Constrangidos pelas declarações que Bolsonaro fez sobre utilizar "pólvora" contra os Estados Unidos com relação à questão ambiental na Amazônia e pelas humilhações públicas as quais o presidente submeteu os generais Eduardo Pazuello, ministro da Saúde que foi impedido de assinar um convênio com o Governo de São Paulo para a produção da vacina CoronaVac, e Luiz Eduardo Ramos, ministro da Secretaria de Governo, que foi atacado com o termo "Maria fofoca" pelo ministro do Meio Ambiente, Ricardo Salles, os generais Eduardo Pazuello – ministro da Saúde que foi impedido de assinar um convênio com o Governo de São Paulo para a produção da vacina CoronaVac – e Luiz Eduardo Ramos, ministro da Secretaria de Governo – que foi atacado com o termo "Maria fofoca" pelo ministro do Meio Ambiente, Ricardo Salles –, o vice-presidente, ministros e comandantes do Exército começaram a articular limites claros para a atuação do presidente.

Na última semana de março de 2021, Bolsonaro exigiu que algumas das principais lideranças do Exército do Brasil se posicionassem contra o Supremo Tribunal Federal no caso Lula. Fernando Azevedo e

---

216 O órgão presidido por Mourão planejava desapropriar terras de desmatadores na região. Bolsonaro respondeu publicamente à ideia com o termo "delírio" e disse que o demitiria do governo caso essa possibilidade existisse.

Silva, que era o ministro da Defesa, foi demitido e o presidente brasileiro pediu o cargo de Edson Leal Pujol, general comandante do Exército do Brasil. Nessa ocasião, os principais chefes militares da nação pediram demissão de uma única vez em sinal de protesto contra a administração Bolsonaro, fato inédito até essa ocasião e que iniciou uma das maiores crises da caserna brasileira.

Nesse ponto, o estrago promovido pelo desalinhamento e constantes conflitos entre os principais atores da República durante a crise pandêmica já estava absolutamente consolidado.

"O presidente Jair Bolsonaro tentou sabotar medidas contra a disseminação da Covid-19 no Brasil e impulsionou políticas que comprometem os direitos humanos",[217] disse a ONG *Human Rights Watch* em seu Relatório Mundial 2021. "O Supremo Tribunal Federal (STF) e outras instituições democráticas foram forçadas a intervir para proteger esses direitos com frequência",[218] concluiu a entidade.

---

[217] "Relatório Mundial 2021". *Human Rights Watch*, 2021. Disponível em: https://www.hrw.org/world-report/2021. Acesso em: 05 jul. 2021.

[218] "Relatório Mundial 2021". *Human Rights Watch*, 2021. Disponível em: https://www.hrw.org/world-report/2021. Acesso em: 05 jul. 2021.

CAPÍTULO IX

"O PT QUEBROU O BRASIL" E A PRINCIPAL NARRATIVA DO PRÉ-BOLSONARISMO

> Em 2014, diziam que o país estava quebrado por causa de um déficit primário de R$ 17 bilhões. Em 2020, esse número bateu em R$ 743 bilhões.
>
> *Ciro Gomes*

A despeito dos argumentos jurídicos oficiais que foram utilizados, a principal narrativa[219] do impedimento de Dilma Rousseff em 2016 e, portanto, do período que antecedeu e consolidou as condições subjetivas ideais no inconsciente coletivo brasileiro para a ascensão do bolsonarismo no país, virou uma espécie de mantra que dispensava (e continua dispensando) a verificação da sua veracidade para boa parte da população.

"O PT quebrou o Brasil" foi a principal narrativa do pré-bolsonarismo e deverá retornar com força no pleito presidencial de 2022.

---

[219] Conforme define o sociólogo Jessé Souza, para os meus propósitos nesse contexto, a narrativa é uma "trama simbólica de ideias e valores".

O início desse capítulo traz a reedição da análise que foi feita no livro *A ascensão do bolsonarismo no Brasil do Século XXI* para demonstrar, numericamente e com base em indexadores sociais e macroeconômicos sólidos, como o Partido dos Trabalhadores não quebrou o Brasil,[220] apesar de ter cometido erros na seara econômica durante, principalmente, o segundo mandato da ex-presidenta Dilma Rousseff, conforme será explanado por doutores em economia no próximo capítulo.

Vamos avaliar os fatos. Considerando a afirmação "o PT quebrou o Brasil", podemos entender que:

(1) O PT faliu o Brasil junto à sociedade internacional (dívidas e reservas internacionais);

(2) O PIB (Produto Interno Bruto) recuou de forma alarmante e extremamente incomum por conta de alguma medida adotada unilateralmente pelo partido;

(3) O PT destruiu a rede social de proteção e desenvolvimento humano cuja eficácia é aferida continuamente pelo IDH (Índice de Desenvolvimento Humano);

(4) Promoveu um desequilíbrio na distribuição do capital e da renda de tal forma que o arranjo social se tornaria desigual e caótico a ponto de colapsar, em última instância (Coeficiente de Gini);

(5) O comércio exterior (balança comercial) do Brasil com os outros países do mundo foi prejudicado de forma irremediável por conta de alguma medida adotada unilateralmente pelo partido (de forma que o país sofra sanções econômicas, enfrente guerras tarifárias etc.);

(6) As contas públicas foram desequilibradas de forma que o Governo Federal do Brasil passou a gastar muito mais do que arrecada, o que resultaria no seu endividamento.

Estes são os dados sólidos que todas as nações desenvolvidas utilizam para avaliar a progressão das suas respectivas sociedades. Flutuações

---

[220] CALEJON, Cesar; VIZONI, Adriano. *A ascensão do bolsonarismo no Brasil do Século XXI*. São Caetano do Sul: Lura, 2019, p. 79.

no PIB e na taxa de desemprego e processos recessivos com diferentes intensidades são padrões macroeconômicos que se aplicam em todas as economias desenvolvidas do mundo. Fazem parte da dinâmica do jogo e servem muito mais para incutir e manipular sentimentos em determinada população (principalmente no que chamamos de classe média, os 10% da população com renda acima da média) do que para fazer planejamentos úteis em longo prazo.

Neste contexto, indexadores e pesquisas organizadas pela comunidade internacional são ferramentas poderosas para elaborar um processo de compreensão mais assertivo sobre a realidade que se vive em determinado país. Isso porque estes dados são investigados e compilados por entidades e profissionais que não vivenciam o cotidiano sociopolítico daquela nação e, portanto, não possuem preferências partidárias ou ideológicas em certo contexto local.

Estes trabalhos são organizados com base em pesquisas sérias que foram conduzidas por mestres e doutores em suas respectivas áreas. Ou seja, não são petistas, bolsonaristas, emedebistas ou tucanos buscando atingir os seus adversários políticos. Com esta premissa estabelecida, podemos avaliar a evolução desses indexadores sem o risco de assumirmos um viés partidário em qualquer direção. Vamos aos fatos.

9.1 Dívidas e Reservas Internacionais

Após o processo econômico mais agudo de hiperinflação que a sociedade brasileira vivenciou em toda a sua história (década de 1980, fim do regime militar), a gestão FHC conseguiu equilibrar o cenário econômico e, no dia 4 de maio do ano 2000, estabeleceu a Lei de Responsabilidade Fiscal. Em 2002, FHC deixou o cargo com R$ 36,2 bilhões de reservas internacionais.

Em dezembro de 2005 (governo Lula), o Brasil quitou, antecipadamente, toda a dívida que havia contraído com o Fundo Monetário Internacional. O valor de US$ 15,5 bilhões era o que restava a ser pago (em 2006 e 2007) considerando um empréstimo de US$ 41,7 bilhões, que havia sido negociado com a entidade em 2002.

Em 2009, Lula sancionou a Lei da Transparência (que obriga a União, os estados e os municípios a divulgarem os seus gastos na internet em tempo real) e o Banco Central do Brasil (BC) anunciou o início da publicação semestral do Relatório de Gestão das Reservas Internacionais.

> Ao longo dos últimos anos, o BC tem buscado ampliar a transparência do processo de administração das reservas internacionais. Medidas como a divulgação diária do montante de reservas e adesão ao padrão de disseminação de dados (PEDD), definido pelo Fundo Monetário Internacional (FMI), são exemplos do comprometimento do BC com esse objetivo. A publicação do Relatório de Gestão das Reservas Internacionais é um avanço nessa direção. No período analisado pelo relatório, de 2002 a 2008, observou-se aumento significativo do montante de reservas internacionais. Esse aumento é resultado da política de acumulação de reservas iniciada em 2004.

Segundo a publicação:

> Ao longo dos últimos anos, o BC tem buscado ampliar a transparência do processo de administração das reservas internacionais. Medidas como a divulgação diária do montante de reservas e adesão ao padrão de disseminação de dados (PEDD), definido pelo Fundo Monetário Internacional (FMI), são exemplos do comprometimento do BC com esse objetivo. A publicação do Relatório de Gestão das Reservas Internacionais é um avanço nessa direção. No período analisado pelo relatório, de 2002 a 2008, observou-se aumento significativo do montante de reservas internacionais. Esse aumento é resultado da política de acumulação de reservas iniciada em 2004. Em janeiro de 2002, o montante de reservas internacionais, no conceito liquidez, era de US$ 36,2 bilhões. De dezembro de 2003 a dezembro de 2008, o total de reservas internacionais, no mesmo conceito, passou de US$ 49,3 bilhões para US$ 206,8 bilhões.

O oitavo volume deste documento, que foi publicado em dezembro de 2016, afirma que "em 31 de dezembro de 2015, as reservas internacionais do Brasil totalizavam, pelo conceito de liquidez internacional, US$368,74 bilhões.

Durante apenas os dois primeiros anos do bolsonarismo, a gestão econômica de Paulo Guedes vendeu parte das reservas internacionais para fazer intervenções cambiais realizadas pelo Banco Central e conter a alta do dólar estadunidense, basicamente. Em dezembro de 2020, o valor das economias brasileiras na sociedade internacional já tinha caído para US$ 342,7 bilhões.[221]

9.2 Produto Interno Bruto

Série anual do PIB REAL brasileiro de acordo com o Governo da República Federativa do Brasil (em US$):

1998 1.146.350.314.300,00

1999 1.151.727.460.600,00

2000 1.199.093.000.000,00

2001 1.215.758.799.900,00

2002 1.252.879.608.700,00

2003 1.267.175.052.900,00

2004 1.340.162.764.700,00

2005 1.383.076.588.500,00

2006 1.437.872.736.600,00

2007 1.525.149.783.400,00

2008 1.602.846.133.500,00

2009 1.600.828.582.000,00

---

[221] CEIC Data FGV IBRE.

2010 1.721.342.536.500,00

2011 1.789.756.011.600,00

2012 1.824.139.914.900,00

2013 1.878.952.863.300,00

2014 1.888.422.067.800,00

2015 1.817.242.668.600,00

2016 1.751.920.000.000,00

2017 2.054.969.000.000,00

2018 1.869.000.000.000,00

2019 1.891.000.000.000,00

O PIB nominal refere-se ao valor do PIB calculado a preços correntes, ou seja, no ano quando o produto foi produzido e comercializado. Já o PIB real é calculado a preços constantes, onde é escolhido um ano-base, eliminando assim o efeito da inflação.

Como podemos constatar, em 2015 houve a maior variação expressiva negativa do PIB real brasileiro desde 1980 (-3,77%). E em 2016, a segunda maior desde então, com recuo do PIB real de – 3,60%. Contudo, de acordo com o Fundo Monetário Internacional, em 2015, o próprio Produto Mundial Bruto (PMB) caiu mais de 5,5% na comparação com o ano anterior: de US$ 78.663.17.000.000.00 para 74.429.030.000.00 (trilhões de dólares).

Em 2020, o PIB brasileiro recuou 4,1%.[222]

---

[222] Esse tema será aprofundado no próximo capítulo.

9.3 Índice de Desenvolvimento Humano

O Índice de Desenvolvimento Humano (IDH) foi criado pelo Programa das Nações Unidas para o Desenvolvimento (PNUD) em 1990, a partir do trabalho de dois economistas, o paquistanês Mahbub Ul Haq e o indiano Amartya Sen, para medir o nível de desenvolvimento humano dos países a partir de indicadores de educação (alfabetização e taxa de matrícula), longevidade (expectativa de vida ao nascer) e renda (PIB per capita).

O ranking 2018 do IDH traz o Brasil na 79ª posição, de um total de 158 nações. Países como Uruguai (0.804), Cazaquistão (0.800), Cuba (0.777) e Venezuela (0.761) ficaram na frente do Brasil, que obteve 0.759. Ainda assim, o País registrou um aumento considerável contra o valor de 0,644 que foi registrado pela mesma entidade em 1975.

9.4 Índice de Gini

Desenvolvido pelo matemático italiano Corrado Gini, o Coeficiente de Gini é um parâmetro internacional usado para medir a desigualdade de distribuição da renda entre os países. A medida foi publicada no documento "Variabilità e mutabilità" ("Variabilidade e mutabilidade" em italiano), em 1912. O Coeficiente de Gini consiste em um número entre 0 e 1, onde 0 corresponde à completa igualdade (no caso do rendimento, por exemplo, toda a população recebe o mesmo salário) e 1 corresponde à completa desigualdade (uma pessoa recebe todo o rendimento e as demais nada recebem). Quanto maior o valor, mais desigual é o país.

Índice de Gini da renda do trabalho domiciliar per capita*

*Quanto mais próximo de 1, maior a desigualdade

Fonte: FGV IBRE

O Coeficiente de Gini é amplamente utilizado em diversos campos de estudo, como a sociologia, a economia, ciências da saúde, ecologia, engenharia e agricultura. Em ciências sociais e economia, além do coeficiente de Gini relacionado à renda, estudiosos publicaram indexadores relacionados à educação e às oportunidades financeiras.

De acordo com os dados do Banco Mundial, o valor do índice Gini no Brasil era de 0,513 em 2015. Nos últimos 34 anos, esse indicador atingiu um valor máximo de 0,633 em 1989 e um valor mínimo de 0,513 em 2015, com uma redução acentuada a partir de 2002.

9.5 Balança Comercial

A balança comercial brasileira atingiu o seu maior saldo positivo ainda no governo petista, no primeiro semestre de 2016, com R$ 47,7 bilhões (ou seja, o Brasil vendeu mais do que comprou na sociedade internacional), após dois anos difíceis para as exportações em 2014 e 2015.

9.6 Contas Públicas

Por fim, o superávit primário (a capacidade de pagar as contas em dia sem considerar os juros da dívida) atingiu a casa dos 3% (do PIB) entre 2008 e 2009 e recuou para 0% em janeiro de 2015, no auge das articulações golpistas e das "pautas bombas" que foram elaboradas por partidos opositores ao governo Dilma Rousseff e resultaram no golpe parlamentar de 2016.

Ciro Gomes propõe:

> Fui criticado por alguns economistas por lembrar que a dívida pública vai se aproximar pela primeira vez de 100% do PIB e o déficit público primário será monstruoso[223] esse ano (2020): muitas vezes o maior da história. O curioso é que esses mesmos economistas diziam, em 2014, que o país estava quebrado por causa de um déficit primário de R$ 17 bilhões. Não quero que me confundam, não estou fazendo demagogia. É claro que nesses anos (2020 e 2021) o déficit tem que aumentar, e muito. Estamos vivendo numa pandemia e temos que pagar para as empresas sobreviverem e as pessoas que puderem ficar em casa. Mas esse governo não pensou em nenhum momento em como financiar parte desse déficit para controlar a explosão da dívida, porque, evidentemente, essa conta teria que ser paga pelos ricos, no país mais desigual do mundo.[224]

Além de tudo isso, ele aponta que Paulo Guedes mira a devastação do patrimônio estatal pelos menores valores possíveis. E alerta:

> Esse é o pior momento para privatizar qualquer coisa e estão privatizando estatais que dão lucro, portanto, que ajudam a financiar o Estado. Estas negociatas vão nos jogar no pior buraco da história. Ainda não tivemos apurado o escândalo da Itaipu Binacional, que levou a abertura do processo de impeachment contra o presidente paraguaio. Principalmente, não apuramos ainda a venda, sem licitação, de R$ 3 bilhões de créditos do Banco do Brasil a receber por somente R$ 300 milhões para

---

[223] De fato, dados divulgados pelo Ministério da Economia na última semana de janeiro de 2021 revelaram o rombo inédito de R$ 743 bilhões nas contas do governo federal em 2020, enquanto a dívida pública bateu o patamar histórico de R$ 5 trilhões.

[224] Entrevista concedida ao autor no dia 21 de agosto de 2020.

o BTG, banco fundado pelo próprio ministro Paulo Guedes. Estão saqueando o país.[225]

Gomes acrescenta:

> Já o crédito às microempresas simplesmente não chegou. Essa demora, como revelou Guedes na vergonhosa reunião ministerial, era uma política de Estado de destruição das pequenas empresas para a manutenção das grandes. Todas essas insanidades nos levaram, nesses dois anos, ao recorde de evasão de capital da história do Brasil. O capital estrangeiro que, segundo os neoliberais, financiaria o nosso desenvolvimento, está fugindo em massa do país.[226]

Como resposta a esse quadro apocalíptico, o governo Bolsonaro vem respondendo com mais do mesmo remédio que matou o Brasil. O político compara:

> Mais aplicação do teto em investimentos, mais reformas para cortar direitos. A reforma administrativa é a nova panaceia deles. Como eu disse da reforma da previdência, não terá impacto nenhum na economia, o pagamento de salários de servidores tem impacto relativamente reduzido no orçamento, os direitos adquiridos têm que ser respeitados e qualquer impacto residual no orçamento seria de longuíssimo prazo. O neoliberalismo é a cloroquina da economia. Não controla o vírus e vai nos matar de infarto.[227]

Ciro Gomes reflete:

> (Paulo) Guedes é um fracasso, mas isso é evidente para todos. Está na hora é de o país reconhecer que o neoliberalismo é que é um fracasso. Enquanto ainda temos país. Economicamente, eu implantaria o imposto sobre lucros e dividendos empresariais

---

[225] Entrevista concedida ao autor no dia 21 de agosto de 2020.
[226] Entrevista concedida ao autor no dia 21 de agosto de 2020.
[227] Entrevista concedida ao autor no dia 21 de agosto de 2020.

> (o Brasil é o único país que não cobra), recriaria a alíquota de 35% do imposto de renda, que cobrei com o Itamar (Franco), e aumentaria o imposto sobre heranças. Abriria investigação imediata sobre as operações compromissadas e diminuiria sua remuneração. Cortaria 20% por igual de todas as desonerações do governo de saída antes de analisar caso por caso.[228]

E conclui:

> No financiamento da crise da pandemia, outro desastre. Pois, como o neoliberalismo é menos uma teoria econômica e mais um manual de concentração de renda, prega na prática menos impostos para os ricos e mais impostos para os pobres. Guedes não cogita, em nenhum momento, financiar parte dos gastos extraordinários que são necessários esse ano com impostos para o andar de cima.

E acrescenta que o resultado desta postura aponta "a maior falência das contas públicas da história brasileira e a pior resposta econômica à pandemia de todo o planeta".[229]

---

[228] Entrevista concedida ao autor no dia 21 de agosto de 2020.
[229] Entrevista concedida ao autor no dia 21 de agosto de 2020.

CAPÍTULO X
AS RESPOSTAS DO GOVERNO BOLSONARO À PANDEMIA: DESPREZO À VIDA E EQUÍVOCOS ECONÔMICOS

> A política econômica do governo federal no enfrentamento da pandemia de Covid-19 abandonou à própria sorte os corpos mais vulneráveis.
>
> *Simone Deos*

Respondendo ao convite para colaborarem com esse livro, esse capítulo foi inteiramente redigido pelas professoras Simone Deos,[230] Adriana Nunes Ferreira[231] e pelo professor Alex Wilhans Antonio Palludeto[232] e com as informações que estavam disponíveis até o dia 31 de janeiro de 2021. Pequenos ajustes foram feitos durante a edição do material no sentido de facilitar a leitura.

---

[230] Professora Livre-Docente do Instituto de Economia da Unicamp e pesquisadora do Centro de Estudos de Relações Econômicas Internacionais (CERI).

[231] Professora do Instituto de Economia da Unicamp e coordenadora do curso de Graduação da mesma instituição.

[232] Professor do Instituto de Economia da Unicamp e coordenador do CERI.

Segue a avaliação dos acadêmicos conforme apresentada no dia 16 de fevereiro de 2021:

A pandemia do coronavírus (SARS-CoV-2) – iniciada em 2020 e ainda em curso, de forma acelerada, no início de 2021 – constitui, sem sombra de dúvidas, um dos eventos mais dramáticos e traumáticos da história mundial recente. Desde as primeiras manifestações da doença na cidade chinesa de Wuhan, em dezembro de 2019, até o começo de março de 2021, mais de dois milhões de pessoas morreram em virtude do novo coronavírus, sendo mais de 250 mil apenas no Brasil. No macabro ranking de países com o maior número absoluto de mortes, o Brasil ostentava, em 31 janeiro de 2021, o segundo lugar, abaixo apenas dos Estados Unidos. Em número de mortes por milhão de habitantes, o país ocupava a 26ª colocação, com 1.056,2.

À medida que a crise sanitária se instalava ao longo de 2020, com o acelerado espraiamento do vírus pelo mundo e a pressão sobre os sistemas nacionais de saúde, tornou-se evidente que uma profunda crise econômica a acompanharia, fato ainda mais relevante para economias que, como a brasileira, já se encontravam fragilizadas por anos de baixo crescimento e elevado desemprego. Com o acentuado declínio da demanda privada diante da própria instabilidade socioeconômica gerada pela pandemia e das necessárias medidas para a sua contenção que foram adotadas em diversos países – tais como a interrupção de atividades econômicas consideradas não-essenciais e, em muitos casos, o *lockdown*, que impactaram a oferta e a demanda de bens e serviços –, estima-se que o PIB mundial tenha declinado 4,4% em 2020.[233] Às mortes provocadas direta e indiretamente pela Covid-19 somam-se o desemprego, a elevação da desigualdade de renda e riqueza e a falência de empresas – sobretudo aquelas de menor porte –, lançando parcela expressiva da população a situações de grande vulnerabilidade socioeconômica, em particular nos países periféricos, e sinalizando para uma elevação da extrema pobreza mundial.[234]

---

[233] FMI (2020).

[234] Banco Mundial (2020).

Diante desse cenário os governos nacionais agiram, mas as medidas que adotaram foram muito diversas, quer no seu escopo, quer na sua intensidade ou, ainda, na sua direção. De fato, as medidas implementadas nos vários países diferenciam-se não apenas quanto ao volume de recursos financeiros envolvidos — seja em termos absolutos, seja como proporção do PIB —, mas também quanto ao seu direcionamento e ao momento em que foram implementadas. Nesse contexto, o grau de sucesso dos diferentes governos, no sentido de conter a pandemia por meio de políticas de proteção à vida, tem sido bastante distinto. Da mesma forma, os efeitos econômicos adversos provocados pela pandemia sobre a renda, o emprego e a desigualdade — isto é, sobre as condições materiais da população, as quais são decisivas para sua capacidade de resistência à pandemia — diferem enormemente de um país a outro, em grande medida pelas distintas políticas que foram adotadas.

O objetivo deste capítulo é apresentar uma avaliação das medidas econômicas do governo federal brasileiro à pandemia. A análise foi orientada pela premissa de que, em um contexto de profunda crise sanitária e econômica, o objetivo primordial da política econômica deve ser, antes de tudo, preservar a vida. Para tanto, as políticas econômicas — monetária, fiscal, creditícia — devem ser orientadas e coordenadas para propiciar o suporte material que permita a adoção de medidas rígidas de saúde pública, tais como o distanciamento social. Ao preservar a renda dos trabalhadores, seus vínculos empregatícios e garantir a sobrevivência financeira das empresas — para que possam atravessar o período de menor atividade econômica durante a pandemia —, garante-se as condições para a manutenção das atividades, em condições sanitariamente seguras, em setores e segmentos indispensáveis durante a pandemia, bem como as bases para a retomada econômica, quando a pandemia estiver efetivamente controlada.

Sugere-se que as medidas econômicas tomadas pelo governo ao longo de 2020 — amparadas na concepção moralmente condenável, empiricamente equivocada e socialmente danosa de que o desempenho econômico e a preservação da saúde por meio de medidas de distanciamento social constituem objetivos mutuamente excludentes —, foram guiadas principalmente pela preocupação com a continuidade das atividades econômicas. O resultado dessa orientação, de modo geral, com a relevante exceção do auxílio emergencial – que, convém recordar, teve seu valor assegurado pelas forças de oposição ao governo – tem se traduzido na perversa combinação de alto número de mortes, elevado desemprego e falências de empresas.

Nesse sentido, além desta breve introdução, este trabalho é composto por três seções. A seção 1 objetiva contextualizar a pandemia e as respostas econômicas que a ela foram dadas, situando-as no âmbito das reflexões acerca do neoliberalismo, que tem caracterizado a sociedade capitalista contemporânea. A seção seguinte, por sua vez, dedica-se a examinar as políticas econômicas do governo Bolsonaro ao longo de 2020 diante da pandemia global, bem como a tecer algumas considerações a respeito de determinadas medidas normativas no âmbito federal. Para tanto, inicialmente, é feita uma breve reconstituição histórica do desempenho da economia brasileira desde a crise global de 2008 até 2019, como forma de contextualizar a situação econômica brasileira em 2020. Em seguida, após a apresentação de um panorama geral de medidas econômicas como resposta à pandemia adotadas pelas 20 principais economias do mundo (G-20), analisam-se as principais políticas econômicas do governo Bolsonaro. Por fim, as considerações finais encerram as reflexões propostas à guisa de conclusão.

10.1 O Neoliberalismo numa encruzilhada?

Para a compreensão do teor das medidas econômicas relacionadas à pandemia de Covid-19 no seu enquadramento mais geral e, especificamente, para uma reflexão acerca do Brasil, nos parece necessário situá-las à luz daquilo que constitui um dos traços definidores da sociedade capitalista contemporânea: o neoliberalismo. De fato, não é incomum no debate público, e em alguns círculos intelectuais críticos, identificar o neoliberalismo, predominantemente, a uma ideologia e a um conjunto de políticas econômicas a ela associada. É nessa "chave", de um movimento de retorno ao – ou radicalização do – liberalismo dos séculos XVIII e XIX, que muitas vezes se compreende as políticas macro e microeconômicas que foram adotadas pelos governos a partir das décadas de 1970-1980. Contudo, tanto a redução do neoliberalismo a uma ideologia e à política econômica que nela encontraria amparo, quanto a consideração de que se trata de um possível *revival*, quiçá extremado, do liberalismo clássico, conduzem a uma interpretação desse fenômeno complexo e multifacetado que não reflete adequadamente sua dimensão e profundidade, bem como suas implicações teóricas e práticas.

De fato, reflexões mais agudas acerca da natureza do neoliberalismo, daquilo que constitui sua característica distintiva, não têm passado despercebidas à literatura recente sobre o tema. Segundo Davies (2014, p. 310), a despeito da diversidade de definições de neoliberalismo na literatura, é possível identificar quatro atributos que tendem a ser compartilhados pelas distintas abordagens. O primeiro é que o liberalismo Vitoriano (clássico) é apenas uma inspiração para o neoliberalismo, mas não o seu modelo. O neoliberalismo, assim, deve ser apreendido como uma força criadora e modernizadora. Como consequência – e esse é o segundo atributo –, o objeto da política neoliberal, por excelência, são as instituições e atividades que se situam às margens do mercado: as famílias, as universidades, as administrações públicas e os sindicatos. O objetivo é ou introduzi-las no mercado, ou reinventá-las, ou mesmo neutralizá-las e desmobilizá-las. O terceiro atributo diz respeito ao Estado como uma força ativa indispensável para produzir, reproduzir e impor as novas regras e normas, tornando-as compatíveis com uma cosmovisão ética e política. Essa cosmovisão, por sua vez, tem como eixo central a concorrência – quarto atributo –, que significa produção de desigualdade. Desse modo, concorrência e desigualdade são louvadas sob o neoliberalismo. Entre as várias acepções do neoliberalismo que compartilham os elementos acima mencionados, aquela apresentada por Dardot e Laval (2016; 2019) pode ser tomada como emblemática para a reflexão que aqui se pretende suscitar. De acordo com os autores:

> (...) o neoliberalismo (...) é em primeiro lugar e fundamentalmente uma **racionalidade** e, como tal, tende a estruturar e organizar não apenas a ação dos governantes, mas até a própria conduta dos governados. (...). O neoliberalismo pode

ser definido como o **conjunto de discursos, práticas e dispositivos** que determinam um novo **modo de governo** dos homens segundo o princípio universal da concorrência.[235]

Nesse sentido, o neoliberalismo é, antes de mais nada, um **sistema normativo**, que, ao buscar generalizar a concorrência como norma de conduta para a sociedade como um todo, com vistas a forjar um novo sujeito e uma nova sociedade, impõe e estende a lógica do capital.[236]

O início da história intelectual do neoliberalismo pode ser localizado nas reflexões e debates feitos por intelectuais formados na tradição liberal, ao longo das décadas de 1920- 1930, sobre os rumos das sociedades capitalistas ocidentais. Nessas discussões colocava-se abertamente a necessidade de refundar a tradição, distanciando-a do liberalismo clássico, em particular de sua versão *laissez-faire*, e, ao mesmo tempo, das perspectivas socialistas, associadas indistintamente à "coletivização" e ao "totalitarismo".[237] Os fundamentos intelectuais do neoliberalismo originam-se, portanto, em resposta às transformações do capitalismo mundial e ao acúmulo de tensões a ele associadas desde a virada do século XIX, as quais puseram em xeque o liberalismo clássico. Desde então, passando pelo *Colóquio Walter Lippmann* (1938), pela fundação da *Sociedade Mont Pèlerin* (1947) e seus encontros regulares, pela Escola de Chicago e sua influência no debate político e econômico nas décadas de 1970 e 1980, entre outros eventos não

---

[235] DARDOT, Pierre; LAVAL, Christian. *A nova razão do mundo*: ensaio sobre a sociedade neoliberal. São Paulo: Boitempo, 2016, p. 17. (Grifo do autor).

[236] DARDOT, Pierre; LAVAL, Christian. *Anatomía del nuevo neoliberalismo*. Viento sur, vol. 164, 2019, p. 5.

[237] PLEHWE, Dieter. Neoliberal hegemony. In: SPRINGER, Simon; BIRCH, Kean; MACLEAVY, Julie. *The handbook of Neoliberalism*. New York: Routledge, 2016; DARDOT, Pierre; LAVAL, Christian. *A nova razão do mundo*: ensaio sobre a sociedade neoliberal. São Paulo: Boitempo, 2016, p. 17. BEDDELEEM, M. "Recoding Liberalism: philosophy and sociology of science against planning". In: PLEHWE, D.; SLOBODIAN, Q.; MIROWSKI, P. (Eds.). *Nine lives of Neoliberalism*. Londres: Verso, 2020.

menos relevantes, o pensamento neoliberal foi sendo forjado ao longo dos séculos XX e XXI.[238] Não como um corpo homogêneo de ideias ou de receitas prontas e articuladas de política econômica, mas como um conjunto aberto de questões e problemas concretos relacionados à estruturação, preservação e aperfeiçoamento de uma ordem social capitalista competitiva.[239]

Esse longo processo de efervescência e decantação de ideias formou o substrato intelectual mobilizado, adaptado e difundido por redes de *think-tanks* e de associações empresariais diversas, em geral com amplo financiamento privado e participação ativa de pesquisadores,[240] assim como de governos e organizações multilaterais,[241] em uma contínua "guerra de posição" na disputa por "corações e mentes".[242] É nesse contexto que o balanço das forças políticas frente à instabilidade

---

[238] MIROWSKI, Philip; PLEHWE, Dieter. *The road from Mont Pèlerin*: the making of the neoliberal thought collective. Cambridge: Harvard University Press, 2009.

[239] DARDOT, Pierre; LAVAL, Christian. *A nova razão do mundo: ensaio sobre a sociedade neoliberal*. São Paulo: Boitempo, 2016; SLOBODIAN, Quinn. The law of the sea of ignorance: F. A. Hayek, Fritz Machlup, and other neoliberals confront the intellectual property problem. In: PLEHWE, Dieter; SLOBODIAN, Quinn; MIROWSKI, Philip. *Nine lives of Neoliberalism*. Londres: Verso, 2020.

[240] Veja, por exemplo: "Pesquisando seu poder e influência política". *Think Thank Network*, 2021. Disponível em: http://thinktanknetworkresearch.net/blog_ttni_en/. Acesso em: 06 jul. 2021.

[241] Tais como o Fundo Monetário Internacional (FMI) e o Banco Mundial, sobretudo por meio de sua atuação em países periféricos nas décadas de 1980 e 1990.

[242] A expressão "guerra de posição" faz referência à abordagem de Gramsci acerca da hegemonia, relacionada à natureza estratégica de longo prazo na disputa pela liderança política por meio do consentimento, obtido a partir da difusão de uma determinada visão de como a sociedade deve se estruturar. Em termos gerais, hegemonia, para Gramsci, pode ser definida como a liderança política baseada fundamentalmente no consentimento, consentimento este assegurado pelo espraiamento da visão de mundo da classe dominante, em contraste com uma dominação calcada predominantemente na coerção, na violência, ainda que esta esteja sempre presente. Convém notar que Gramsci não considera que consentimento e coerção sejam mutuamente excludentes, mas avalia a necessária inter-relação entre eles. BATES, T. R. "Gramsci and the Theory of Hegemony". *Journal of the History of Ideas*, vol. 36, no. 2, pp. 351-366, Pensilvânia: University of Pennsylvania Press, 1975.

social e econômica das décadas de 1960, 1970 e 1980, que pôs fim à conhecida "Era de Ouro" do capitalismo,[243] contribuiu para a difusão dos discursos neoliberais e, em última instância, para a consolidação de uma "hegemonia neoliberal",[244] ou, mais amplamente, de "constelações hegemônicas neoliberais".[245] Em meio a arranjos político-econômicos diversos forjados pelas classes dominantes a partir desse momento histórico, cristalizou-se o princípio da concorrência como uma espécie de "senso comum" quanto às normas e dispositivos que devem governar a sociedade, naturalizando as relações de poder prevalecentes, buscando assim assegurar o consentimento à perpetuação de sua liderança.

De fato, foi no contexto das disputas político-econômicas que se deram em meio às crises das décadas de 1970-1980 que a racionalidade neoliberal se espraiou, de maneira multifacetada, moldando o tecido social, de modo a promover uma profunda transformação da "reprodução social e econômica" capitalista.[246] A partir dessa perspectiva é que se deve compreender, por exemplo, os processos de liberalização e desregulamentação econômicas, em especial das finanças,[247] e o ataque ao

---

[243] Fenômeno limitado, convém recordar, a um conjunto bastante restrito de países capitalistas avançados. HOBSBAWM, Eric. *Era dos extremos:* o breve século XX. São Paulo: Companhia das Letras, 1997.

[244] FRASER, Nancy. "From progressive neoliberalism to Trump – and beyond". *American Affairs*, vol. 1, n. 4, 2017; FRASER, Nancy; JAEGGI, Rahel. *Capitalism*: a conversation in critical theory. Cambridge: Polity Press, 2018.

[245] PLEHWE, Dieter. "Neoliberal hegemony". *In:* SPRINGER, Simon; BIRCH, Kean; MACLEAVY, Julie. *The handbook of Neoliberalism*. New York: Routledge, 2016.

[246] FINE, Ben; SAAD-FILHO, Alfredo. "Thirteen things you need to know about neoliberalism". *Critical Sociology*, vol. 43, n. 4-5, 2017.

[247] Segundo Brag, o capitalismo contemporâneo, como fruto das transformações da institucionalidade capitalista no âmbito do movimento histórico acima indicado, é caracterizado pela financeirização, entendida como um padrão sistêmico de riqueza – isto é, pela condição em que a riqueza capitalista se materializa, de modo crescente, em haveres financeiros. Nesse contexto, as decisões de gasto e endividamento passam a ser cada vez mais informadas por parâmetros econômicos derivados dos mercados financeiros, tais como movimentações dos valores dos ativos financeiros. BRAGA, José Carlos; OLIVEIRA, Giuliano Contento de; WOLF, Paulo José Whitaker; PALLUDETO, Alex Wilhans Antonio; DEOS, Simone Silva de. "For

Estado de Bem-Estar Social e aos sindicatos.[248] A própria reorientação geral do papel do Estado foi decisiva na estruturação da sociedade capitalista neoliberal, sendo um dos traços marcantes da conformação do neoliberalismo. Desde logo, portanto, convém rejeitar a concepção de que o neoliberalismo implica necessariamente um "Estado mínimo", cujo papel na sociedade deva ser marginal. Pelo contrário, a atuação do Estado sempre foi, e continua sendo, fundamental para a reprodução do neoliberalismo. O Estado, nesse contexto, é essencial não apenas na criação e manutenção de mercados em espaços sociais nos quais eles sequer existiam, ou naqueles em que ocupavam uma dimensão restrita, mas também por introjetar nas próprias instituições públicas as normas, dispositivos e discursos que constituem a racionalidade neoliberal. Assim, os critérios de produtividade e eficácia, típicos do mercado, passam a ser aqueles pelos quais se deve avaliar também a produção e distribuição de bens e serviços fornecidos por instituições públicas, solidificando a hegemonia neoliberal.

O conjunto de práticas, dispositivos e discursos que conformam a racionalidade neoliberal ampara-se em arranjos variados de relações de poder nos âmbitos nacionais e internacionais, que acabam por moldar variedades de neoliberalismo. Assim, embora os governos Pinochet (Chile, 1973-1990),[249] Giscard d'Estaing (França, 1974-1981), Thatcher

---

a political economy of financialization: theory and evidence". *Economia e Sociedade*, vol. 26, n. especial, 2017.

[248] Portanto, o neoliberalismo não se reduz a determinadas políticas econômicas, mas é a racionalidade subjacente à sua orientação em determinado momento histórico, impondo e ampliando a lógica do capital na reprodução econômica e social.

[249] Convém observar que a ditadura de Pinochet não deve ser considerada um exemplo de hegemonia, no sentido gramsciano, "[...] já que a força brutal foi necessária e o consentimento foi bastante limitado. No entanto, é evidente que o liberalismo social-democrata e o socialismo perderam a oportunidade de consolidar uma hegemonia progressiva, e as abordagens neoliberais ganharam uma importante vantagem ao abordar as principais questões da formulação de políticas econômicas e sociais no contexto da ditadura militar". PLEHWE, Dieter. "Neoliberal hegemony". *In:* SPRINGER, Simon; BIRCH, Kean; MACLEAVY, Julie. *The handbook of Neoliberalism*. New York: Routledge, 2016, p. 67. (Tradução do autor).

(Inglaterra, 1979-1990), Reagan (Estados Unidos, 1981-1984) e Kohl (Alemanha, 1982-1998), por exemplo, possam ser identificados como expressões de relações de poder que apontavam para o estabelecimento de uma ordem social capitalista competitiva, também é importante reconhecer suas diferenças, reveladoras da plasticidade de que se reveste a racionalidade neoliberal, sobretudo diante de crises, tal como a que presenciamos atualmente. Nesse contexto é que Dardot e Laval[250] argumentam que o neoliberalismo "se nutre das crises econômicas e sociais que gera." Ao mesmo tempo, porém, acumulam-se tensões e fissuras provocadas pela própria disseminação dessa racionalidade e de seus efeitos sociais e econômicos, instigando reações à hegemonia neoliberal e levando a novos arranjos de poder que podem, de um lado, reforçar traços desta racionalidade e, de outro, ampliar os espaços de contestação e de construção de alternativas. Nesse sentido, segundo Fraser e Jaeggi,[251] embora **políticas neoliberais** possam continuar sendo adotadas, a **hegemonia neoliberal** – em suas múltiplas **constelações**, seria possível dizer – está, atualmente, em crise.

Quanto a essa questão, as duas primeiras décadas do século XXI trouxeram consigo eventos históricos cuja relevância, nos campos político e socioeconômico mundiais, não pode ser desconsiderada para a compreensão do momento atual e das perspectivas que dele se desdobram. A crise financeira global de 2007-2008,[252] sucedida pela crise da Zona do Euro nos anos seguintes, pode ser tomada como um dos momentos-chave para a compreensão do contexto em que se dá a pandemia global provocada pelo novo coronavírus, iniciada em 2020 e ainda em curso ao longo de 2021, e a identificação de fissuras na

---

[250] DARDOT, Pierre; LAVAL, Christian. "Anatomía del nuevo neoliberalismo". *Viento sur*, vol. 164, 2019, p. 6. (Tradução do autor).

[251] FRASER, Nancy; JAEGGI, Rahel. *Capitalism*: a conversation in Critical Theory. Cambridge: Polity Press, 2018.

[252] A crise de 2008, que se tornou conhecida como *Great Financial Crisis* (GFC), foi amplamente discutida na literatura, mas não está no escopo do presente trabalho. Para uma análise das causas e consequências da GFC ver, por exemplo: CINTRA, Marcos Antonio Macedo; FARHI, Maryse. "A crise financeira e o global shadow banking system". *Novos estudos CEBRAP*, n. 82, 2008.

hegemonia neoliberal. Com efeito, a crise de 2008 e seus desdobramentos podem ser tomados como um evento crítico deste início de século, não apenas porque tais fenômenos constituem sínteses dramáticas da estrutura e dinâmica socioeconômica que marcaram o mundo capitalista a partir das décadas de 1970 e 1980, mas, também, porque explicitaram e desencadearam tensões sociais profundas gestadas no interior dessa própria estrutura. Assim, movimentos sociais como o *Occupy Wall Street* e a Primavera Árabe, entre outros, questionaram a ordem estabelecida e a sub-representação política e econômica a ela associada,[253] e podem ser apreendidos como manifestações das tensões provocadas por um mundo marcado pela elevação da desigualdade, pelo baixo crescimento econômico, pela incerteza, pela precariedade e pela deterioração do meio ambiente.

De maneira sintomática, como parte desse movimento histórico, vários autores[254] apontam que a difusão da racionalidade neoliberal se associa a uma fragilização das democracias liberais. A lógica generalizada da concorrência atinge os governos e também o "cidadão-consumidor", desprovido de direitos, por um lado, e de responsabilidade social, por outro. Os laços de solidariedade social são crescentemente fragilizados, ao mesmo tempo em que se difunde a lógica do "você ganha o que você faz por merecer".

Nas palavras de Dardot e Laval:[255]

> O cinismo, a mentira, o menosprezo, a aversão à arte e à cultura, o desleixo da linguagem e dos modos, a ignorância, a arro-

---

[253] Veja, por exemplo: SLAUGHTER, Anne Marie. "Occupy Wall Street and the Arab Spring". *The Atlantic*, 2011. Disponível em: https://www.theatlantic.com/international/archive/2011/10/occupy-wall-street-and-the-arab-spring/246364/. Acesso em: 02 jul. 2021.

[254] DARDOT, Pierre; LAVAL, Christian. *A nova razão do mundo*: ensaio sobre a sociedade neoliberal. São Paulo: Boitempo, 2016; BROWN, Wendy. *Nas ruínas do neoliberalismo*: a ascensão da política antidemocrática no Ocidente. São Paulo: Politeia, 2019; CHAMAYOU, Grégoire. *A sociedade ingovernável*: uma genealogia do liberalismo autoritário. São Paulo: Ubu, 2020.

[255] DARDOT, Pierre; LAVAL, Christian. *A nova razão do mundo*: ensaio sobre a sociedade neoliberal. São Paulo: Boitempo, 2016, p. 382.

gância do dinheiro e a brutalidade da dominação valem como títulos para governar em nome apenas da "eficácia". Quando o desempenho é o único critério de uma política, que importância tem o respeito à consciência e à liberdade de pensamento e expressão? Que importância tem o respeito às formas legais e aos procedimentos democráticos? A nova racionalidade promove seus próprios critérios de validação, que não têm mais nada a ver com os princípios morais e jurídicos da democracia liberal.

Wendy Brown[256] aponta que o ataque neoliberal "ao social"[257] leva a uma sinergia perigosa: uma cidadania cada vez menos investida de valores democráticos legitima e autoriza um Estado cada vez mais antidemocrático. Em nome de uma suposta liberdade individual, ressignificada pelas formulações neoliberais, as forças de extrema-direita justificam ações que excluem e violentam grupos determinados e que visam reassegurar a dominação "branca, masculina e cristã". Esse parece ser um dos elementos-chave que se conjuga para a ascensão de governos que figuram no espectro político da extrema-direita como os de Trump (Estados Unidos), Salvini (Itália), Orbán (Hungria), Erdogan (Turquia) e Bolsonaro (Brasil).

Segundo Dardot e Laval,[258] é essencial observar que tais governos, ao implementarem políticas de corte neoliberal, tais como redução

---

[256] BROWN, Wendy. *Nas ruínas do neoliberalismo*: a ascensão da política antidemocrática no Ocidente. São Paulo: Politeia, 2019.

[257] O "social", em Brown, é definido da seguinte forma: "Situado conceitual e praticamente entre o Estado e a vida pessoal, o social é o local em que cidadãos de origens e recursos amplamente desiguais são potencialmente reunidos e pensados como um conjunto. É o local em que somos admitidos como cidadãos com direitos políticos e reunidos politicamente (não meramente cuidados) por meio da provisão de bens públicos, e em que as desigualdades historicamente produzidas se manifestam como acesso, voz e tratamentos políticos diferenciados, bem como o local em que essas desigualdades podem ser parcialmente corrigidas". BROWN, Wendy. *Nas ruínas do neoliberalismo*: a ascensão da política antidemocrática no Ocidente. São Paulo: Politeia, 2019, p. 38.

[258] DARDOT, Pierre; LAVAL, Christian. "Anatomía del nuevo neoliberalismo". *Viento sur*, vol. 164, 2019, p. 7. (Tradução do autor).

de impostos aos mais ricos e a promoção de desregulamentações, não se opõem ao neoliberalismo como modo de governo e, com efeito, configuram um "novo neoliberalismo". De fato, para os autores, o autoritarismo característico desses governos simboliza o próprio "caráter absolutista e hiperautoritário do neoliberalismo" assumido por eles.

Em uma perspectiva diversa, Fausto[259] argumenta que a atual onda de ascensão de governos de extrema-direita não deve ser concebida como uma forma de manifestação do neoliberalismo, ainda que, de fato, apresentem traços neoliberais. Segundo o autor, parafraseando o título do livro de Brown,[260] os movimentos recentes nessa direção do espectro político "nascem nas ruínas do neoliberalismo" e "extravasam" o mesmo, fundando-se em correntes "autoritárias iliberais", que embora se valham de determinadas políticas neoliberais em seu projeto de sociedade na atualidade, não devem ser confundidas com o neoliberalismo.

Contudo, independentemente da avaliação específica que se faça desses movimentos recentes, ambas as interpretações acima, ao apontar para a explicitação aberta dessa dimensão autoritária de governos apoiados em forças de extrema-direita, destacam, desde logo, um sintoma das fissuras na hegemonia neoliberal, em que o consentimento se torna cada vez menos capaz de legitimar a aplicação de políticas neoliberais.[261] Nesse contexto, forças mais à esquerda (o que inclui a centro-esquerda), são estigmatizadas como "tirânicas" por "suprimirem" liberdades individuais ao erguer a bandeira da justiça social, bem como por serem

---

[259] FAUSTO, Ruy. "Revolução conservadora e neoliberalismo". *Revista Rosa*, 2020. Disponível em: http://revistarosa.com/2/revolucao-conservadora-e-neoliberalismo-1. Acesso em: 02 jul. 2021; FAUSTO, Ruy. "Revolução conservadora e neoliberalismo". *Revista Rosa*, 2020. Disponível em: http://revistarosa.com/2/revolucao-conservadora-e-neoliberalismo-2. Acesso em: 02 jul. 2021.

[260] BROWN, Wendy. *Nas ruínas do neoliberalismo*: a ascensão da política antidemocrática no Ocidente. São Paulo: Politeia, 2019.

[261] Veja, também: RUGITSKY, Fernando Monteiro. "The decline of Neoliberalism: a play in three acts". *Revista de Economia Política*, vol. 40, n. 4, 2020.

responsáveis pelo "esgarçamento do tecido moral".[262] Se antes da pandemia essa intensa polarização de forças políticas e de práticas sociais já estava presente em vários países, indicando fraturas na legitimidade hegemônica neoliberal, com a pandemia ela parece ter chegado ao paroxismo.

Em diversos países, o transcorrer da pandemia foi escancarando para as sociedades e seus governos a necessidade de repensar a atuação do Estado, em várias dimensões. Em especial, demonstrou quão cruciais são os sistemas públicos de proteção social – que foram corroídos pela difusão da norma da concorrência, introjetada pelo mantra do equilíbrio fiscal –, o que levou ao reposicionamento público de governantes como Boris Johnson (Reino Unido) e Emmanuel Macron (França). No Brasil, por outro lado, vê-se com assombro o chefe do Poder Executivo da Nação erguer sua voz – e mobilizar a população – em favor da "liberdade" de não usar máscara e de acreditar em tratamentos não comprovados cientificamente, e lançando dúvidas quer sobre a eficácia da vacinação, quer sobre a sua segurança, em meio a disputas com prefeitos e governadores.[263] Como reação, diversas manifestações de repúdio às declarações do presidente e a sua orientação de políticas públicas quanto à pandemia se multiplicaram, dando cada vez mais suporte a movimentos de pedidos pela abertura de processos de *impeachment*.[264]

---

[262] BROWN, Wendy. *Nas ruínas do neoliberalismo*: a ascensão da política antidemocrática no Ocidente. São Paulo: Politeia, 2019, p. 20.

[263] GASPAR, Malu. "O sabotador: Como Bolsonaro agiu, nos bastidores e em público, para boicotar a vacina". *Revista Piauí*, 2021. Disponível em: https://piaui.folha.uol.com.br/materia/o-sabotador/. Acesso: 02 jul. 2021.

[264] Veja, por exemplo: "Profissionais de saúde e cientistas condenam pronunciamento de Bolsonaro sobre a Covid-19". *G1*, 2020. Disponível em: https://g1.globo.com/politica/noticia/2020/03/25/sociedade-brasileira-de-infectologia-diz-que-distanciamento-social-e-fundamental-para-conter-o-coronavirus.ghtml/. Acesso em: 02 jul. 2021; "Cidades registram manifestações pela vacina e contra Bolsonaro neste domingo". *G1*, 2021. Disponível em: https://g1.globo.com/politica/noticia/2021/01/31/cidades-registram-manifestacoes-pela-vacina-e-contra-bolsonaro-neste-domingo.ghtml/. Acesso em: 02 jul. 2021; "Grupo de médicos e cientistas protocola pedido de impeachment de Bolsonaro". *G1*, 2021. Disponível em: https://g1.globo.com/politica/noticia/2021/02/08/grupo-de-medicos-e-cientistas-protocola-pedido-de-impeachment-de-bolsonaro.ghtml. Acesso em: 02 jul. 2021.

Esse é o contexto geral em que se deram as respostas econômicas do governo brasileiro à pandemia. Diante da crise que parece se abater sobre a hegemonia neoliberal no mundo e do arranjo de forças particulares das classes dominantes que sustenta politicamente o governo Bolsonaro, a reação econômica do governo, muitas vezes tardia e insuficiente quando se considera a necessidade premente de salvar vidas, orienta-se, sobretudo, pela preocupação com atividade econômica, entendida como um objetivo de política mutuamente excludente em relação à saúde pública.[265]

10.2 As respostas do governo federal à pandemia

10.2.1. Brasil: a "macroeconomia" de 2008 a 2019

Antes de analisar as políticas econômicas adotadas pelo Brasil para enfrentar a pandemia em 2020, é importante recuperar – tomando a crise de 2008 como ponto de partida, em virtude de sua relevância na gestação e explicitação de fissuras na hegemonia neoliberal – o desempenho da economia no período 2008-2019 em termos de produto e emprego.

A despeito dos seus efeitos importantes sobre as economias centrais – retração de 2,5% nos Estados Unidos e de 4,2% na União Europeia, segundo dados do FMI (2020) –, no Brasil, a crise internacional resultou em uma pequena contração no PIB de 2009 (-0,1%) – mesmo declínio da economia mundial –, seguida de uma expansão de 7,5% em 2010, enquanto a economia mundial cresceu 5,4% neste mesmo ano.

---

[265] Veja: DI CUNTO, Raphael; MURAKAWA, Fabio. "Na pandemia, Bolsonaro privilegia a economia". *Valor Econômico*, 2020. Disponível em: https://valor.globo.com/politica/noticia/2020/05/25/na-pandemia-bolsonaro-privilegia-a-economia.ghtml/. Acesso em: 02 jul. 2020.

Gráfico 1
Taxa de crescimento anual do PIB real – 2002-2020 (%)

Fonte: FMI (2020).

A partir de meados de 2010, basicamente em função do aumento do preço das *commodities* no mercado internacional e do acirramento do conflito distributivo, a inflação no Brasil voltou a subir. O Banco Central reagiu a esse cenário rapidamente, começando um ciclo de elevação das taxas de juros. Mas antes disso, ao final de 2010, o governo deu início a um ajuste fiscal, com redução da taxa de crescimento dos gastos públicos. Do lado da política monetária, a trajetória de elevação das taxas de juros foi interrompida, pelo BC, em agosto de 2011, quando estava clara a deterioração do cenário econômico em âmbito internacional, sobretudo com a crise da Zona do Euro. Contudo, no âmbito fiscal, e a despeito das tendências recessivas da economia brasileira, o menor ritmo de crescimento das despesas públicas foi mantido sob o pretexto de que só seria possível uma redução mais importante e permanente na taxa de juros se ela estivesse ancorada numa situação fiscal "sólida".[266] A "nova" política macroeconômica brasileira, destinada a retomar o crescimento, estaria apoiada

---

[266] SERRANO, Franklin; SUMMA, Ricardo. "A desaceleração rudimentar da economia brasileira desde 2011". *OIKOS*, vol. 11, n. 2, 2012; LOUREIRO, Pedro Mendes; SAAD-FILHO, Alfredo. "The limits of pragmatism: the rise and fall of the Brazilian Worker' Party (2002 - 2016)". *Latin American Perspectives*, vol. 46, n. 1, 2019.

assim na redução das taxas de juros e nos seus efeitos esperados sobre o câmbio, que deveriam deslanchar um ciclo de investimentos privados no país. No entanto, num contexto de baixo crescimento da demanda local e internacional, nem o investimento privado e nem as exportações se elevaram no ritmo pretendido, e o PIB brasileiro cresceu abaixo do PIB mundial no biênio 2011-2012 (4% e 1,9%, respectivamente, ante 4,3% e 3,5% do mundo). Ao mesmo tempo, pressões salariais se faziam sentir no mercado de trabalho, num contexto de redução da taxa de desocupação. Nesse quadro, o resultado mais imediato foi uma aceleração da inflação, que foi de 5,9% em 2010 para 6,5 % em 2011, ante 4,3% em 2009.[267] Reforçando as opções pelas políticas convencionais feitas a partir de 2011, e diante da subida da taxa de inflação, em 2013 o Banco Central elevou as taxas de juros, interrompendo a trajetória de queda iniciada em 2011, e as ferramentas de estímulo escolhidas para tentar reativar uma economia crescendo abaixo da média mundial foram as desonerações fiscais e as concessões e parcerias público-privadas de serviços públicos e infraestrutura. Contudo, os investimentos privados não responderam aos estímulos como se esperava e a nova estratégia veio acompanhada, de fato, de uma redução considerável do crescimento econômico.[268]

Naquele momento, o entendimento de parte significativa dos economistas e do chamado "mercado" era de que os estímulos fiscais dados até 2010 haviam sido excessivos, e de que teria sido esse suposto "excesso" de gastos públicos no imediato pós-crise que levara à aceleração na inflação. Seria necessário, de acordo com "o mercado", como sempre, promover uma política de contração fiscal para colocar "em ordem" as contas públicas. Só assim seria recuperada a chamada "confiança dos investidores".[269]

---

[267] Para uma análise da inflação no período, veja, por exemplo: BRAGA, Julia de Medeiros; SUMMA, Ricardo. "Estimação de um modelo desagregado de inflação de custo para o Brasil". *Ensaios FEE*, vol. 37, n. 2, 2016.

[268] DEOS, Simone Silva de; MATTOS, Olívia Bullio; ULTREMARE, Fernanda; MENDONÇA, Ana Rosa Ribeiro de. "Modern Money Theory: rise in the international scenario and recent debate in Brazil". *Revista de Economia Política*. No prelo.

[269] DEOS, Simone Silva de; MATTOS, Olívia Bullio; ULTREMARE, Fernanda; MENDONÇA, Ana Rosa Ribeiro de. "Modern Money Theory: rise in the

Os resultados obtidos em termos de crescimento econômico com a nova estratégia foram os seguintes: 3% em 2013 (enquanto o mundo cresceu 3,5%) e 0,5% em 2014, quando novamente a expansão do PIB mundial foi de 3,5%. Diante desses resultados medíocres na economia, e em meio a um quadro político bastante complexo, observa-se uma nova e importante inflexão da política econômica do governo reeleito de Dilma Rousseff em direção à austeridade fiscal. Enquanto ao longo do primeiro mandato as despesas públicas se elevaram, ainda que a um ritmo menor, a partir de 2015 as despesas iniciaram uma trajetória de queda, que se estendeu em 2016.[270] O resultado, nada surpreendente, e profundamente desastroso, foi uma contração do PIB de 3,5% em 2015, e de 3,3% em 2016 – ano do *impeachment* de Dilma Rousseff –, enquanto o mundo cresceu aproximadamente 3,5% ao ano nesse mesmo biênio.

Com o governo (Michel) Temer, nota-se o estabelecimento de um abrangente projeto neoliberal.[271] Como coroamento desse projeto, cabe destacar, além da reforma trabalhista (2017), a Emenda Constitucional n°. 95 (2016), que estabeleceu um teto aos gastos públicos. Pela nova regra, ao longo dos próximos 20 anos – ou seja, até 2036 –, os gastos públicos devem crescer apenas de acordo com a inflação do ano anterior, o que basicamente inviabiliza a adoção de políticas fiscais anticíclicas e leva à inexorável redução das despesas não-obrigatórias, como os investimentos públicos. A expectativa de que, a partir desse rígido controle sobre o orçamento público, o investimento privado se ampliaria evidentemente não se concretizou. No ano de 2017, houve um crescimento baixo da economia brasileira (1,3%), que não marcou o início de uma recuperação, pois o mesmo resultado foi observado em 2018 (1,3% de expansão do PIB).

---

international scenario and recent debate in Brazil". *Revista de Economia Política.* No prelo.

270 CHERNAVSKY, Emilio; DWECK, Esther; TEIXEIRA, Rodrigo Alves. "Descontrole ou inflexão? A política fiscal do governo Dilma e a crise econômica". *Economia e Sociedade*, vol. 29, n. 3, 2020.

271 CHERNAVSKY, Emilio; DWECK, Esther; TEIXEIRA, Rodrigo Alves. "Descontrole ou inflexão? A política fiscal do governo Dilma e a crise econômica". *Economia e Sociedade*, vol. 29, n. 3, 2020.

CAPÍTULO X - AS RESPOSTAS DO GOVERNO BOLSONARO...

Em janeiro de 2019 tomou posse o novo Presidente, Jair Bolsonaro. O início do seu governo marcou um aprofundamento na agenda econômica neoliberal implantada no Brasil desde os anos 1990. Sob a batuta do Ministro Paulo Guedes, em suas próprias palavras, teria fim o processo contínuo que, havia mais de quatro décadas levara a uma expansão ininterrupta dos gastos públicos como proporção do PIB.[272] Imediatamente após a posse, o governo tratou de encaminhar ao Congresso Nacional um amplo pacote de reformas, com prioridade para a reforma da Previdência Social – considerada a "mãe" de todas –, que foi definitivamente aprovada no Senado em outubro de 2019. Uma vez mais o discurso se pautava na concepção de que, uma vez sinalizado ao "mercado" o compromisso do governo em sanar os seus principais "problemas fiscais", a confiança seria retomada e, assim, o investimento privado se aceleraria. Como consequência, o crescimento econômico do país, 1,4%, foi bastante fraco e ficou aquém do crescimento mundial, 2,7%.

10.3 O Brasil na Pandemia: respostas econômicas e normativas

10.3.1 Um breve panorama internacional

À medida que a crise sanitária se alastrava pelo mundo foi ficando evidente, para os bons analistas, que uma profunda crise econômica a acompanharia, dado o acentuado declínio da demanda privada associado às restrições pelo lado da oferta de bens e serviços – em função da interrupção de atividades econômicas não-essenciais e, em muitos casos, do *lockdown*.

Diante de uma "crise-gêmea" – sanitária e econômica – com dificuldades de ser contida, e sem um desfecho rápido à vista, governos nacionais lançaram mão de um amplo arsenal de políticas, mas

---

[272] GUEDES, Paulo. "Fala do Ministro Paulo Guedes em Transmissão de Cargo - Parte 1. Ministério da Economia". *YouTube*, 2019. Disponível em: https://www.youtube.com/watch?v=WMVbbNlj32k/. Acesso em: 02 jul. 2021.

as medidas tomadas diferenciam-se não apenas quanto ao volume de recursos envolvidos – seja em termos absolutos, seja como proporção do PIB –, mas também quanto ao seu direcionamento.

De acordo com dados do FMI exibidos no Gráfico 2, os Estados Unidos lideram o *ranking* dos países que deram a maior resposta fiscal – em termos de gastos adicionais e renúncia fiscal – como proporção do PIB de 2020 frente à crise da Covid-19. Na sequência aparecem Reino Unido (16,3%), Austrália (16,2%), Japão (15,6%) e Canadá (14,6%). O Brasil aparece em quinto lugar, com 8,3%.[273] Por outro lado, se o indicador observado for o tamanho do suporte de liquidez – tais como garantias federais a empréstimos que não significam impactos diretos sobre a demanda agregada – lidera o *ranking* a Itália, seguida pelo Japão e Alemanha.[274]

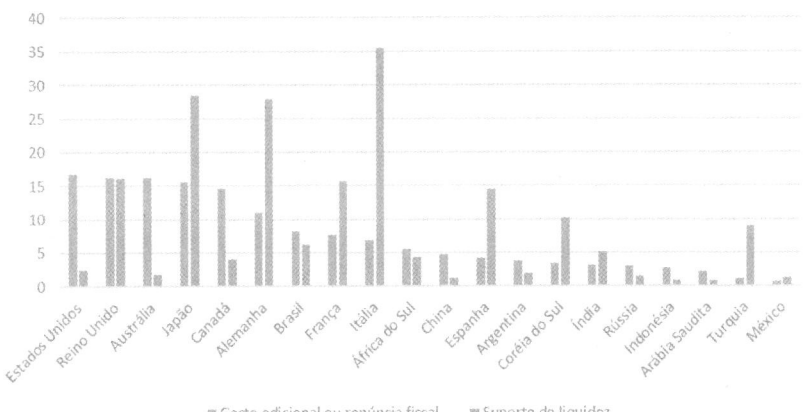

Gráfico 2
G-20: Medidas fiscais em resposta à COVID-19 – 2020 (% PIB de 2020)

Fonte: FMI (2021b).

---

[273] Intervenção possível, cabe destacar, apenas porque contornou-se o teto dos gastos por meio da Proposta de Emenda à Constituição (PEC) n. 10 (2020), conhecida como PEC do "Orçamento de Guerra", que criou um regime fiscal extraordinário para lidar com a pandemia durante a vigência do período de calamidade pública (até 31/12/2020).

[274] Também cabe notar a redução da taxa básica de juros, movimento generalizado no mundo.

Em termos de gastos adicionais realizados – esses sim importantes em termos de impacto imediato na economia, pois significam injeção direta de demanda agregada – e renúncias fiscais que ocorreram em função da pandemia, os dados do FMI mostram respostas bastante diferentes em sua intensidade, quando medidas em termos *per capita*. Os dados exibidos no Gráfico 3 mostram os Estados Unidos liderando o *ranking* em termos de gastos e renúncia fiscal por pessoa – US$ 10.616. A Austrália está na segunda posição – US$ 8.492 – e Reino Unido, Canadá e Japão compõem um terceiro bloco, com um valor de gasto adicional/renúncia fiscal entre US$ 6.200 e US$ 6.550 por pessoa. Nesse *ranking,* o Brasil está em 11º lugar.

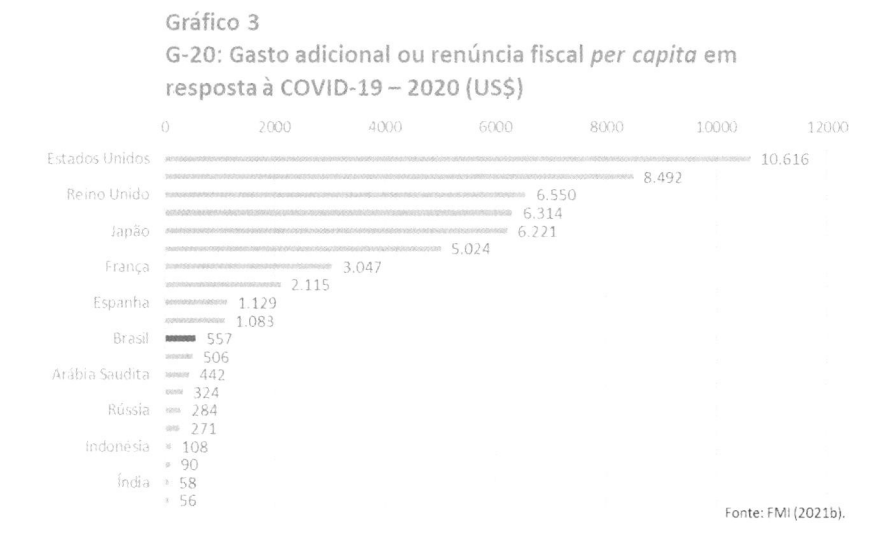

Gráfico 3
G-20: Gasto adicional ou renúncia fiscal *per capita* em resposta à COVID-19 – 2020 (US$)

País	Valor (US$)
Estados Unidos	10.616
	8.492
Reino Unido	6.550
	6.314
Japão	6.221
	5.024
França	3.047
	2.115
Espanha	1.129
	1.083
Brasil	557
	506
Arábia Saudita	442
	324
Rússia	284
	271
Indonésia	108
	90
Índia	58
	56

Fonte: FMI (2021b).

O Gráfico 4 exibe, para os países do G-20, o resultado da correlação entre a taxa de crescimento estimada do PIB, em 2020, e o total de mortes por milhão de habitantes ocorridas até 31/12/2020. Embora não se tenha aqui a pretensão de atribuir a essas variáveis alguma relação de causalidade, observa-se, de modo geral, uma correlação negativa entre elas: quanto maior (menor) a taxa de mortalidade por Covid-19, menor (maior) a taxa de crescimento do PIB em 2020.

A análise atenta dos dados do Gráfico 4 permite distinguir ao menos três grupos de países. O primeiro grupo é composto por aqueles que conseguiram unir uma menor taxa de mortalidade por Covid-19 (até 400 mortes por milhão de habitantes) e um menor impacto sobre o PIB (queda de até -4%): China, Turquia (os dois únicos países do G20 que obtiveram taxas positivas de variação do PIB), Coreia do Sul, Indonésia, Austrália e Arábia Saudita. Entre os que se encontram em uma situação intermediária (com taxa de mortalidade por Covid-19 entre 400 e 800 mortes por milhão e variação do PIB entre -4% e -8%) estão Rússia, Canadá, Alemanha e África do Sul. E há aqueles que se encontram "no pior dos mundos", com taxa de mortalidade por Covid-19 acima de 1000 por milhão e variação do PIB entre -8% e -11%: México, França, Argentina, Itália e, o caso mais extremo, Reino Unido.

O Gráfico permite observar que quatro países estão fora das três faixas aqui definidas. Índia, com um desempenho relativamente melhor em termos de taxa de mortalidade por Covid-19 (menos de 200 por milhão de habitantes) e grande queda do PIB (-8%). Japão, com um bom desempenho em termos de não mortalidade por Covid-19 (menos de 50 por milhão de habitantes), mas na faixa intermediária no que toca à variação do PIB (-5%). Estados Unidos, com péssimo resultado em termos de mortalidade por Covid-19 (acima de 1.300 mortes por milhão), mas desempenho no primeiro intervalo em termos do PIB (queda de até -4%). Brasil, com desempenho ruim em termos de mortalidade por Covid-19 (acima de 1.000 por milhão de habitantes) mas numa situação intermediária em termos da evolução do PIB (variação de cerca de -4,5%).

A correlação exibida pelo Gráfico mostra que, de forma geral, os países que preservaram mais vidas em meio à pandemia apresentaram melhor desempenho econômico, sendo o inverso também verdadeiro. Ou seja, considerar políticas centradas na preservação de vida e medidas que privilegiam a manutenção ou incremento da atividade econômica como excludentes revelou-se claramente equivocado.

CAPÍTULO X – AS RESPOSTAS DO GOVERNO BOLSONARO...

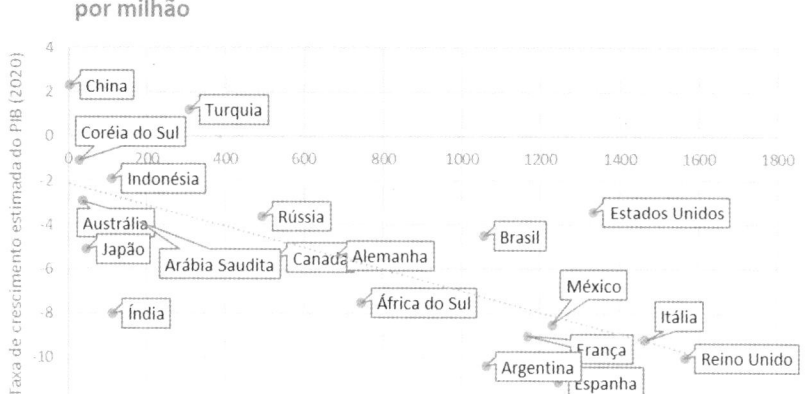

Gráfico 4
G-20: Taxa de crescimento estimada do PIB e total de mortes por milhão

Fonte: FMI (2021a) e Our World in Data

10.3.2. As respostas econômicas do governo Bolsonaro

O Gráfico 5 permite que se examine a evolução dos gastos totais da União com a Covid-19, mensais e acumulados, bem como os gastos feitos, especificamente, com o auxílio emergencial (acumulado), ao longo de 2020. Ao longo de todo o período, o desembolso com o auxílio emergencial correspondeu a mais de 50% do total dos gastos, motivo pelo qual se observa uma inflexão quando o valor do auxílio foi cortado pela metade (de R$ 600,00 para R$ 300,00, a partir de setembro). Esta foi, sem dúvida, a medida econômica mais importante para a preservação de vidas tomada pelo governo federal ao longo da pandemia, bem como a mais efetiva em termos de suporte da economia.

A este respeito, três observações se fazem aqui necessárias. Em primeiro lugar, convém lembrar que o valor inicial do auxílio, de R$ 600,00, foi definido no Congresso Nacional, tendo sido uma vitória das forças parlamentares de oposição ao governo, uma vez que o valor inicialmente aventado pelo poder executivo era de R$ 200,00. Em segundo lugar, o objetivo declarado pelo governo federal ao implementar esta política foi o de preservação da atividade econômica, e não o da preservação de vidas na pandemia. Contudo, ao prover uma renda mínima à parcela mais vulnerável da população – aqueles que se encontravam sem ocupação e sem renda –, preservaram-se vidas, pois lhes foi permitido cumprir as regras do isolamento social e "ficar em casa". Mas deve ser sublinhado que, em nenhum momento, nas falas do Presidente ou do seu Ministro da Economia, o objetivo da preservação de vidas foi colocado. Em terceiro lugar, o fim do auxílio emergencial em dezembro – em um momento de recrudescimento do número de morte por Covid-19, sob a alegação de que a continuidade dos desembolsos levaria o país a uma rota de desastre econômico por excesso de endividamento[275] – evidencia que não foi o objetivo de preservação de vidas que guiou, prioritariamente, as ações do governo federal.

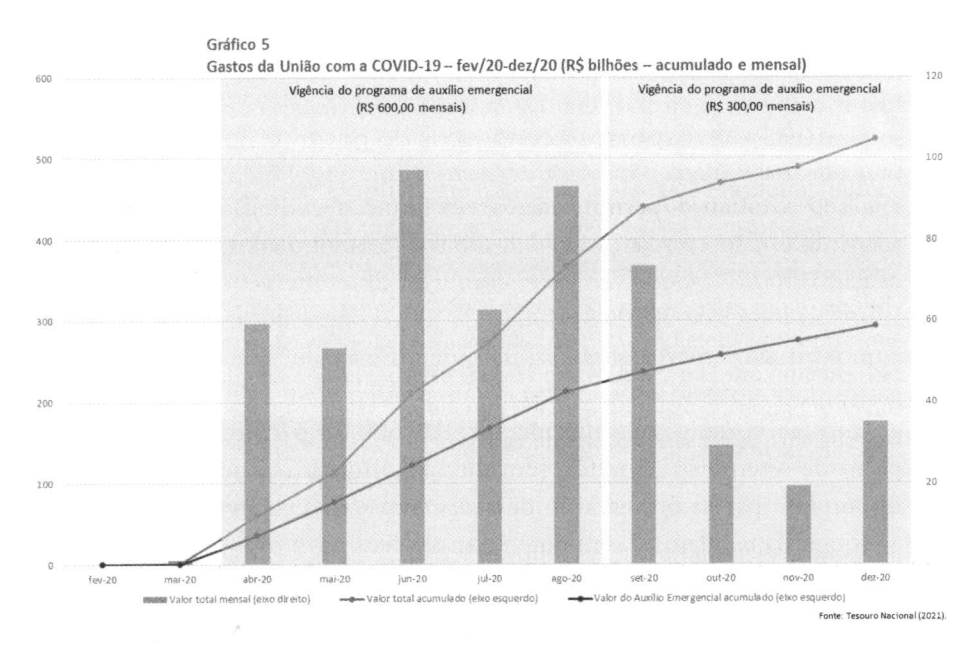

Gráfico 5
Gastos da União com a COVID-19 – fev/20-dez/20 (R$ bilhões – acumulado e mensal)

Fonte: Tesouro Nacional (2021).

---

[275] A este respeito, vale muito a leitura de Paulani. Ela argumenta que é preciso que economistas não ortodoxos se unam contra o "terraplanismo econômico" e se insurjam contra as *fakenews* em matéria de política econômica, tais como a alardeada necessidade incontornável da chamada "âncora fiscal". PAULANI, Leda. "O perverso terraplanismo econômico". *Outras Palavras*, 2021. Disponível em: https://outraspalavras.net/mercadovsdemocracia/o-perverso-terraplanismo-economico/. Acesso em: 02 jul. 2021.

CAPÍTULO X – AS RESPOSTAS DO GOVERNO BOLSONARO...

Ao lado dos desembolsos para auxílio emergencial, cujo total acumulado constitui 56% do total de gastos da União com a Covid-19 (Gráfico 6) em 2020, há outras categorias que não constituem, a rigor, gastos na área da saúde, como Cotas dos Fundos Garantidores de operações e de Crédito (11,09%) ou o Benefício Emergencial de Manutenção de Emprego e Renda (6,39%). Gastos relacionados à disponibilização de novos leitos, contratação de serviços médicos ou vacinas são apenas uma parte dos 26,59% do total de despesa restantes: Despesas Adicionais do Ministério da Saúde e Demais Ministérios (8,15%), Auxílio Financeiro aos Estados e Municípios e DF (14,93%) e "Outros" (3,51%). De fato, com exceção do auxílio emergencial, parte substantiva dos recursos foram direcionados a programas de crédito, em especial a micro, pequenas e médias empresas.[276]

Desconsiderando o repasse de recursos a Estados e Municípios, observa-se que apenas cerca de 8,57% do total de gastos em resposta à Covid-19 em 2020 pode ser considerado como destinado diretamente ao combate da doença.[277] Tais direcionamentos parecem confirmar a avaliação do Tribunal de Contas da União (TCU), em agosto de 2020, ao considerar que a situação dos gastos com a pandemia: "(...) tem alta probabilidade de representar uma opção política do Centro de Governo de priorizar a proteção econômica",[278] entendimento reafirmado em dezembro do mesmo ano quanto aos gastos envolvendo comunicação sobre a Covid-19.[279]

---

[276] Os principais programas foram os seguintes: o Programa Emergencial de Suporte a Empregos (PESE), o Programa Nacional de Apoio às Microempresas e Empresas de Pequeno Porte (Pronampe), o Programa Emergencial de Acesso ao Crédito (PEAC-FGI e PEAC-Maquininhas) e o Programa de Capital de Giro para Preservação de Empresas (CGPE). Em conjunto, os valores liberados por esses programas somaram aproximadamente R$ 155 bilhões sob a forma de empréstimos (BCB, 2021).

[277] Parcela que corresponde à soma das Despesas Adicionais do Ministério da Saúde e Demais Ministérios (8,15%) e dos gastos com Aquisição de Vacinas (0,42%).

[278] ASANO, C. L.; VENTURA, D. F. L.; AITH, F. M. A.; REIS, R. R.; RIBEIRO, T. B. (Eds.). "Boletim Direitos na Pandemia, n. 10". *Conectas Direitos Humanos e Centro de Pesquisas e Estudos de Direito Sanitário*, 2021. Disponível em: https://www.conectas.org/wp/wp-content/uploads/2021/01/Boletim_Direitos-na-Pandemia_ed_10.pdf. Acesso em: 13 mai. 2021.

[279] TRIBUNAL DE CONTAS DA UNIÃO, 2020, p. 6

Gráfico 6
Gastos da União com a COVID-19 – fev/20-dez/20 (R$ bilhões - acumulado)

- Auxílio Emergencial a Pessoas em Situação de Vulnerabilidade: 55,93%
- Auxílio Financeiro aos Estados, Municípios e DF: 14,93%
- Cotas dos Fundos Garantidores de Operações e de Crédito: 11,09%
- Despesas Adicionais do Ministério da Saúde e Demais Ministérios: 8,15%
- Benefício Emergencial de Manutenção do Emprego e da Renda: 6,39%
- Outros*: 3,51%

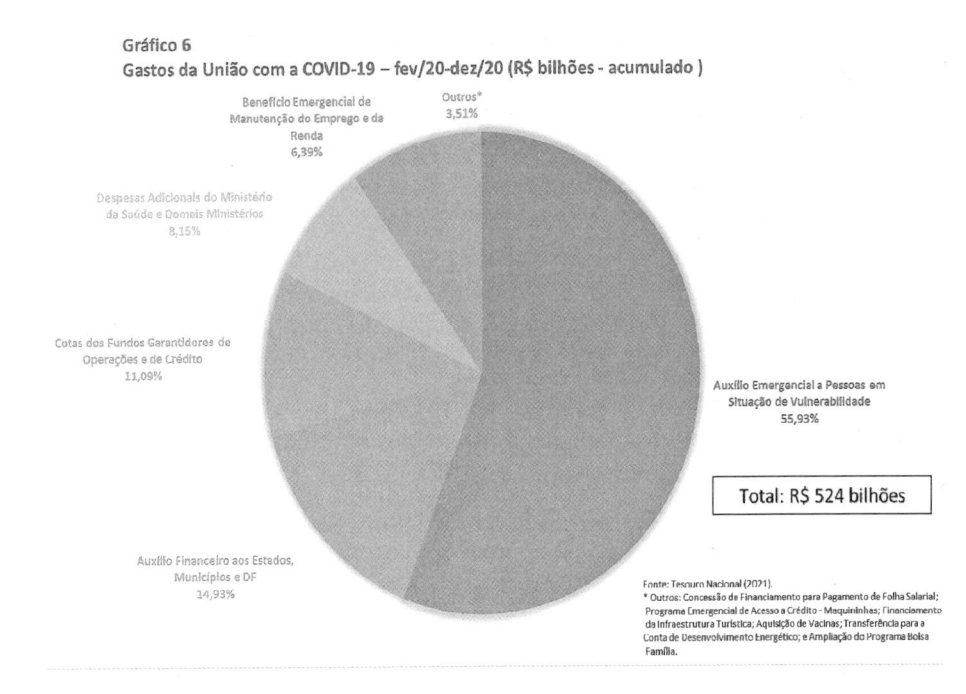

Total: R$ 524 bilhões

Fonte: Tesouro Nacional (2021).
* Outros: Concessão de Financiamento para Pagamento de Folha Salarial; Programa Emergencial de Acesso a Crédito - Maquininhas; Financiamento da Infraestrutura Turística; Aquisição de Vacinas; Transferência para a Conta de Desenvolvimento Energético; e Ampliação do Programa Bolsa Família.

Para além da análise dos gastos do governo federal com o manejo da pandemia, cabe mencionar o conjunto de atos normativos relacionados à Covid-19 que foram tomados no período, sistematizados por Asano et al.[280] Essa pesquisa, levada a cabo pela Organização não Governamental (ONG) Conectas Direitos Humanos e pelo Centro de Pesquisa e Estudos de Direito Sanitário (CEPEDISA) da Faculdade de Saúde Pública da Universidade de São Paulo (FSP-USP), resultou numa linha do tempo na qual foram dispostas normas, obstruções e discursos e propagandas federais relativos ao manejo da pandemia ao longo do ano de 2020. Três eixos foram considerados nesse levantamento: i) atos normativos da União, incluindo a edição de normas por

---

[280] ASANO, C. L.; VENTURA, D. F. L.; AITH, F. M. A.; REIS, R. R.; RIBEIRO, T. B. (Eds.). "Boletim Direitos na Pandemia, n. 10". *Conectas Direitos Humanos e Centro de Pesquisas e Estudos de Direito Sanitário*, 2021. Disponível em: https://www.conectas.org/wp/wp-content/uploads/2021/01/Boletim_Direitos-na-Pandemia_ed_10.pdf.

autoridades e órgãos federais e vetos presidenciais; ii) atos de obstrução às respostas dos governos estaduais e municipais à pandemia e iii) propaganda contra a saúde pública, definida como:

> (...) o discurso político que mobiliza argumentos econômicos, ideológicos e morais, além de notícias falsas e informações técnicas sem comprovação científica, com o propósito de desacreditar as autoridades sanitárias, enfraquecer a adesão popular às recomendações de saúde baseadas em evidências científicas, e promover o ativismo político contra as medidas de saúde pública necessárias para conter o avanço da Covid-19.[281]

O resultado causa grande assombro: fica evidente que as diferentes ações, longe de evidenciarem "incompetência" para lidar com a pandemia na direção de preservar vidas, revelam grande consistência ao, sistematicamente, preterir a vida em favor da continuidade das atividades econômicas. No total, nada menos que 3.049 normas relacionadas à pandemia de coronavírus foram editadas ao longo do ano, entre leis, decretos, medidas provisórias, portarias, resoluções etc.

Um primeiro dado que chama a atenção é a intensa atividade normativa do Ministério da Economia, que ocupa a segunda posição como emissor das normas - à frente, inclusive, da Agência Nacional de Vigilância Sanitária (Anvisa). Vale ressaltar alguns exemplos de atuação nos diferentes eixos, com destaque para o primeiro deles.

Em 20 de março de 2020, foi editada Medida Provisória (MP) que atribuía ao Presidente a competência de dispor sobre os serviços públicos e atividades essenciais por meio de Decreto. Cabe observar que o STF concedeu liminar assegurando que a MP não afastasse a competência concorrente nem a tomada de providências normativas e

---

[281] ASANO, C. L.; VENTURA, D. F. L.; AITH, F. M. A.; REIS, R. R.; RIBEIRO, T. B. (Eds.). "Boletim Direitos na Pandemia, n. 10". *Conectas Direitos Humanos e Centro de Pesquisas e Estudos de Direito Sanitário*, 2021. Disponível em: https://www.conectas.org/wp/wp-content/uploads/2021/01/Boletim_Direitos-na-Pandemia_ed_10.pdf.

administrativas pelos estados e municípios.[282] Ainda assim, no decorrer do ano, vários decretos foram emitidos no sentido da ampliação dos escopos das chamadas "atividades essenciais" na pandemia, medidas adotadas por vários estados e/ou municípios com lideranças políticas com afinidade bolsonarista. Assim é que foram incluídas entre as atividades essenciais salões de beleza, barbearias, academias de esporte, atividades religiosas de qualquer natureza, atividades industriais (sem especificação) e construção civil.

Ainda neste primeiro eixo, vale notar as medidas indutoras de dispensação de hidroxicloroquina para tratar sintomas leves e moderados da Covid-19, tanto na forma de protocolos (e, mais tarde, um aplicativo) do Ministério da Saúde, quanto na de Resoluções Colegiadas da própria diretoria da Anvisa, que flexibilizou usos desta substância e da Ivermectina.[283] O desestímulo ao uso de máscaras também esteve presente nas normas ditadas pelo governo federal, como por exemplo no veto presidencial a 25 dispositivos da Lei nº 14.019 (de 02/07/2020) que instituem a obrigatoriedade do uso de máscaras em estabelecimentos comerciais e industriais, templos religiosos, escolas e demais locais fechados em que haja reunião de pessoas.[284] Também vetaram a imposição de multa pelos entes federados em caso do descumprimento da obrigação de uso de máscaras e aos estabelecimentos autorizados a funcionar durante a pandemia da Covid-19 que deixassem de disponibilizar álcool em gel 70% em locais próximos às suas entradas, elevadores e escadas rolantes. Felizmente, em 19/08/2020, o veto presidencial foi derrubado pelo Congresso Nacional, o que resultou na manutenção dos dispositivos na lei.

---

[282] Este fato gerou declarações do Presidente de que não havia feito mais no combate à pandemia porque o STF não teria permitido.

[283] Nem a Hidroxicloroquina nem a Ivermectina apresentam ação comprovada cientificamente no tratamento da Covid-19. No entanto, a ilusão de que a doença causada pelo coronavírus possuía tratamentos eficazes contribuiu para desestimular as pessoas a utilizarem as únicas medidas reconhecidamente adequadas na prevenção da doença: o distanciamento social, a higienização e o uso de máscara.

[284] A justificativa dada foi que o dispositivo incorreria em possível "violação de domicílio".

CAPÍTULO X - AS RESPOSTAS DO GOVERNO BOLSONARO...

Por fim, ainda no campo dos atos normativos da União, não se pode deixar de citar as medidas que visavam limitar o acesso a populações vulneráveis a medidas protetivas. Entre estas, por exemplo, está o veto a 14 dispositivos da Lei no 14.021 (de 07/07/2020) que determina medidas de proteção para comunidades indígenas durante a pandemia de Covid-19, com extensão a quilombolas, pescadores artesanais e demais povos tradicionais das medidas previstas no plano emergencial; o veto à dotação orçamentária emergencial específica para garantir a saúde indígena; e o veto à criação de um mecanismo de financiamento específico para governos estaduais e prefeituras. Novamente, neste caso, em 19/08/2020, o Congresso Nacional derrubou os vetos presidenciais, mantendo os dispositivos na lei.

Exemplos do segundo eixo – a obstrução às ações dos estados e municípios – também abundam, mas talvez os mais emblemáticos tenham sido as ações que levaram à expiração da validade dos testes para detecção da Covid-19, e a falta de resposta do governo federal às ofertas de venda de vacinas. E como se não bastassem as ações enquadradas nos primeiros dois eixos, as que estão no terceiro eixo – propaganda contra a saúde pública – completam esse verdadeiro show de horrores. Entre elas estão desde a qualificação da terrível doença causada pelo Sars-Covid-2 – que seria apenas uma "gripezinha" – até a alusão a uma possível transformação em "jacarés" (sic) daqueles que se imunizassem com a vacina.

10.4 Considerações finais

A análise de dados internacionais acerca da relação variação do PIB e taxa de mortalidade por Covid-19 sugere que considerar a preservação da atividade econômica e a preservação da vida como objetivos excludentes é equivocado. Mais equivocado ainda é, ao considerá-las como objetivos excludentes, privilegiar a primeira, como tem sido o caso do governo federal brasileiro.

A esmagadora maioria das medidas (econômicas e regulatórias) tomadas pelo governo destinaram-se à preservação da atividade econômica, e muitas vezes em detrimento da preservação da vida. Numa pandemia, uma política que não privilegia o cuidado da vida torna-se uma política de morte. Assim, vê-se que pessoas que se autointitulam "cidadãos de bem", em consonância com as mensagens do governo federal (não só da presidência, mas de diversas outras instâncias) bradam em favor da preservação de suas "liberdades individuais": liberdade de aglomerar-se, liberdade de não usar máscara, de escolher suas próprias fontes de "informação verdadeira" e de duvidar da vacina. Os resultados sociais são devastadores. A pandemia, após uma primeira onda relativamente controlada em novembro, recrudesceu em fins de dezembro de 2020 e ao longo de janeiro de 2021. O cenário, no início deste ano, é desalentador: além da suspensão do auxílio emergencial e do enorme grau de endividamento de micro, pequenas e médias empresas, muitas das quais beneficiaram-se dos programas de crédito a elas direcionadas em 2020, verifica-se a perigosa combinação de uma vacinação claudicante e desorganizada[285] e de uma baixíssima adesão às medidas de distanciamento social, higiene e uso de máscaras. Enquanto as discussões sobre um novo auxílio emergencial caminham a passos lentos, em um cenário em que o Orçamento da União para 2021 ainda não se encontra aprovado, as propostas de "independência" do Banco Central e de reformas administrativas seguem avançando.

    A política levada a cabo pelo governo federal no enfrentamento da pandemia de Covid-19 abandona à própria sorte os corpos mais vulneráveis. Mas, afinal, se a norma da sociedade neoliberal é a concorrência generalizada, em que uns perdem e outros ganham, é esse o resultado "natural". Em sua *live* semanal que foi ao ar em 11 de fevereiro de 2021, dia em que o país registrou 1.452 mortes por Covid-19 em 24 horas, o presidente afirmou: "A vida continua, temos que enfrentar as adversidades. Não adianta ficar em casa chorando, não vai chegar a lugar nenhum. Vamos respeitar o vírus, voltar a trabalhar, porque sem a economia não tem Brasil."

---

[285] VARELLA, Drauzio. "A vacinação contra o coronavírus virou uma bagunça no Brasil". *Folha*, 2021. Disponível em: https://www1.folha.uol.com.br/colunas/drauziovarella/2021/02/a-vacinacao-contra-o-coronavirus-virou-uma-bagunca-no-brasil.shtml. Acesso em: 02 jul. 2021.

Respeitar o vírus, que segue eliminando os mais frágeis, e manter a economia viva – esta é a mensagem cruel e equivocada da política de morte.

CAPÍTULO XI
A POLÍTICA EXTERNA BOLSONARISTA E A SOCIEDADE INTERNACIONAL

> Essa é a primeira vez que eu vejo todas as tradições da diplomacia brasileira jogadas no lixo.
>
> *Celso Amorim*

A política externa de um país pode ser considerada, por muitos motivos relativamente óbvios e relacionados com o seu caráter e objetivo, como o maior conjunto de políticas públicas exercidas por determinada nação frente à sociedade internacional. Trata-se do tipo de política que representa a coletividade brasileira perante o mundo e que, portanto, historicamente foi elaborada com base em teorias basilares das relações internacionais, equidistância e pragmatismo, bem como fazem basicamente todas as principais sociedades civis modernas da Terra.

Durante os dois primeiros anos do governo de Jair Bolsonaro (2019 e 2020), a Política Externa Brasileira, conhecida como PEB pelos profissionais, acadêmicos e estudantes de Relações Internacionais, sofreu a maior reviravolta da sua história desde a redemocratização do país e tornou-se a política externa bolsonarista, para a qual serve o mesmo acrônimo.

Doutores em Relações Internacionais, diplomatas de carreira e algumas das figuras mais notáveis da história da diplomacia brasileira afirmaram – durante as investigações organizadas para este capítulo – que nem os generais da ditadura militar foram tão desastrosos na condução da PEB, a legítima, como a mais recente administração federal do Brasil.

11.1 O alinhamento automático da Política Externa bolsonarista com os EUA de Donald Trump

O Itamaraty – antes principal formulador da Política Externa Brasileira – foi relegado ao papel de observador/organizador, na melhor das hipóteses, do alinhamento automático e subserviente que se estabeleceu aos interesses do governo de Donald Trump (EUA) e das decisões que foram tomadas pelos núcleos mais fundamentalistas do gabinete da gestão Bolsonaro e, atabalhoadamente, pelo próprio presidente.

Durante os primeiros vinte e quatro meses da sua gestão, a PEB, bolsonarista, removeu a população LGBTQIA+ da lista de políticas e diretrizes destinadas à promoção dos Direitos Humanos do Governo Federal do Brasil, lançou-se em uma cruzada internacional junto aos EUA de Trump contra a descriminalização do aborto,[286] retirou o país do Pacto de Migração da Organização das Nações Unidas (ONU), incentivou a posse de armas de fogo[287] no território nacional e produziu crises globais de imagem e reputação considerando as mediadas e

---

[286] *Geneva Consensus Declaration.*

[287] A posse de arma é um documento emitido pelas autoridades brasileiras e permite que, caso cumpram algumas determinações legais, os cidadãos possam ter em suas casas pistolas e revólveres. Segundo dados da própria Polícia Federal do Brasil (PF), o número de registros de novas armas de fogo concedidos à população explodiu em todo o país. Comparando o primeiro semestre de 2020 com o mesmo período do ano de 2019, houve um aumento de 205% no total de novos registros emitidos: 24.236 em 2019 contra 73.996 em 2020. No Distrito Federal, o aumento foi de mais de 1.400%.

posturas adotadas para o enfrentamento ao coronavírus e aos acentuados incêndios que consumiram a Amazônia e o Pantanal.

De forma absolutamente gratuita e unilateral, a política externa bolsonarista também renunciou à condição de país emergente na OMC (Organização Mundial do Comércio), derrubou a exigência de visto para os estadunidenses, agrediu com ofensas de caráter pessoal a esposa do presidente francês, Brigitte Macron, reivindicou a ditadura chilena de Augusto Pinochet ao atacar o pai de Michelle Bachelet (comissária dos Direitos Humanos da ONU) e criou a maior crise da história das relações diplomáticas entre Brasil e China, que atualmente é o principal parceiro comercial brasileiro.

Além disso, a política adotada pela gestão bolsonarista frente à sociedade internacional esteve muito próxima de gerar um conflito armado com a Venezuela, rechaçou a eleição do presidente argentino, Alberto Fernández, e deixou, em ato de submissão sem precedente na história do Brasil, dois navios iranianos, o MV Bavand e o MV Termeh, desabastecidos por quase cinquenta dias no Porto de Paranaguá, no Paraná.[288]

Aliado caninamente à gestão Trump, Bolsonaro rejeitou a vacina russa[289] (Sputink V), afirmou inúmeras vezes, sem demonstrar quaisquer provas, que a vitória de Joe Biden no pleito presidencial estadunidense de 2020 havia sido fraudada e ameaçou utilizar "pólvora" contra os Estados Unidos em questão que envolveu a região amazônica.

Todas essas medidas contrariaram quase um século de interações do Brasil com o restante do mundo e caracterizaram um novo paradigma considerando a forma como interagimos e somos percebidos na sociedade internacional, principalmente quando comparadas com a

---

[288] A Petrobras negou-se a abastecer as embarcações, porque o governo iraniano estava sob sanções aplicadas pelos Estados Unidos.

[289] DIAS, Marina. "Governo Trump pressionou Brasil a recusar vacina russa Sputnik V". *Folha*, 2021. Disponível em: https://www1.folha.uol.com.br/equilibrioesaude/2021/03/governo-trump-pressionou-brasil-a-recusar-vacina-russa-sputnik-v.shtml. Acesso em: 06 jul. 2021.

linha que vinha sendo praticada pela política externa brasileira desde o governo Sarney. Neste sentido, o governo de Michel Temer efetivou as mudanças embrionárias que resultariam na política externa bolsonarista, posteriormente, e a administração Bolsonaro rompeu de forma absoluta com as práticas e tradições da política externa do Brasil.

O décimo capítulo do livro *A ascensão do bolsonarismo no Brasil do Século XXI*[290] aponta quatro pontos centrais de fricção entre a política externa bolsonarista e a sociedade internacional: a) o alinhamento automático com a administração de Donald Trump; b) a integração regional do Brasil na América do Sul; c) Israel e o mundo árabe e d) a China e o anticomunismo.

Em 2020, a pandemia agudizou ainda mais esses conflitos. O Governo Federal do Brasil assumiu, de forma institucional e no âmbito internacional, uma postura submissa aos Estados Unidos de Trump, negacionista e anticientífica para lidar com a crise sanitária.

Diversas publicações de veículos de imprensa e líderes de todos os continentes apontaram a irresponsabilidade do governo do Brasil junto à sociedade internacional e criticaram a postura do presidente brasileiro.

Em setembro de 2020, pela primeira vez desde o fim do regime militar, o Brasil virou alvo de uma recomendação oficial da Organização das Nações Unidas para que o governo do país fosse objeto de uma investigação internacional.[291] Apesar de ser um processo extremamente complexo e que tem poucas chances de se materializar de forma efetiva, essa iniciativa demonstra empiricamente o desgaste que a política externa bolsonarista vem ocasionando para o Brasil no cenário internacional.

---

[290] CALEJON, Cesar; VIZONI, Adriano. *A ascensão do bolsonarismo no Brasil do Século XXI*. São Caetano do Sul: Lura, 2019, p. 204.

[291] No dia 16 de setembro de 2020, o relator especial da Organização das Nações Unidas, Baskut Tuncak, responsável pelos temas de resíduos tóxicos e direitos humanos, sugeriu que o Conselho de Direitos Humanos aprovasse a abertura da investigação.

Sob a gestão do chanceler Ernesto Araújo, os princípios que moldaram a trajetória do Itamaraty, uma das mais tradicionais e respeitadas instituições do Estado brasileiro, foram corroídos. A condução de Araújo, diplomata inexperiente indicado ao posto por Olavo de Carvalho, causou perplexidade em toda a comunidade internacional, para além do seu isolamento junto aos próprios pares dentro do Itamaraty.

Celso Amorim, ex-ministro das Relações Exteriores dos governos Itamar (1993-1995) e Lula (2003-2011), ex-ministro da Defesa do governo Dilma (2011-2015) e um dos diplomatas mais proeminentes na linhagem da diplomacia brasileira, acredita que o Brasil "nunca sofreu tamanho descrédito".[292]

"Eu nunca vi um desastre igual", assegura Amorim. O ex-ministro, que se notabilizou por conduzir a política externa brasileira a um protagonismo internacional, sobretudo por meio da luta contra a fome e a pobreza durante o governo Lula, garante:

> Eu entrei para o Itamaraty na época da Política Externa Independente, ainda com o João Goulart. Entrei para o Instituto Rio Branco. Depois, vieram os anos do regime militar e as oscilações da Nova República, mais neoliberal etc. Contudo, nunca houve um desastre semelhante (à política externa bolsonarista).[293]

Segundo ele, a gestão de Ernesto Araújo transcendeu limites não rompidos até pelos governos militares. O diplomata pontua:

> O Brasil nunca sofreu tamanho descrédito (no mundo). Mesmo na época dos governos militares, sobretudo naquela época

---

[292] Entrevista concedida ao autor no dia 20 de julho de 2020. Nessa ocasião, o governo bolsonarista utilizou a Secretaria Especial de Comunicação Social da Presidência da República (Secom) para rebater de forma institucional o artigo com o ex-chanceler Celso Amorim que foi publicado pelo site UOL Notícias.

[293] Entrevista concedida ao autor no dia 20 de julho de 2020. Nessa ocasião, o governo bolsonarista utilizou a Secretaria Especial de Comunicação Social da Presidência da República (Secom) para rebater de forma institucional o artigo com o ex-chanceler Celso Amorim que foi publicado pelo site UOL Notícias.

terrível do (Emílio Garrastazu) Médici (1969 – 1974), com as torturas e assassinatos, ainda assim havia uma separação entre os eventos internos e as práticas da Política Externa Brasileira. Desta forma, esta é a primeira vez que eu vejo todas as tradições da diplomacia brasileira jogadas no lixo.[294]

Para Amorim, a atual política externa nega os princípios básicos contidos na Constituição da República Federativa do Brasil de 1988.

> A começar pela independência nacional. O Brasil nunca declarou, mesmo quando existiram flertes especiais com os EUA, um alinhamento automático e subserviente desta forma. Amplificamos e pioramos a política do (Donald) Trump, que é equivocada e demagógica, mas que procura atender, pelo menos, certa visão do interesse estadunidense. A nossa atual política externa nem isso faz.[295]

E prossegue:

> Você avalia as entrevistas do Steve Bannon, que é um dos ideólogos deles (administração Trump), e ele fala todas aquelas coisas da China e os absurdos todos que se pode imaginar sobre o multilateralismo etc. Contudo, ele avança estes argumentos alegando que o objetivo final é defender a indústria e os empregos dos norte-americanos. No nosso caso, a nossa argumentação nem isso tem, porque atuamos também para defender os interesses dos EUA.[296]

---

[294] Entrevista concedida ao autor no dia 20 de julho de 2020. Nessa ocasião, o governo bolsonarista utilizou a Secretaria Especial de Comunicação Social da Presidência da República (Secom) para rebater de forma institucional o artigo com o ex-chanceler Celso Amorim que foi publicado pelo site UOL Notícias.

[295] Entrevista concedida ao autor no dia 20 de julho de 2020. Nessa ocasião, o governo bolsonarista utilizou a Secretaria Especial de Comunicação Social da Presidência da República (Secom) para rebater de forma institucional o artigo com o ex-chanceler Celso Amorim que foi publicado pelo site UOL Notícias.

[296] Entrevista concedida ao autor no dia 20 de julho de 2020.

CAPÍTULO XI - A POLÍTICA EXTERNA BOLSONARISTA...

De acordo com o ex-chanceler:

> (...) as nossas posições em direitos humanos, na questão do racismo, passando pelos direitos reprodutivos da mulher, a situação da Palestina, entrando na questão do embargo à Cuba – que eu sempre faço questão de dizer que se trata de uma matéria do Direito Internacional – até a própria Organização Mundial da Saúde (OMS)... não existe igual. Nunca houve um Brasil deste tipo. A única esperança que podemos ter é a de que tudo isso vai passar. Que seja algo do tipo "a extrema direita bêbada" e que esta bebedeira passe para que tenhamos algum restabelecimento da normalidade.[297]

Ainda segundo Amorim, em matéria de PEB, o bolsonarismo não resistirá a esta normalização do mundo. O ministro salienta:

> Estamos sob um impacto muito forte da pandemia (de Covid-19) e com uma crise econômica global acentuada. Quando tudo isso passar, a política externa bolsonarista é tão absurda que não poderá resistir. Como você pode conduzir uma PEB que hostiliza, diariamente, o seu principal parceiro comercial (China)? Como você pode manter ataques reiterados e gratuitos contra alguns dos principais líderes europeus em temas como a pandemia, o meio ambiente e até de caráter pessoal? Tudo isso é um absurdo! Essas perguntas só podem ser compreendidas, mas jamais justificadas, com a expectativa de que o Brasil obteria vantagens, que até aqui jamais se concretizaram, por parte do governo Trump.[298]

Para ele, com a derrota de Trump na eleição para a Presidência dos Estados Unidos, a política externa bolsonarista perdeu o seu único ponto de apoio e ficou totalmente à deriva no cenário internacional entre 2021 e 2022.

Amorim antecipou:

---

[297] Entrevista concedida ao autor no dia 20 de julho de 2020.
[298] Entrevista concedida ao autor no dia 20 de julho de 2020.

> Evidentemente, o Brasil é um país grande demais para ser simplesmente ignorado, mas não haverá nenhum tipo de boa vontade (por parte dos EUA). Inclusive, algumas "vantagens" que o governo Bolsonaro busca, eu entendo que representam um ônus para o Brasil. Por exemplo, a declaração de que o Brasil é um aliado preferencial extra da Organização do Tratado do Atlântico Norte (OTAN): já existem ações no Congresso dos EUA para retirar esta qualificação. Com certeza, medidas como esta serão reforçadas com o governo (do Partido) Democrata e o presidente (Joe) Biden.[299]

Assim, o isolamento do Brasil tornou-se ainda mais acentuado. O diplomata reforça:

> (...) E olha que nós somos um dos maiores países do mundo em muitos aspectos, então não é fácil conseguir isolar o Brasil, mas hoje ninguém quer aparecer na foto com o presidente (Jair) Bolsonaro. Nem o (Rodrigo) Duterte, das Filipinas, que tem todas as características que nós conhecemos, quer se associar à imagem atual do Brasil. O próprio Trump, no que diz respeito à pandemia, tem procurado se afastar. Ou seja, vivemos um momento de desastre absoluto, contrário a todas as tradições (da política externa) brasileira.[300]

O ex-chanceler observa:

> A defesa do multilateralismo sempre foi, durante o período democrático e mesmo antes disso, retirando uma ou outra exceção, uma postura dos governos brasileiros. A nossa situação é péssima de qualquer forma e vai se agravar ainda mais em eventual derrota do Trump. Até porque o atual presidente estadunidense está, obviamente, usando o Brasil para atingir os seus objetivos, que incluem o petróleo e a Venezuela. Contudo, no momento em que ele (Trump) sentir que este apoio já não compensa, até pelo desgaste interno que sofre a administração Bolsonaro, ele

---

[299] Entrevista concedida ao autor no dia 20 de julho de 2020.
[300] Entrevista concedida ao autor no dia 20 de julho de 2020.

vai abandonar o bolsonarismo, não há dúvidas. Apesar de toda a loucura, o Trump era pragmático.[301]

Para ele:

> (...) o fato de nós termos um oficial general, um brigadeiro do Exército do Brasil, no Comando Sul dos Estados Unidos (...) é algo inadmissível, porque não se trata de um estágio, curso ou processo de aprendizagem. Ele está na cadeia de comando do setor do Exército dos Estados Unidos que, eventualmente, pode ser empregado contra a Venezuela. Ainda que ele não faça nada ou sequer concorde, a presença deste militar brasileiro legitimaria a ação. Além disso, ainda sofremos a humilhação de ouvir que o Brasil paga para o nosso general trabalhar para o comandante do Comando Sul dos EUA (Flórida). Submissão absoluta e vergonha nacional.[302]

Historicamente, como relembra o diplomata, os governos brasileiros sempre demonstraram uma grande preocupação com a integração sul-americana. Amorim garante:

> Houve momentos de rivalidade, na época dos governos militares, mas, ao longo da história e até antecedendo o golpe militar (1964), já o (Juan Domingo) Perón com o (Getúlio) Vargas, o Arturo Frondizi e Jânio Quadros tiveram contato também, sempre houve este cuidado. Isso se acentuou em tempos recentes, principalmente a partir do governo (José) Sarney, que começou a trabalhar intensamente nisso, passando pelo Itamar (Franco) e o próprio (Fernando) Collor, que assinou o acordo com o Mercosul. Tudo isso foi evoluindo até chegar ao governo Lula, durante o qual este zelo foi uma prioridade muito grande. A Unasul (União de Nações Sul-Americanas), o Conselho Sul-Americano de Defesa, o Instituto Sul-Americano de Governança em Saúde etc., enfim, todas estas atitudes que foram extremamente importantes para o Brasil.[303]

---

301 Entrevista concedida ao autor no dia 20 de julho de 2020.
302 Entrevista concedida ao autor no dia 20 de julho de 2020.
303 Entrevista concedida ao autor no dia 20 de julho de 2020.

O chanceler reforça como esse processo de integração regional está ancorado em valores consagrados na Carta Magna.

"Isso não é algo abstrato, tampouco, mas um parâmetro constitucional: parágrafo único e vários incisos do artigo 4, que fala sobre a interação latino-americana, que só pode ser atingida com o degrau da integração da América do Sul",[304] explica.

O ex-ministro usou uma imagem bem atual, em meio à crise da Covid-19, para ilustrar o isolamento do Brasil. Amorim reitera:

> Por exemplo, há algumas semanas, o presidente da Colômbia (Ivan Duque) fez uma reunião virtual com outros líderes conservadores da América do Sul, como o (Sebastián) Piñera e (Luis Alberto) Lacalle Pou e não convidou o Bolsonaro, simplesmente porque ninguém quer aparecer ao lado do presidente brasileiro. É uma situação única e que reflete uma total falta de estratégia e liderança.[305]

Em agosto de 2020, foi submetido ao Congresso Nacional o documento da nova política de defesa do Brasil. A política nacional de defesa remonta a várias origens, de onde surgiu a estratégia nacional e, posteriormente, por determinação do Congresso (Nacional), estabeleceu-se a elaboração de três documentos a cada quatro anos: a Política Nacional de Defesa (PND), a Estratégia Nacional de Defesa e o Livro Branco. Esses documentos norteiam a política externa brasileira.

> Historicamente, estas políticas sempre foram formuladas com base nos princípios da não intervenção e do respeito à autodeterminação dos povos. Agora, pela primeira vez, estas resoluções citam a América do Sul como uma região de possíveis "tensões e crises",[306]

enfatiza o diplomata.

---

[304] Entrevista concedida ao autor no dia 20 de julho de 2020.
[305] Entrevista concedida ao autor no dia 20 de julho de 2020.
[306] Entrevista concedida ao autor no dia 20 de julho de 2020.

CAPÍTULO XI - A POLÍTICA EXTERNA BOLSONARISTA...

Estas orientações contrariam um século de interação do Brasil com os nossos vizinhos e abrem precedentes alarmantes. Amorim destaca:

> Houve um início de ação armada contra a Venezuela em fevereiro deste ano. O atual chanceler brasileiro (Ernesto Araújo) foi, efetivamente, até a fronteira do Brasil com a Venezuela. Eu tenho meio século de diplomacia, cresci em meio à Guerra Fria e nunca vi nada parecido com essa retirada do corpo diplomático brasileiro que foi realizada na Venezuela.[307]

O ex-chanceler do Brasil sintetizou:

> Ou seja, absolutamente na contramão dos interesses nacionais, as posturas adotadas pelo bolsonarismo na sociedade internacional entre 2019 e 2020 transcendem os limites da Política Externa Brasileira e caracterizam uma falta total de decoro diplomático no âmbito internacional. Trata-se de uma ideologia da extrema direita somada à total submissão do Brasil às determinações de Trump.[308]

O bolsonarismo isolou e diminuiu a posição brasileira de forma sem precedente com alguns dos principais parceiros comerciais históricos da nação, incluindo os Estados Unidos e a China, as duas maiores potências econômicas do planeta.

11.2 EUA x China. E o Brasil?

Após quatro anos da gestão de Donald Trump à frente da Presidência dos Estados Unidos, a nação norte-americana – bem como o Brasil, por osmose – encontrava-se em um processo de animosidade sem precedente com a China.

Apesar de refletir uma disputa ampla e estrutural para definir a lógica da geopolítica que será estabelecida entre as duas maiores potências

---

[307] Entrevista concedida ao autor no dia 20 de julho de 2020.
[308] Entrevista concedida ao autor no dia 20 de julho de 2020.

do planeta nas próximas décadas, a escalada das tensões diplomáticas atingiu o seu ápice, coincidentemente ou não, durante o esforço de reeleição do presidente estadunidense que mais usou o "combate ao comunismo" como narrativa política para fazer a manutenção do seu poder desde o fim da Guerra Fria, o que também vale para a situação brasileira.

Carlos Gustavo Poggio, doutor em Relações Internacionais, professor da Fundação Armando Alvares Penteado (FAAP), em São Paulo, e especialista em política externa dos Estados Unidos, avalia que esse talvez seja o maior embate da geopolítica global durante a primeira metade do século XXI. E explica:

> Essa escalada de tensões diplomáticas (entre China e EUA) vem acontecendo há algum tempo. Nós temos uma condição estrutural de disputa entre esses países, que se manifesta em diversas áreas: comércio, tecnologia, questões diplomáticas como o fechamento de consulados etc. Trata-se de um embate geopolítico muito amplo e a grande questão, para nós, é como o Brasil se insere neste contexto. Como o país vai se colocar no momento em que o sistema internacional está se reconfigurando para uma espécie de Guerra Fria, guardada as devidas diferenças, agora entre EUA e China.

Contudo, existem algumas diferenças fundamentais entre a Guerra Fria e o atual momento. Ressalta:

> Eu destacaria um ponto principal, que é o alto grau de interdependência econômica entre EUA e China, o que não havia entre EUA e a União Soviética (URSS). A China é uma potência econômica que a União Soviética nunca chegou a ser. (...) Vejo também a questão da disputa/guerra cibernética como fator novo nesse contexto.

O doutor em Relações Internacionais prossegue:

> Uma potência média como o Brasil, um país em desenvolvimento, tem restrições em termos das suas escolhas estratégicas. Nem durante a Guerra Fria original, o Brasil escolheu aliar-se de forma tão subserviente, porque houve alguns momentos (de alinhamento com os EUA), durante a gestão (Humberto

de Alencar) Castelo Branco, por exemplo, mas o País manteve certa independência estratégica dos dois blocos.

De acordo com ele:

> (...) este seria um posicionamento interessante para esta ocasião também. Não cabe ao Brasil escolher, claramente, um lado nesta disputa. Muito pelo contrário: devemos aproveitar as eventuais oportunidades que surjam deste embate. Uma abordagem inteligente do governo brasileiro seria fazer uma leitura clara do que está acontecendo no sistema internacional e perceber como a nossa nação pode se beneficiar desta nova configuração.

Poggio não acredita que a vitória de Joe Biden sobre Donald Trump possa arrefecer este conflito. O professor garante:

> Essa não é uma contenda entre Trump e Xi Jinping, entre indivíduos ou líderes. Esta é uma disputa estrutural entre duas grandes potências: uma em ascensão, que é a China, e a outra estabelecida, que são os Estados Unidos. É uma situação clássica nas Relações Internacionais: desde a Guerra do Peloponeso (entre 431 e 404 a.C), Tucídides já descrevia isso. Portanto, a eleição do Joe Biden não deverá simplesmente resolver esta questão.

Apesar disso, a imagem da China na sociedade estadunidense vem piorando substancialmente durante o governo Trump, quando o presidente fez diversas afirmações e acusações de cunho racista contra os chineses, principalmente no que se refere à pandemia de Covid-19 e à guerra tarifária.

Recentemente, o *Pew Research* fez uma pesquisa[309] e descobriu que cerca de dois terços da população dos EUA (66%) possuem uma visão desfavorável sobre o país asiático.

---

[309] DEVLIN, Kat; SILVER, Laura; HUANG, Christine. "U.S. views of China increasingly negative amid coronavirus outbreak". *Pew Research Center*, 2020. Disponível em https://www.pewresearch.org/global/2020/04/21/u-s-views-of-china-increasingly-negative-amid-coronavirus-outbreak/. Acesso em: 06 jul. 2021.

Poggio acrescenta:

> Isso piorou muito por conta da pandemia. Alguns anos atrás, esse número estava na casa dos 40%. Ou seja, existe um respaldo popular para esta situação de confrontação com a China e a gente não percebe, nas declarações do Partido Democrata, nenhuma sinalização de que este conflito possa arrefecer (com a eleição do Joe Biden). Na verdade, se existe um tema que reúne consenso em Washington é o de que a China representa um adversário estratégico.

Assim, a China está assumindo uma postura mais assertiva junto à sociedade internacional, deixando de lado os discursos de país emergente e da ascensão pacífica para se afirmar, fortemente, como uma grande potência na arena global. Apesar disso, as mensagens emitidas pelo atual presidente estadunidense reforçam a ojeriza contra os chineses, inquestionavelmente.

O professor salienta:

> O Trump, que claramente não possui um estudo intelectual profundo sobre o tema (comunismo), tinha alguns objetivos com esta narrativa (de "combate ao comunismo"). O primeiro é atribuir a pecha de radicais esquerdistas ao Partido Democrata. Ele também sabe muito bem que "comunismo" e "socialismo" não são palavras bem percebidas pelos imigrantes hispânicos em alguns lugares (dos EUA), como no estado da Flórida. Ou seja, essa narrativa também visa consolidar o capital político entre esses eleitores, que têm um peso no cenário estadunidense doméstico.

Ainda segundo ele, o conflito entre EUA e China será o tema central da geopolítica no século XXI.

> Estamos entrando em uma era que vai definir como estas duas potências deverão se relacionar. Elas estão tentando entender as regras do jogo. Ninguém sabia bem, por exemplo, em meados das décadas de 1940 e 1950, exatamente como se daria a relação entre Estados Unidos e União Soviética. Houve episódios como a crise de Berlim (1948), no início da Guerra Fria, que serviram para que as potências se testassem naquela ocasião e aprendessem

quais eram as regras daquele relacionamento. Eu acho que é isso que nós estamos vendo a partir de agora.

Durante todo o primeiro semestre de 2020, Mike Pence, vice-presidente dos EUA, e Mark Esper, secretário de Defesa, fizeram discursos fortíssimos abandonando a postura dos Estados Unidos com relação à China que estava vigente nos últimos quarenta anos.

Poggio diz:

> Isso mudou de forma muito rápida e claramente. A administração Trump incluiu a China, oficialmente, inclusive, na declaração estratégica do governo estadunidense, como adversária. Portanto, não mais como um competidor ou parceiro. E a China vem respondendo da mesma forma. Assim, existem agora diversos focos de tensão envolvendo muitas questões: Hong Kong, Taiwan, Mar do Sul etc.

Talvez o ponto mais nevrálgico para refletir sobre o embate entre as duas maiores forças militares e econômicas da Terra seja a capacidade que cada parte tem de estabelecer alianças regionais e globais.

O acadêmico, que entende que este fato abre uma janela estratégica importante para os EUA, em virtude do bom relacionamento com os indianos, que foi estabelecido pelo menos desde a administração George W. Bush, lembra:

> A Índia está em uma posição bastante complicada neste processo. Afinal de contas, é um país que faz fronteira com a China, que tem disputas territoriais com os chineses, durante as quais morreram soldados indianos, recentemente. Houve uma escalada em termos de discurso neste sentido.

O professor previu:

> Caso o governo Trump tivesse dado algum tipo de apoio aos seus aliados e não focado tanto no "*America First*" (América Primeiro), que vem se tornando cada vez mais "*America Alone*" (América sozinha), os EUA seriam capazes de construir um arco bastante forte de alianças não somente com a Índia, mas com

outros países europeus e asiáticos. Eleito, o Biden deverá resgatar estas alianças e mudar o cenário estratégico neste sentido.

Apesar de toda a animosidade e demonstrações de força, Poggio acredita que a probabilidade deste conflito escalar para uma guerra aberta é reduzida.

> São duas potências nucleares e que têm alguma cautela. Por exemplo, até o (Josef) Stalin, apesar de ser um ditador sanguinário, claramente demonstrou certa cautela nesta seara. Olhando para a História, é pouco provável que a crise escale ao ponto de uma guerra aberta.

Poggio acrescenta:

> Dito isso, nada impede que alguns conflitos pontuais e regionais aconteçam. Existem agora muitas zonas de atrito e os estadunidenses enviaram navios de guerra para o mar do sul da China, o que pode levar a uma confrontação. Contudo, guerra aberta entre esses dois países me parece bastante improvável. A própria Guerra Fria se deu por meio de conflitos laterais, na periferia do sistema.

No que tange à capacidade militar (considerando coalizões etc.) de cada país na disputa pelo mar do sul da China, ele explica que os chineses vêm investindo há muitos anos, inclusive, construindo porta-aviões, que denotam projeção de poder na estratégia bélica.

O professor relembra:

> Porém, a questão do mar do sul da China não é somente militar, mas também política, no sentido de que falta aos chineses um arco robusto de alianças para atuarem no local. Os EUA, por exemplo, antes de ascenderem como potência global, buscaram se consolidar em sua própria área, com a Doutrina Monroe (século XIX), a própria Organização dos Estados Americanos (OEA) etc.
>
> Já os chineses possuem muitos adversários em suas vizinhanças, não somente no mar do sul da China, mas na grande região

asiática mais ampla, como a Malásia e a Indonésia, além da Austrália, do Japão e a Coréia do Sul. Há poucos aliados dos chineses nesta área,

complementa.

O acadêmico reforça que:

> (...) a administração Bolsonaro cometeu um erro estratégico basilar das Relações Internacionais: o Brasil fez a escolha estratégica de apoiar não um país (EUA), mas um governo (Trump), inclusive criando atrito com outras forças políticas dentro dos Estados Unidos. Isso causa uma série de problemas e riscos. Essa aproximação se deu ao custo de perdermos muitos outros aliados tradicionais, ofendendo chineses, franceses, alemães, chilenos, argentinos. Ou seja, basicamente o mundo todo, exceto pelo Donald Trump.

Trump perdeu a eleição em novembro de 2020 e deixou o bolsonarismo à deriva na sociedade internacional.

Em ato extremo, de irresponsabilidade para com o Brasil e de fidelidade canina ao ex-presidente Trump, Bolsonaro não reconheceu a vitória de Biden e chegou a declarar, fazendo alusão ao então presidente-eleito dos Estados Unidos e a colocações que ele fez sobre a Amazônia, que "quando acabar a saliva, tem que ter pólvora". Essas palavras reduziram imensamente qualquer oportunidade que o presidente brasileiro poderia cultivar para edificar uma relação mais produtiva com o líder de uma das maiores nações do planeta e o seu respectivo partido.

O doutor em Relações Internacionais avalia:

> Claramente, os democratas (estadunidenses) também têm uma visão bastante negativa sobre a gestão Bolsonaro, basta ver a carta que alguns deputados democratas apresentaram ao comitê do Congresso dos Estados Unidos. Então, eu não estou sequer questionando a aproximação do Brasil com os EUA, mas a forma como esse processo foi conduzido: amadora, pedestre, de quem não entende o que está acontecendo no sistema internacional.

E Poggio conclui:

> No fundo, obtivemos quase nada de concreto (da gestão Trump) e, ainda assim, são vantagens que deverão durar pouco. (...) Essa é uma disputa política entre as duas maiores potências da Terra (e parceiros comerciais do Brasil) não somente nos próximos meses, mas talvez anos e décadas. Assim, não podemos nos posicionar de forma circunstancial a depender de quem está ocupando o poder nos Estados Unidos, porque isso nos coloca reféns das escolhas dos estadunidenses. Precisamos ser muito mais estratégicos e cuidadosos com esta questão.

Fernanda Magnotta, doutora em Relações Internacionais, coordenadora do curso de Relações Internacionais da Fundação Armando Alvares Penteado (FAAP) e especialista nas tradições e ideologias políticas considerando as tomadas de decisão dos EUA, também enfatiza este ponto.

> O alinhamento (da política externa do Brasil) com os Estados Unidos é um fenômeno histórico e não representa um problema, necessariamente. Vários governos do passado adotaram diferentes maneiras de praticar este alinhamento,

introduz a coordenadora. "Extremamente complicado no que se refere à administração Bolsonaro é o fato de que não se trata de um alinhamento entre Brasil e EUA, mas sim entre as atuais gestões federais de ambos os países", prossegue.

Assim, de acordo com ela, o bolsonarismo é trumpista e não americanista, o que vulnerabilizou muito os interesses do Brasil, porque o país esteve refém de uma dinâmica eleitoral no curto prazo. Esclarece a especialista:

> (...) A nova administração dos EUA deverá perceber o bolsonarismo como oposição. Ou seja, este tipo de alinhamento (do bolsonarismo com a gestão Trump) (...) é uma política de subserviência ligada aos governos e não aos estados.

Magnotta também enfatiza que essa linha da política externa bolsonarista rompeu as tradições do Itamaraty e colocou o Brasil em posição delicada frente à sociedade internacional. E garante:

> Ainda que haja algum pragmatismo, esta tem sido uma política externa absolutamente ideológica e muito pautada pelas ideias do Olavo de Carvalho: lógica antiglobalista e que representa uma ruptura para o Brasil com relação às práticas históricas (da política externa brasileira). O Itamaraty enfrenta uma crise profunda, inclusive, de legitimidade do ministro (Ernesto Araújo), que não representa a maioria dos diplomatas. Uma descontinuidade de valores e tradições considerando o que hoje se pratica. Eu diria que há, sim, uma crescente onda de descrédito do Brasil no plano internacional, porque o país vem deixando de ocupar os espaços e perdeu respeitabilidade.

11.3 OCDE, grandes promessas e a técnica de *linked issues*

Sobre as especulações de Donald Trump e Jair Bolsonaro considerando a criação do "G7 expandido", ela é categórica:

> É mais um movimento retórico do presidente Trump para tentar ganhar algum tipo de credibilidade internacional. É uma maneira de tentar articular quem ele considera como aliado e, de certa forma, dissuadir um pouco as críticas que ele vem enfrentando neste momento decisivo de pandemia e fragilização da economia (estadunidense).

Acrescenta:

> Em linhas gerais, os analistas têm sido muito céticos com relação ao "G7 expandido", até porque, na verdade, ele já existe. É o G20, do qual, inclusive, o Brasil é parte. O G7, enquanto ainda era o G8, já enfrentava várias dificuldades, por conta da questão da Rússia, que foi excluída do arranjo original. Desde então, falta coesão entre os próprios membros do G7, que não lidam muito bem com alguns temas. (...) O presidente Trump tem

sido um pária com relação a vários aliados e países que compõem esse grupo. Ele já se indispôs no passado com algumas destas lideranças e não me parece que ele seja uma voz que represente o interesse deste grupo de forma geral.

Assim, Magnotta acredita que movimentações como essa do então presidente estadunidense, Donald Trump, têm um cunho mais discursivo e retórico para criar espaços políticos convenientes, do que efetivamente produzir uma mobilização ao redor de interesses compartilhados ou da tentativa de estabelecer uma arquitetura internacional renovada.

A acadêmica complementa:

> Entendo que para isso já existem instâncias para com as quais o próprio Trump sempre foi muito cético. Ele tem muita resistência a arranjos multilaterais e cooperativos, costuma ser muito crítico às organizações internacionais e não é um presidente focado no internacionalismo, ao contrário, é um protecionista.

Segundo ela, proposições desta natureza, que envolvem grandes promessas de ingresso do Brasil em organizações como a Organização para a Cooperação e Desenvolvimento Econômico (OCDE) ou o "G7 expandido", por exemplo, devem ser avaliadas com muita cautela.

Ressalta:

> (...) Tudo isso é uma criação utópica. O Brasil já é parte do grupo que reúne as maiores economias do mundo, que é o G20, e não faria sentido sobrepor este grupo a outro. Seria uma versão trumpista do grupo e não teria legitimidade. Trata-se de um recurso retórico que aqui no Brasil também está sendo utilizado com fins políticos para tentar mostrar uma aproximação e sinergia entre Brasil e Estados Unidos, mas que, efetivamente e na prática, não significa muita coisa. Até porque, o Brasil tem sido pouco ativo e prestigiado como membro do G20, dadas as dificuldades políticas, institucionais, econômicas e até mesmo ideológicas, com relação a este tipo de bloco por parte do último governo. Ou seja, são manobras retóricas. Tentativas de angariar apoio e mostrar algum tipo

de liderança em um momento em que a própria governança interna, em ambos os países (Brasil e EUA), está bastante complicada. A dinâmica eleitoral é o principal ponto por trás disso tudo, sem dúvida.

O caso do possível ingresso do Brasil na OCDE é sintomático para explicar que "os países não possuem amigos, mas interesses".

Todas estas ações unilaterais foram adotadas com a justificativa de que o Brasil precisa estar ao lado dos países "vencedores" e será endossado pelos EUA para compor o time dos "países ricos" na OCDE.

Após frustrar as expectativas da administração Bolsonaro, no fim de 2019, ao endossar a entrada da Argentina, os EUA de Trump voltaram atrás e sinalizaram a possibilidade de indicar o Brasil para a posição na entidade.

O Departamento de Estado dos EUA com uma nota pública sobre o tema disse:

> Os EUA querem que o Brasil se torne o próximo país a iniciar o processo de adesão à OCDE. O governo brasileiro está trabalhando para alinhar as suas políticas econômicas aos padrões da OCDE enquanto prioriza a adesão à organização para reforçar as suas reformas políticas.

Para ingressar na instituição, o Brasil vem adotando grande parte das recomendações feitas em diferentes áreas, mas, sobretudo, na macroeconômica. Na prática, isso significa a adoção do que é prescrito pelo chamado Consenso de Washington, que vamos abordar no próximo capítulo e consiste em aprofundar agendas político-econômicas de caráter neoliberal.

Dessa maneira, o Brasil deve seguir as orientações sobre o grau de interferência do Estado na economia e práticas relacionadas ao controle de taxa de juros, de câmbio, tributação de capital estrangeiro etc., o que também tolhe a autonomia que o governo brasileiro tem de administrar a sua própria economia, considerando que a OCDE defende a intervenção mínima do Estado e a liberalização do fluxo de capitais.

Historicamente, porém, sabe-se que tal agenda política tem efeitos graves considerando o aumento da desigualdade e da pobreza. Essas consequências são ainda mais profundas nas economias periféricas do capitalismo, como é o caso do Brasil e demais países da América Latina. Um importante artigo do acadêmico David Ibarra,[310] professor aposentado de Economia da Universidade Nacional Autônoma do México (UNAM), mostra que, na região, além dos danos mencionados, o que se observa é também uma perda de autonomia desses países na gestão de suas políticas econômicas.

Um exemplo claro que se pode observar no Brasil é um recente aumento da população de rua como resultado deste aprofundamento de políticas neoliberais a partir de 2016.

Segundo dados do Censo da População em Situação de Rua, realizado pela Prefeitura da Cidade de São Paulo, a população de rua da capital cresceu quase 60% em quatro anos. Em 2015, os moradores nesta situação somavam 15,9 mil. No fim de 2019, eram 24.344 pessoas. Crescimento similar tem sido observado no restante do país.

O aumento da extrema pobreza tem sido quase constante no Brasil desde 2015, período no qual também avançaram diversas políticas públicas neoliberais. Em suma, para adentrar a OCDE, o Brasil precisará alinhar-se cada vez mais a esse tipo de agenda político-econômica. Além disso, existe ainda um conjunto maior de mudanças na inserção brasileira no comércio internacional que podem trazer prejuízos ao país.

Imagine que a metáfora para compreender a vontade desmedida da gestão Bolsonaro de entrar na OCDE pode ser estabelecida com a compra de um imóvel. O sujeito A quer loucamente adquirir um imóvel do sujeito B para tornar-se membro de um determinado condomínio. Contudo, o sujeito B não precisa ou sequer deseja vender o apartamento, mas percebe que pode obter vantagens ao deixar claro

---

310 IBARRA, David. "O neoliberalismo na América Latina". *SciELO*, 2011. Disponível em: https://www.scielo.br/pdf/rep/v31n2/04.pdf. Acesso em: 06 jul. 2021.

que talvez exista a possibilidade da venda da unidade se concretizar caso o sujeito A faça tudo exatamente como lhe é mandado. Talvez, e ainda assim, caso o sujeito A ingresse no condomínio, isso não significa que ele terá o mesmo tipo de tratamento que recebem os mais poderosos membros do clube. Certo mesmo é que ele deverá pagar a taxa do condomínio e se adequar ao que lhe é imposto. Todo o restante é incerto. Ou seja, ainda que o Brasil ingresse de fato na OCDE, as eventuais vantagens podem não compensar as certas concessões que o país deve oferecer.

Fundamentalmente, o alinhamento automático brasileiro aos Estados Unidos, marca ideológica central da política externa bolsonarista, traz consigo uma série de concessões unilaterais em troca de um benefício, no mínimo, duvidoso.

Uma situação análoga, dadas as devidas proporções, aconteceu durante o auge da Segunda Guerra Mundial. De forma muito resumida, os EUA do presidente Franklin Delano Roosevelt seduziu o então ditador brasileiro Getúlio Vargas a contribuir com a luta contra o Eixo (Alemanha, Itália e Japão) oferecendo borracha e minerais para o exército dos aliados. Em contrapartida, o Brasil receberia um assento definitivo no Conselho de Segurança das Nações Unidas, mais uma vez, o grupo dos países mais ricos e poderosos do planeta. Após colaborar de todas as formas, o Brasil ficou sem o sonhado posto e ainda teve que lidar com algum nível de humilhação e constrangimento frente à sociedade internacional. [311]

Até este momento, por exemplo, a renúncia ao tratamento diferenciado na Organização Mundial do Comércio, que nos oferecia benefícios como um país emergente nas relações com as nações mais abastadas, já custou muito para o Brasil mesmo antes sequer de os EUA sinalizarem qualquer intenção de indicar o país para a OCDE.

---

[311] GARCIA, Eugênio. "De como o Brasil quase se tornou membro permanente do Conselho de Segurança da ONU em 1945". *Revista Brasileira de Política Internacional*, 2010. Disponível em: https://www.scielo.br/j/rbpi/a/8PqZbw8ym5mMshHnYvgtpVR/?lang=pt&format=pdf. Acesso em: 16 de ago. 2021.

O Brasil tinha prazos e margens especiais para defender estratégias e produtos nacionais, além de vantagens para adquirir produtos com conteúdo local por parte do setor público e uma série de benefícios tarifários por ter status de país em desenvolvimento. Tudo isso foi renunciado pela administração Bolsonaro sem nenhum tipo de compromisso assumido formalmente por parte dos EUA. Em troca de uma promessa, basicamente, para agradar os nossos vizinhos ricos do norte.

Assim, em um mundo multipolar (com BRICS etc.), assumir a postura de "vira-lata" com tamanha intensidade pode prejudicar enormemente o nosso processo de desenvolvimento e o relacionamento do Brasil com o restante da sociedade internacional.

Magnotta elucida:

> O Brasil e os EUA vêm discutindo esta possibilidade da OCDE, mas entre passar da promessa retórica para a ação prática tem muito chão pela frente. Desde o começo destas conversas, os EUA usam uma técnica de negociação conhecida como *issue linked*, com a qual eles condicionam a obtenção de qualquer avanço do processo (de ingresso do Brasil na OCDE) com a necessidade do Brasil agir exatamente como eles determinam. Eles já fizeram isso várias vezes com negociações muito agressivas para alcançar os seus interesses e condicionaram, entre outras coisas, o ingresso do país na OCDE a este movimento. No entanto, nada se concretizou na prática até o momento e nós sabemos que existem várias limitações estruturais para que isso de fato se consolide.

Para Celso Lafer, jurista e membro da Academia Brasileira de Letras que foi ministro das Relações Exteriores do Brasil em duas ocasiões[312] e embaixador do Brasil junto à Organização Mundial do Comércio e à Organização das Nações Unidas, são características desta prática da política externa bolsonarista a rejeição das tradições diplomáticas brasileiras e o seu acervo de realizações.

---

312 Em 1992, no governo de Fernando Collor, e de 2001 a 2002, nos últimos dois anos do governo Fernando Henrique Cardoso.

CAPÍTULO XI - A POLÍTICA EXTERNA BOLSONARISTA...

O ex-chanceler afirma:

> Nesse sentido, o governo Bolsonaro assinala uma mudança de linha e orientação na política externa brasileira que é muito significativa e vem sendo alvo de críticas. Inclusive, diversos ex-ministros das Relações Exteriores do país assinaram um artigo conjunto apontando que a atual política externa do governo Bolsonaro rompe com os princípios que regem as relações constitucionais no Brasil e que estão consagrados na constituição de 1988.[313]

Lafer acredita que o alinhamento automático que a política externa brasileira do chanceler Ernesto Araújo assumiu com relação ao governo Trump reduziu a reputação e as possibilidades do Brasil na comunidade internacional.

Pondera:

> O Brasil, ao longo dos anos, sempre foi capaz de construir pontes e dialogar com diversos países e interlocutores. Na medida em que a política externa do Bolsonaro aliou-se ao governo (Donald) Trump, que tem uma vocação unilateralista, diminuiu-se a capacidade de construir pontes e a interlocução que sempre caracterizaram a atuação brasileira, tanto no âmbito multilateral como bilateral. Trata-se de uma diminuição da atuação do Brasil na esfera internacional.[314]

Por conta do alinhamento automático com os EUA de Trump, a política externa bolsonarista comprometeu o processo de integração e liderança regional que vinha sendo conduzido desde o fim do regime militar, afrontou o mundo árabe tomando partido em um dos conflitos mais complexos da humanidade e bateu de frente com a China, maior parceira comercial do país.

---

[313] Entrevista concedida ao autor no dia 6 de outubro de 2020.
[314] Entrevista concedida ao autor no dia 6 de outubro de 2020.

O Brasil é um país de escala continental com dez vizinhos. Historicamente, nossas fronteiras foram de cooperação e não de separação. Essa é uma força profunda da política externa brasileira e, naturalmente, requer a presença do Brasil nas instâncias bilaterais e multilaterais na região. A política externa do governo Bolsonaro entre os anos de 2019 e 2020 foi pouco propensa a criar essas pontes. Além do mais, não tem cultivado essas relações com a Argentina, por exemplo, que é um ingrediente chave do Mercosul.

Lafer avalia:

> Com relação à Venezuela, a administração Bolsonaro também se colocou de tal forma a não poder contribuir para uma solução das questões que afligem o país e que tanto nos afetam, como a imigração de refugiados e o fornecimento de energia, sobretudo para o estado de Roraima. A atual gestão não conseguiu desempenhar um papel construtivo que outros governos brasileiros sempre conduziram na região.

E completa:

> O Brasil precisa estar atento às sensibilidades do mundo árabe, que tem um papel muito importante no nosso comércio internacional. Israel tem uma dimensão de ciência tecnologia e inovação que também é muito importante para o país. Nessa matéria, a política externa da gestão Bolsonaro tem sido mais impelida por razões de natureza ideológica do que por uma avaliação objetiva dos interesses nacionais.[315]

Em acordo com o que foi ressaltado por todos os diplomatas e doutores em Relações Internacionais que fizeram interlocução com essa pesquisa, ele pondera que:

> A China é um dos grandes pólos geopolíticos do mundo atual. O interesse do Brasil não é o alinhamento automático com os Estados Unidos e nem com a China, mas procurar manter a interlocução construtiva com ambas as nações mais poderosas

---

[315] Entrevista concedida ao autor no dia 6 de outubro de 2020.

da Terra para preservar a autonomia e salvaguardar os interesses brasileiros.[316]

A dinâmica da formulação da agenda decisória na política externa bolsonarista. Considerando que alguns parâmetros constitucionais elementares sejam atendidos - tais como o respeito à soberania das nações, a autodeterminação dos povos, o respeito à Declaração Universal dos Direitos Humanos, a independência nacional, a não intervenção, a defesa da paz, a solução pacífica dos conflitos, o repúdio ao terrorismo e ao racismo, a cooperação entre os povos para o progresso da humanidade, a concessão de asilo político e a integração econômica, política, social e cultural dos povos da América Latina, por exemplo -, a arquitetura constitucional brasileira é relativamente vaga no que tange as especificações de funcionamento de como a formulação da política externa brasileira deve ser determinada em seus diferentes níveis e instrumentos administrativos, o que oferece margem para a interpretação de que o chefe do Poder Executivo tem autonomia quase total para estabelecer o que lhe convenha na forma como o país se apresenta ao restante do mundo.

> A constituição brasileira afirma que quem conduz a política externa é o presidente da República e esse o faz com base na estratégia de acordo com o seu temperamento. A vocação do presidente (Jair) Bolsonaro sempre foi o confronto, que tem o respaldo de alguns grupos que se afinaram com ele nas eleições de 2018. Sejam os grupos mais conservadores, com as pautas de costumes, que têm mais ressonância entre os evangélicos ou por meio do agravamento do ódio considerando as administrações do Partido dos Trabalhadores e dos governos que o antecederam, o que leva a exacerbação dos conflitos e torna a comunicação intransitiva.[317]

---

[316] Entrevista concedida ao autor no dia 6 de outubro de 2020.
[317] Entrevista concedida ao autor no dia 6 de outubro de 2020.

Entre os anos de 2019 e 2020, quatro forças sociais e seus respectivos instrumentos político-administrativos foram elementares para a formulação da agenda decisória da política externa praticada pela gestão Bolsonaro perante o mundo, conforme previsto no livro *A ascensão do bolsonarismo no Brasil do Século XXI*:[318] (1) os evangélicos; (2) os ruralistas; (3) os militares e (4) os antiglobalistas. Nesse sentido, Jair Bolsonaro e a sua própria família assumiram o papel central de conduzir a diplomacia brasileira e mediar a demanda desses grupos reacionários nos maiores palcos da chancelaria global.

Lafer explica:

> Os integrantes da própria família do presidente (Bolsonaro) tiveram um papel muito importante na formulação da agenda que foi efetivamente implementada pela política externa bolsonarista, com as influências e conexões com grupos conservadores, como o Steve Bannon e o Olavo de Carvalho, na formulação desta crítica que eles acabaram assumindo principalmente contra o que foi intitulado como "globalismo": uma nova visão da sociedade internacional e de um suposto conflito de civilizações. Eles estão alinhados com essa ideia.[319]

Esses atores agiram nos subsistemas que organizam a formulação da política externa brasileira para promover esta mudança em 2019 e 2020. O ex-chanceler acrescenta:

> Eram assessores próximos ao presidente Bolsonaro. Sem dúvida nenhuma, o próprio ministro das Relações Exteriores (Ernesto Araújo) corresponde a essa visão da política externa bolsonarista e outras figuras que também integram o atual governo. Os evangélicos têm a pauta de costumes, são tradicionais e atuaram muito fortemente junto ao Ministério da Cultura e outros órgãos dessa área. Os antiglobalistas procuram negar que o mundo é interdependente, poroso, e que o caminho para a resolução das

---

[318] CALEJON, Cesar; VIZONI, Adriano. *A ascensão do bolsonarismo no Brasil do Século XXI*. São Caetano do Sul: Lura, 2019.

[319] Entrevista concedida ao autor no dia 6 de outubro de 2020.

CAPÍTULO XI - A POLÍTICA EXTERNA BOLSONARISTA...

grandes questões internacionais não está ao alcance de nenhum acordo bilateral. É uma visão rançosa e ideológica, na medida em que não tem nenhum contato com a realidade concreta.[320]

Conforme ressaltado anteriormente por outro ex-ministro das Relações Exteriores, o Itamaraty sofreu a maior descaracterização das suas práticas históricas durante os anos de 2019 e 2020.

Lafer diz:

> O Itamaraty é uma instituição muito importante do estado brasileiro, com profissionais que nela ingressaram pelo sistema de mérito. São pessoas muito qualificadas. Esses profissionais foram afastados de posições de responsabilidade sem nenhuma explicação plausível, o que afetou a competência e o moral da entidade sob a administração Bolsonaro.[321]

Lafer também ressalta que a questão do meio-ambiente vem afetando o Brasil de forma muito intensa na comunidade internacional:

> (...) O ministro desta pasta (Ricardo Salles) está totalmente alinhado com a visão do presidente. Essa linha compromete a credibilidade internacional do país. É um tema que afeta a dinâmica do funcionamento do mundo, basicamente. Desconhecer e negar esta relevância vem nos causando sérios danos no processo de reconstrução que a nação vinha organizando desde 1992.[322]

Esse novo paradigma, contudo, não afetou somente o Itamaraty, mas outras instâncias e dimensões da formulação da política externa brasileira. Lafer enfatiza:

> Uma postura como a do Jair Bolsonaro afeta toda a sua administração. Ela afeta o Itamaraty, a cultura, o meio-ambiente, direitos humanos e assim, sucessivamente. O impacto desse

---

[320] Entrevista concedida ao autor no dia 6 de outubro de 2020.
[321] Entrevista concedida ao autor no dia 6 de outubro de 2020.
[322] Entrevista concedida ao autor no dia 6 de outubro de 2020.

paradigma passa a permear toda a formulação da agenda da nossa política externa em diferentes âmbitos.[323]

Ou seja, as mudanças se deram no plano dos paradigmas, o que abrangeu os desenhos e os instrumentos usados para conduzir a política externa brasileira. Uma alteração abrupta e radical, o que gerou tensões nas estruturas administrativas do Ministério das Relações Exteriores.

Lafer esclarece:

> É uma mudança de paradigma, sem dúvida nenhuma, porque ela atinge os instrumentos de condução da política externa, a começar pelo Itamaraty. (...) Há um desconforto enorme entre um grande número de diplomatas que se sentiam à vontade com o que era o processo de construção da presença internacional do Brasil e foram afetados com essa mudança brusca de paradigma.

E complementa: "O negacionismo caracterizou a postura do governo e da política externa brasileira sob a gestão Bolsonaro durante a pandemia".[324]

11.4 O isolamento do bolsonarismo na sociedade internacional

Com a derrota de Donald Trump e a inabilidade da administração Bolsonaro em reorganizar as correções de rotas que são necessárias para lidar com o complexo jogo geopolítico global, o Brasil amargou um cenário de isolamento sem precedente junto à sociedade internacional durante a segunda metade do governo bolsonarista.

Um sintoma muito evidente desse processo pode ser constatado no fato de que as tropas do Exército do Brasil deixaram as forças de paz

---

[323] Entrevista concedida ao autor no dia 6 de outubro de 2020.
[324] Entrevista concedida ao autor no dia 6 de outubro de 2020.

da Organização das Nações Unidas depois de vinte e um anos, o que denota a perda da projeção do poder nacional e evidencia o isolamento diplomático do bolsonarismo no mundo.

Bolsonaro insistiu na bravata trumpista, que tentou judicializar as eleições dos EUA até o último instante,[325] e cometeu o grave erro de não reconhecer a eleição de Joe Biden, conforme fizeram apenas três outros países em todo o mundo mais de trinta dias depois da vitória do democrata: México, Rússia e Coréia do Norte.

Assim, para defender o alinhamento automático com Trump, o presidente brasileiro entrou em inúmeros atritos com alguns dos principais parceiros estratégicos do país no mundo, incluindo a China e até os próprios Estados Unidos. Esses atritos foram elementos fundamentais para a formação da tempestade perfeita que o Brasil enfrentou entre 2020 e 2021.

---

[325] O resultado foi a invasão do Capitólio, em Washington, nos EUA, no dia 6 de janeiro de 2021, por grupos a favor de Donald Trump. Cinco pessoas morreram nessa ocasião e o ex-presidente estadunidense afirmou pela primeira vez que a transição do poder seria realizada de forma "ordeira". Ainda assim, Bolsonaro seguiu reforçando a narrativa das eleições fraudulentas.

CAPÍTULO XII
A TEMPESTADE PERFEITA NO BRASIL, AS FORÇAS CONTRA-HEGEMÔNICAS E A DEMOCRACIA PARTICIPATIVA

> Eu sempre tive medo pela minha vida graças a essas estruturas de ódio e violência que marcam corpos como o meu para serem mortos e abusados.
>
> *Erika Hilton*

Em sua mais recente obra, a terceira edição do livro intitulado *Toward a New Legal Common Sense:* law, globalization and emancipation, que foi lançado pela *Cambridge University Press* no segundo semestre de 2020, o sociólogo português Boaventura de Sousa Santos faz uma analogia entre as ascensões do bolsonarismo[326] no Brasil e do nazismo, na Alemanha.

---

[326] O professor português cita o livro *A ascensão do bolsonarismo no Brasil do século XXI* como referência bibliográfica sobre o tema para estabelecer a comparação. SANTOS, Boaventura de Sousa. *Toward a New Legal Common Sense*: law, globalization and emancipation. Local: Cambridge University Press, 2020, p. 386.

Dadas as devidas idiossincrasias dos povos, suas culturas e de cada ocasião histórica, a comparação é extremamente pertinente, principalmente analisando as filosofias de ambos os regimes, o enrijecimento e os danos que eles produziram em suas respectivas sociedades.

Infelizmente para o Brasil, o bolsonarismo ainda coincidiu com a maior pandemia do século, o que, conforme demonstrado, gerou múltiplos planos de um conflito institucional – (1) dentro do próprio Governo Federal; (2) entre os níveis federativos (com governadores e prefeitos estaduais); (3) com os demais poderes da República (Judiciário e Legislativo) e (4) junto à sociedade internacional.

Apesar de ser uma questão social extremamente ampla e complexa, os vetores centrais do agravamento do que se tornou uma sindemia no Brasil entre 2020 e 2021 foram: (a) o simbolismo presidencial, que ao longo de toda a crise sanitária negou a ciência e as recomendações da Organização Mundial de Saúde (OMS) junto à população brasileira; (b) a ausência do federalismo cooperativo, como resultado da falta de liderança e articulação da administração Bolsonaro nos âmbitos federal, estadual e municipal para a formulação de políticas públicas eficazes, (c) a gestão do Ministério da Saúde do Brasil, que teve as suas lideranças alteradas diversas vezes ao longo da pandemia e (d) a subdiagnosticação/subnotificação de casos, devido aos baixíssimos níveis de testes que foram realizados na população brasileira e à morosidade do Governo Federal em adquirir os reagentes necessários para viabilizar o processo em ampla escala.

12.1 O bolsonarismo e as forças responsáveis pela sua ascensão quebraram o Brasil

O resultado foi a formação da tempestade perfeita para o Brasil. Um cenário de incertezas, insegurança pública, destruição do meio ambiente, descrédito internacional, falta de harmonia institucional e recessão econômica poucas vezes – ou talvez jamais – verificados na história da República.

No primeiro semestre de 2021, após todas as ações da administração Bolsonaro que foram explanadas ao longo dos capítulos

CAPÍTULO XII - A TEMPESTADE PERFEITA NO BRASIL...

anteriores, o Brasil finalmente encontrava-se no vórtice da tempestade perfeita: mais de 350 mil mortes em decorrência da pandemia, escândalos de corrupção e desvios do governo,[327] um colapso econômico,[328] com desemprego recorde de 14,4%[329] (na quarta semana de setembro de 2020), atingindo mais de quatorze milhões de pessoas e especialmente a parcela mais jovem da população,[330] taxa de conversão do dólar estadunidense em R$ 5,61,[331] o litro da gasolina variando entre R$ 4,385 (região Sul) e R$ 4,748 (região Norte),[332] o botijão de gás de cozinha de treze quilos em R$ 105,[333] o pacote de cinco quilos de arroz (normalmente vendido por aproximadamente R$ 15)

---

[327] No dia 13 de outubro de 2020, a entidade Transparência Internacional divulgou um relatório apontando "(...) um progressivo desmanche do arcabouço legal e institucional anticorrupção que o Brasil levou décadas para consolidar e que permitiram os avanços que o país vinha demonstrando no enfrentamento da corrupção e da impunidade". No dia 30 de dezembro de 2020, o *Organized Crime and Corruption Reporting Project*, um dos maiores consórcios de jornalistas investigativos do mundo, elegeu o presidente brasileiro como a personalidade mais corrupta do ano. "Jair Bolsonaro, Presidente do Brasil, foi eleito Pessoa do Ano do Projeto de Relatórios de Crime Organizado e Corrupção 2020 por seu papel na promoção do crime organizado e da corrupção". OCCRP, 2020. Disponível em https://www.occrp.org/en/poy/2020/. Acesso em: 07 jul. 2021.

[328] O Fundo Monetário Internacional (FMI) calculou, em outubro de 2020, que a dívida bruta brasileira ultrapassaria a marca de 100% do Produto Interno Bruto (PIB) ainda em 2020 e que não há perspectiva de estabilização para a relação entre endividamento e PIB pelo menos até 2025. Até essa data, a expectativa é que a relação entre a dívida bruta e o PIB do Brasil cresça ano a ano, chegando a 104,4%, segundo o FMI.

[329] Pesquisa Nacional por Amostra de Domicílios (PNAD Covid), divulgada no dia 16 de outubro de 2020 pelo Instituto Brasileiro de Geografia e Estatística (IBGE).

[330] Apesar de o desemprego ter aumentado para todos entre abril e junho de 2020, para a faixa etária de 18 a 24 anos ele atingiu 29,7% contra 13,3% para a média da população ativa, patamar inédito, segundo a Pesquisa Nacional por Amostra de Domicílios Contínua.

[331] Dados de câmbio disponibilizados pela empresa *Morningstar*. Taxa de conversão verificada no dia 30 de setembro de 2020.

[332] Estudo apresentado pela empresa *ValeCard* com base em dados coletados de cerca de vinte mil postos de combustível em todo o país, segundo a companhia.

[333] Segundo dados da Agência Nacional de Petróleo, Gás Natural e Biocombustíveis.

ultrapassando a marca de R$ 40,[334] o aumento da desigualdade social de forma expressiva na comparação com os anos anteriores (processo que se acentuou em virtude de medidas econômicas neoliberais adotadas antes da pandemia sequer chegar ao Brasil),[335] a pobreza assombrando quase 52 milhões (menos de R$ 5,50 por dia), a pobreza extrema afetando 13,7 milhões[336] e a destruição acentuada do meio-ambiente[337] e do parque industrial nacional, com demissões maciças nas iniciativas pública e privada, além de grandes empresas multinacionais deixando o mercado brasileiro.

O real brasileiro foi a terceira moeda que mais perdeu valor frente ao dólar estadunidense entre março e outubro de 2020 – em uma lista com 121 países, o país ficou atrás apenas da Zâmbia e da Venezuela[338] – e o Ibovespa foi o índice global com mais perdas em dólar em todo o mundo nesse período.[339] Além disso, o Brasil deixou de figurar entre as dez maiores economias do mundo,[340] amargou uma queda de

---

[334] Levantamento feito pelo Centro de Estudos Avançados em Economia Aplicada (ESALQ/USP) demonstrou que a alta do arroz chegou a 100% em 12 meses, entre setembro de 2019 e setembro de 2020.

[335] Segundo estudo apresentado pelo Instituto Brasileiro de Economia da Fundação Getúlio Vargas (FGV IBRE), em maio de 2019, ou seja, antes da crise sanitária comprometer a economia do país, o índice de Gini, que mede a renda do trabalho per capita, alcançou 0,627, o maior patamar da série histórica iniciada em 2012. Quanto mais perto de um, maior é a desigualdade.

[336] Síntese dos Indicadores Sociais, apresentado pelo Instituto Brasileiro de Geografia e Estatística no dia 12 de novembro de 2020 com o panorama social de 2019. O contingente de pessoas vivendo na pobreza extrema representa 6,5% da população brasileira – com menos de US$ 1,90 por dia (R$ 151 por mês, segundo a cotação e a metodologia utilizadas na pesquisa).

[337] O Brasil fechou o ano de 2020 com o maior número de queimadas da década. Segundo dados divulgados pelo Instituto Nacional de Pesquisas Espaciais, foram 222.798 focos de incêndio registrados: 12% a mais que os 197.632 registrados em 2019.

[338] Levantamento foi feito pela agência de avaliação de risco *Austin Rating* a pedido do *CNN Brasil Business* que levou em consideração a variação acumulada até o fechamento de setembro.

[339] Estudo do *Goldman Sachs* apresentado em outubro de 2020.

[340] Em 2020, o PIB brasileiro (US$ 1,4 trilhão) foi superado pelo da Coreia do Sul, do Canadá e da Rússia, ocupando a 12ª posição no ranking das maiores economias do mundo. Dados da Fundação Getúlio Vargas e do Fundo Monetário Internacional.

CAPÍTULO XII - A TEMPESTADE PERFEITA NO BRASIL...

48% no fluxo de investimentos estrangeiros diretos no país durante os primeiros seis meses de 2020, média que ficou acima da observada entre os demais países emergentes,[341] e a resposta organizada pela gestão bolsonarista contra a pandemia foi considerada a pior do mundo por institutos internacionais de pesquisa.[342]

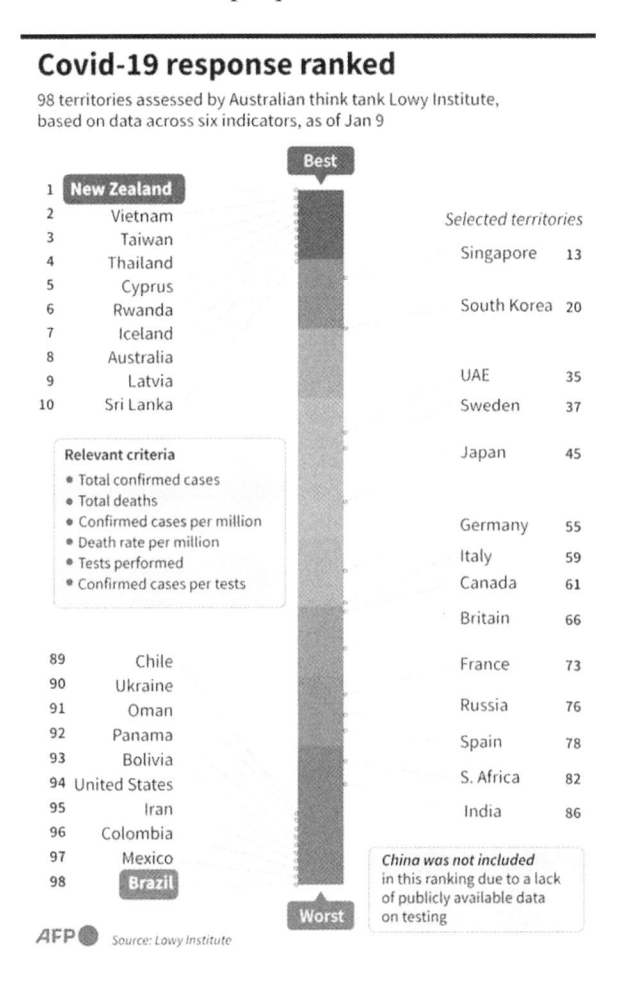

Covid-19 response ranked

98 territories assessed by Australian think tank Lowy Institute, based on data across six indicators, as of Jan 9

Best

1	New Zealand
2	Vietnam
3	Taiwan
4	Thailand
5	Cyprus
6	Rwanda
7	Iceland
8	Australia
9	Latvia
10	Sri Lanka

Relevant criteria
- Total confirmed cases
- Total deaths
- Confirmed cases per million
- Death rate per million
- Tests performed
- Confirmed cases per tests

89	Chile
90	Ukraine
91	Oman
92	Panama
93	Bolivia
94	United States
95	Iran
96	Colombia
97	Mexico
98	Brazil

Selected territories

Territory	Rank
Singapore	13
South Korea	20
UAE	35
Sweden	37
Japan	45
Germany	55
Italy	59
Canada	61
Britain	66
France	73
Russia	76
Spain	78
S. Africa	82
India	86

China was not included in this ranking due to a lack of publicly available data on testing

Worst

AFP • Source: Lowy Institute

---

341 Conferência da ONU para o desenvolvimento e comércio realizada em outubro de 2020.

342 Segundo o *Lowy Institute*, renomado instituto australiano, o Brasil apresentou a "pior" resposta ao desafio pandêmico entre noventa e oito países de todo o mundo que foram avaliados.

Em meio à tempestade perfeita causada pela interseção do coronavírus com o bolsonarismo, o povo brasileiro foi um dos que mais sofreu com problemas de ansiedade e depressão durante os anos pandêmicos[343] em todo o planeta.

12.2 Consenso Hegemônico Global e o fim da Modernidade Ocidental

Neste contexto, dois conceitos do professor Boaventura de Sousa Santos são aspectos elementares para compreender o cenário no qual o bolsonarismo agravou a crise pandêmica e fez com que o Brasil se tornasse o país mais atingido pela calamidade entre 2020 e 2021 em todo o mundo: (1) o fim das capacidades regenerativas do paradigma da modernidade ocidental e (2) o consenso hegemônico global.[344]

A ideia da transição paradigmática remete ao raciocínio de que a modernidade ocidental (estado, mercado e comunidade), enquanto paradigma sociocultural revolucionário baseado na tensão dinâmica entre a regulação e a emancipação social, chegou ao fim no começo do século XXI por meio da prevalência da regulamentação em detrimento do progresso, o que abriu espaço para um novo modelo de organização social, do qual foram compreendidos apenas os primeiros sinais e características.[345]

Para os meus propósitos nesse livro, vou apenas me ater ao fato de que, sobre as ruínas da modernidade ocidental, que segue onerando a comunidade e o estado para o benefício do mercado (racionalidade

---

[343] Pesquisa internacional da Oliver Wyman apontou o Brasil e a China empatados na liderança do ranking entre as populações que mais buscaram auxílio contra a ansiedade e a depressão após o surgimento do novo coronavírus, bem à frente de outros países.

[344] SANTOS, Boaventura de Sousa. *Toward a New Legal Common Sense:* law, globalization and emancipation. Cambridge: Cambridge University Press, 2020.

[345] Para uma reflexão mais profunda sobre esse tema, veja a obra: SANTOS, Boaventura de Sousa. *Toward a New Legal Common Sense:* law, globalization and emancipation. Cambridge: Cambridge University Press, 2020, p. 8.

CAPÍTULO XII - A TEMPESTADE PERFEITA NO BRASIL...

neoliberal, de forma bastante resumida), o bolsonarismo hiperbolizou os consensos hegemônicos globais durante a pandemia. Existem atualmente quatro dimensões do que Boaventura classifica como o "Consenso Hegemônico Global",[346] conceito fundamental perpetrado pelo bolsonarismo (de forma ainda mais acentuada nessa ocasião do que os modelos adotados pela direita liberal avançaram anteriormente) e que é necessário as avaliarmos para a compreensão mais ampla de como a administração bolsonarista – somadas à pandemia do Covid-19 – criou o pior cenário possível para o Brasil considerando os aspectos político, econômico e social da vida nacional.

Este capítulo argumenta que essas forças hegemônicas atuaram em conjunto com a dinâmica indicada nesse livro (para abordar como a administração Bolsonaro agravou a pandemia no Brasil) e agudizaram o cenário brasileiro de forma significativa para transformar a pandemia em uma catástrofe social. Em uma sindemia. Portanto, compreendê-las de forma mais integral faz-se necessário. A primeira delas é o consenso econômico neoliberal.

Boaventura afirma:

> "O Consenso Econômico Neoliberal", também conhecido como o "Consenso de Washington", selado nas vitórias eleitorais de Thatcher e Reagan, tem estado tão presente conosco nos últimos quarenta anos que não vou me alongar sobre ele aqui. Diz respeito a uma economia global, incluindo a produção global e os mercados globais de bens, serviços e finanças, e é baseado no mercado livre, desregulamentação, privatização, minimalismo estatal, controle da inflação, orientação para exportação, cortes nos gastos sociais, redução do déficit público, concentração do poder de mercado nas mãos das empresas transnacionais e do poder financeiro nas mãos dos bancos transnacionais.[347]

---

[346] SANTOS, Boaventura de Sousa. *Toward a new legal common sense*: law, globalization and emancipation. Cambridge: Cambridge University Press, 2020, p. 371.

[347] SANTOS, Boaventura de Sousa. *Toward a new legal common sense*: law, globalization and emancipation. Cambridge: Cambridge University Press, 2020, p. 371.

O professor prossegue:

> Para os meus objetivos, desejo apenas enfatizar três inovações institucionais trazidas pelo consenso econômico neoliberal: (1) novas restrições legais à regulação estatal; (2) novos direitos de propriedade internacional para investidores estrangeiros e criadores intelectuais e (3) a subordinação dos estados-nação às agências multilaterais: o Banco Mundial, o Fundo Monetário Internacional e a Organização Mundial do Comércio. Essas inovações institucionais foram efetivadas em vários acordos supranacionais com variações consideráveis, desde o hiper liberal Nafta e a Rodada do Uruguai até a social-democrata ou socioliberal União Europeia. Por outro lado, os estados em desenvolvimento da Ásia tiveram muito mais poder para adaptar o consenso econômico neoliberal às suas necessidades percebidas do que os estados em desenvolvimento da América Latina.[348]

Em seguida, o consenso do Estado Fraco (*Weak State*), nas palavras do próprio Boaventura:

> (...) está intimamente relacionado ao consenso econômico neoliberal, mas é conceitualmente autônomo. É claro que favorecer estratégias econômicas baseadas no mercado em vez de estratégias econômicas administradas pelo estado implica uma preferência por um estado fraco. Mas o consenso nesse caso é muito mais amplo e vai além do âmbito econômico ou mesmo social. Vê o Estado, mais do que o espelho da sociedade civil, como o oposto da sociedade civil. A força do Estado, mais do que uma consequência da força da sociedade civil ou, alternativamente, uma compensação pela fraqueza da sociedade civil, é vista como a causa da fragilidade da sociedade civil. O estado, mesmo o estado democrático, é visto como inerentemente opressor e, portanto, deve ser enfraquecido como uma pré-condição para o fortalecimento da sociedade civil. Esse consenso liberal é atormentado por um dilema: uma vez que apenas o estado pode

---

[348] SANTOS, Boaventura de Sousa. *Toward a new legal common sense*: law, globalization and emancipation. Cambridge: Cambridge University Press, 2020, p. 371.

produzir sua própria fraqueza, é necessário um estado forte para produzi-la com eficiência e sustentá-la de forma coerente.[349]

Terceiro pilar na estrutura do argumento do sociólogo português, o consenso liberal democrático foi selado com a queda do Muro de Berlim e o colapso da União Soviética. Ele explica, em seu novo trabalho:

> Seus antecedentes foram as transições democráticas de meados da década de 1970 no Sul da Europa (Grécia, Portugal e Espanha), do início ou meados da década de 1980 na América Latina (Argentina, Chile, Brasil, Uruguai e Bolívia) e do final (dos anos) 1980 e início de 1990 na Europa Central e Oriental, África (Ilhas de Cabo Verde, Namíbia, Moçambique, Congo, Benin e África do Sul), Filipinas, Nicarágua e Haiti. A convergência entre o consenso econômico neoliberal e o consenso liberal democrático foi enfatizada e pode ser rastreada até as origens da democracia representativa liberal. Eleições livres e mercados livres sempre foram vistos como as duas faces da mesma moeda: o bem coletivo a ser alcançado por indivíduos utilitaristas engajados em trocas competitivas com interferência mínima do Estado. Mas aqui também houve muito espaço para ambiguidades. Enquanto a teoria democrática do século XIX estava igualmente preocupada em justificar o poder do Estado soberano como capacidade reguladora e coercitiva, e com a justificação dos limites desse poder, o novo consenso democrático liberal se preocupa apenas com a coerção; a soberania não interessa em absoluto, particularmente no caso de estados periféricos e semiperiféricos, e as funções reguladoras são tratadas como uma incapacidade do Estado e não como uma capacidade do Estado.[350]

---

[349] SANTOS, Boaventura de Sousa. *Toward a new legal common sense*: law, globalization and emancipation. Cambridge: Cambridge University Press, 2020, p. 371.

[350] SANTOS, Boaventura de Sousa. *Toward a new legal common sense*: law, globalization and emancipation. Cambridge: Cambridge University Press, 2020, p. 371.

A Regra da Lei / Consenso Judicial (*Rule of Law / Judicial Consensus*) é a quarta coluna que sustenta a globalização hegemônica, segundo o autor. Boaventura enfatiza:

> Este consenso deriva dos outros três consensos. O modelo de desenvolvimento neoliberal, com sua maior dependência dos mercados e do setor privado, mudou as regras básicas das instituições públicas e privadas, exigindo um novo quadro jurídico para o desenvolvimento que conduza ao comércio, financiamento e investimento. A provisão de tal estrutura legal e a responsabilidade por sua aplicação é o novo papel central do estado que é supostamente mais bem cumprido em uma política democrática.[351]

Ressalta o professor:

> (...) Supostamente, não há alternativa para a lei a não ser o caos. Isso, entretanto, só será possível se a Regra da Lei for amplamente aceita e efetivamente aplicada. Só então a certeza e a previsibilidade são garantidas, os custos de transação são reduzidos, os direitos de propriedade esclarecidos e protegidos, as obrigações contratuais aplicadas e os regulamentos aplicados. Alcançar tudo isso é o papel crucial do sistema judicial: um judiciário que funcione bem, no qual os juízes apliquem a lei de maneira justa, uniforme e previsível, sem atrasos indevidos ou inacessíveis custos como parte integrante do Estado de Direito.[352]

Em ampla medida, todos estes consensos hegemônicos estiveram presentes de forma a agravar a crise sanitária – que se transformou em uma crise social no Brasil – por meio do bolsonarismo.

Esse agravamento do regime desde a ascensão do bolsonarismo em 2018 pode ser explicado (em certa medida) e aferido por meio da crescente influência de forças sociopolíticas dogmáticas e que repre-

---

[351] SANTOS, Boaventura de Sousa. *Toward a new legal common sense*: law, globalization and emancipation. Cambridge: Cambridge University Press, 2020, p. 371.

[352] SANTOS, Boaventura de Sousa. *Toward a new legal common sense*: law, globalization and emancipation. Cambridge: Cambridge University Press, 2020, p. 371.

CAPÍTULO XII - A TEMPESTADE PERFEITA NO BRASIL...

sentam meios despolitizados de promover a mudança social na política institucional brasileira: a evangelização, a militarização, a milicianização e o ativismo judicial.

12.3 Evangelização da política

Conforme abordado no livro *A ascensão do bolsonarismo no Brasil do Século XXI*, o dogma religioso,[353] mais precisamente considerando a notória adesão de diferentes correntes e grupos evangélicos, foi fundamental à eleição de Jair Bolsonaro em outubro de 2018.

Desde então, o processo de expansão desses grupos evangélicos em todas as dimensões da vida social, política e econômica foi ainda mais catalisado. Alguns pontos centrais ajudam a refletir sobre esta inflexão: a hierarquia, a multiplicação celular e a facilidade de ascensão social presentes na proposta neoevangelista como ela está organizada no Brasil em 2021.

Evidentemente, as organizações hierárquicas das igrejas evangélicas variam de acordo com cada grupo e ramificação histórica. Em linhas gerais, contudo, existe uma estrutura rígida determinada neste sentido por ordem de importância: apóstolo, bispo, pastor, presbítero, ministro, coordenadores e líderes de células, obreiros e os fiéis.

Apesar das primeiras posições desta pirâmide[354] serem ocupadas pelas figuras centrais de cada movimento, invariavelmente, e de oferecerem poucas possibilidades de mobilidade sucessória, os cargos inferiores do arranjo podem ser acessados com muito mais facilidade, o que potencializa o caráter de multiplicação celular dos grupos.

No Brasil, a igreja católica, por exemplo, reúne os seus seguidores somente dentro das igrejas. Os padres são eclesiásticos, com

---

[353] CALEJON, Cesar; VIZONI, Adriano. *A ascensão do bolsonarismo no Brasil do Século XXI*. São Caetano do Sul: Lura, 2019, p. 137.

[354] De diversas maneiras, a organização de muitas igrejas evangélicas no Brasil assemelha-se ao Esquema Ponzi com o caráter religioso.

formação em teologia falam uma linguagem cada vez mais distante da população em geral.

Na igreja evangélica, qualquer cidadão pode se tornar um líder de célula em questão de meses após o ingresso na entidade. Esse novo membro, que na maioria dos casos não precisa de nenhuma formação prévia, passa a reunir a comunidade dentro da sua própria casa e promove a multiplicação desta célula como orientação formal de desenvolvimento da doutrina.

Soma-se à equação o fato de que o televagelismo[355] é muito mais um fenômeno da comunicação social de massa, político e econômico do que de caráter religioso, propriamente. No Brasil, todos os principais pastores evangélicos que promoveram a ascensão do bolsonarismo em 2018 transmitem as suas ideias por meio da televisão aberta e da internet. Alguns são proprietários de veículos de comunicação hegemônicos e figuram na lista de bilionários da revista Forbes.

Assim, nenhuma outra área da atuação social brasileira oferece uma oportunidade tão rápida, segura e promissora como projeto de vida, principalmente nas regiões mais pobres do país, nas quais o estado é totalmente ausente. Além disso, as igrejas são isentas de impostos, arrecadam os dízimos por deliberação dos fiéis que as pagam e são capazes de estabelecer, sem nenhuma forma de contestação ou abertura ao debate, as narrativas sociopolíticas que mais lhes interessam em determinada ocasião.

Por esses motivos, diversos estudos projetam que o Brasil poderá se tornar um país de maioria evangélica ainda nessa década,[356] organizado de forma cada vez mais homogênea e intolerante com a diversidade do seu próprio povo, principalmente considerando a forma como essas filosofias rechaçam a participação da comunidade LGBTQIA+, mulheres, pretos e pardos nos espaços de poder.

---

[355] No Brasil, esse movimento foi influenciado por figuras como Billy Graham e Jimmy Swaggart, por exemplo.

[356] Veja as pesquisas e previsões de José Eustáquio Alves, doutor e pesquisador em demografia.

12.4 Militarização e milicianização da política

Nesse ponto, faz-se necessária uma distinção entre os conceitos de militarização e milicianização da política, ambos muito presentes na institucionalidade brasileira atual: o primeiro, para os propósitos deste livro, traduz o movimento de participação cada vez maior de delegados, policiais, cabos, bombeiros e militares em geral na política institucional do Brasil, o que é perfeitamente constitucional e expressa certos anseios da população no que tange à segurança pública. O segundo é sobre a também crescente presença de grupos paramilitares e estruturas ilegais, que atuam por meio de violência e coerção na vida sociopolítica do país, o que caracteriza diversos crimes previstos na lei brasileira.

Dados divulgados pelo Tribunal Superior Eleitoral (TSE) sobre os registros de candidaturas às prefeituras e às câmaras municipais em 2016 e em 2020 apontaram que o número de candidatos com títulos militares para as prefeituras no Brasil saltou de 53, em 2016, para 243, em 2020: aumento de mais de 300% e muito acima do aumento geral de candidatos, que foi de apenas 18%.[357] A presença de militares em cargos comissionados no governo federal também explodiu entre os anos de 2013 e 2020.[358]

Outro dado que indica um ambiente social mais tenso e a redução do debate público: até o fim de setembro de 2020, as mortes e agressões contra políticos somavam 112 vítimas,[359] com execuções que foram realizadas até durante transmissões ao vivo via internet e centenas de casos de intimidação.

---

[357] Material compilado e divulgado pelo Observatório das Eleições do site UOL. Os dados foram calculados com base no nome de urna de cada candidato registrado para as disputas eleitorais de 2016 e de 2020.

[358] Para dados detalhados sobre essa progressão, acesse: "Militares em cargos comissionados no Governo Federal 2013 – 2020". *YouTube,* 2021. Disponível em: https://www.youtube.com/watch?v=2T5tDhssOXQ&feature=push-sd&attr_tag=7u0BvzJ7CODVQuTv%3A6. Acesso em: 08 jul. 2021.

[359] "Militares em cargos comissionados no Governo Federal 2013 – 2020". *YouTube*, 2021. Disponível em: https://www.youtube.com/watch?v=2T5tDhssOXQ&feature=push-sd&attr_tag=7u0BvzJ7CODVQuTv%3A6. Acesso em: 08 jul. 2021.

Somente na última semana de janeiro de 2021, quatro parlamentares do Partido Socialismo e Liberdade sofreram ameaças e atentados na cidade de São Paulo e em outras partes do país.

As residências das covereadoras Samara Sosthenes e Carolina Iara foram atingidas por disparos de arma de fogo e, felizmente, ninguém foi ferida. Erika Hilton registrou um boletim de ocorrência após ser ameaçada, em seu próprio gabinete, por um homem que portava uma bandeira e máscara com símbolos cristãos. Taís Lane dos Santos, ativista militante do MTST Brasil e do PSOL que foi candidata a vereadora nas eleições municipais de 2020, foi agredida física e verbalmente por um sargento da Polícia Militar em Rio Largo, Alagoas.

No Brasil do começo da década de 2021, a frota aérea do PCC (Primeiro Comando da Capital), uma das maiores organizações criminosas do país, era maior do que a soma total de aviões e helicópteros das polícias Civil e Militar do Estado de São Paulo. Juntas, ambas possuíam trinta e três aeronaves, contra trinta e sete que foram apreendidas pela Polícia Federal do Brasil com traficantes internacionais ligados à facção criminosa apenas na Operação Enterprise, que foi deflagrada em novembro de 2020.[360]

No mês seguinte, em dezembro de 2020, o escândalo da Agência Brasileira de Inteligência (Abin) revelou que pelo menos quinze agentes da agência haviam sido colocados em ministérios como o da Economia, Infraestrutura, Saúde e Casa Civil, por exemplo. Fontes internas afirmaram que havia centenas de agentes espalhados pelos ministérios da gestão bolsonarista e que Alexandre Ramagem, então diretor da Abin, haveria declarado abertamente que a intenção era criar uma estrutura semelhante ao que foi a Comissão Geral de Investigação (CGI), durante a ditadura militar no Brasil. Além disso, o número de inquéritos abertos na Polícia Federal com base na Lei de Segurança Nacional, portaria que foi criada na ditadura militar, vem aumentando nos últimos anos. Foram dezenove, em 2018, vinte e seis, em 2019, e cinquenta e um, em 2020.[361] Aumento de quase 270% em dois anos.

---

[360] Dados da Polícia Federal do Brasil.
[361] Polícia Federal do Brasil.

CAPÍTULO XII - A TEMPESTADE PERFEITA NO BRASIL...

Bolsonaro foi julgado pelo Supremo Tribunal Federal pelo mesmo motivo, basicamente: ele aparelhou a Polícia Federal do Rio de Janeiro para livrar o seu filho Flávio Bolsonaro do escândalo de corrupção que foi eufemizado como o caso da "rachadinha", porque o esquema envolvia o repasse ilegal de pagamentos dos servidores públicos às contas do senador da República.[362]

De qualquer forma, a ausência do debate, a falta de pluralidade e a promessa de ordem são características tanto das organizações militares legais como dos grupos milicianos e das estruturas aparelhadas ou totalmente paralelas ao estado. Trata-se de um traço muito característico do próprio bolsonarismo. A filosofia militar é organizada com base em disciplina, hierarquia e rigidez, enquanto a proposta miliciana baseia-se na intimidação, na coerção e na violência. Ambas, contudo, prometem impor a ordem de forma enérgica e vigoram nos ambientes nos quais a troca de ideias, os recursos básicos de infraestrutura social (saúde, moradia, alimentação, educação e lazer, principalmente) e a diversidade foram reduzidos ou anulados.

Marcelo Freixo, professor de história e deputado federal pelo Rio de Janeiro via PSOL, pondera:

> Nesse sentido, o debate da segurança pública é extremamente importante para a democracia e eu trabalho com isso há mais de trinta anos. Eu trabalhei dentro das prisões, com pesquisas sobre o efeito da insegurança pública, da violência letal etc. (...) A gente vive um processo democrático no qual esse tema não foi levado a sério.[363]

O parlamentar prossegue:

> Apesar de todas as conquistas, a Constituição de 1988 não avançou em segurança pública e não fez o debate que deveria ser feito nessa área. Em parte, porque a esquerda brasileira demorou muito para discutir essa pauta como tema vital para a democracia

---

[362] Pesquise o "escândalo da rachadinha".

[363] Entrevista concedida ao autor em 18 de dezembro de 2020.

> brasileira. O setor mais à direta da política nacional apropriou-se do debate da segurança dialogando com o medo da sociedade e apelando para algo que não é eficaz. (...) O Bolsonaro fala de segurança, mas qual foi a boa proposta que ele fez? Nenhuma. Nós fizemos a CPI das milícias, a CPI do tráfico de armas e munições, ações concretas. Ele dialoga com o medo, com o ódio, a violência e a insegurança. De alguma maneira, isso traz essa resposta da população. Então, há um número enorme de soldados, cabos e policiais eleitos. Na Comissão de Segurança (do Rio de Janeiro) existem muitos. Contudo, isso é um momento que reflete essa crise da democracia que estamos vivendo e essa incapacidade de tratarmos desse tema de forma mais adequada.[364]

Freixo investigou as milícias cariocas durante a CPI das milícias, quando muitos dos grandes milicianos do Rio de Janeiro foram presos, em 2008. "Foi uma CPI que trouxe resultados concretos. (...) O Bolsonaro tem relação e sempre defendeu a legalização das milícias, o que é inacreditável. Ele nunca sequer contestou esse fato",[365] acrescenta.

Para Freixo, que teve a sua vida marcada pela milícia, cujas ações promoveram o assassinato do seu irmão em 2006 e, doze anos mais tarde, executaram sumariamente a parlamentar Marielle Franco, uma de suas melhores amigas e companheira de luta política:

> (...) a milícia surge falando em ordem e contra o tráfico de drogas, afirmando que naquele território existe lei. O que eles não dizem é que essa é uma lei feita por eles para extorquir a população. Um estado leiloado. A milícia tem um lado de militarização por meio do seu discurso de ordem, que se perde completamente a partir do momento que começam as extorsões e os assassinatos. Existe tráfico de drogas na milícia hoje, monopólio de gás, internet etc. Ainda hoje, a milícia funciona como a máfia: de um lado tem o seu braço de assistência social, porque todo dono de milícia também tem um centro social, e do outro tem o terror.

---

[364] Entrevista concedida ao autor em 18 de dezembro de 2020.

[365] Entrevista concedida ao autor em 18 de dezembro de 2020.

CAPÍTULO XII - A TEMPESTADE PERFEITA NO BRASIL...

> Sempre falando de ordem e, de alguma maneira, ocupando o papel que caberia ao estado.[366]

E relembra:

> Eu fui o único deputado eleito pelo PSOL em 2006. Eu era praticamente o único parlamentar de oposição então. Vários milicianos haviam sido eleitos para a Assembleia Legislativa do Rio de Janeiro e eu perdi o meu irmão, que foi assassinado pela milícia também naquele ano. Então, isso tudo foi um processo muito difícil para mim: minha família estava destroçada pela ação da milícia e estávamos sozinhos na oposição ao governo do (Sérgio) Cabral. A nossa primeira iniciativa foi propor a CPI das milícias, porque eu precisava ter dignidade com a minha própria história. Esse primeiro mandato foi muito forte. Aprovamos essa CPI, fizemos um relatório muito duro e atuamos junto à sociedade civil. Ao todo, até aqui foram três CPIs durante três mandatos: das milícias, do auto de resistência e do tráfico de armas e munições. Implementamos diversas leis e eu presidi a Comissão de Direitos Humanos. Foram três mandatos muito intensos.[367]

Os arranjos sociopolíticos entre as milícias e o poder público no Rio de Janeiro durante a primeira década desse século formaram o laboratório ideal para o desenvolvimento da filosofia que ficaria conhecida como bolsonarismo e ascenderia ao nível federal em 2018, reduzindo os valores republicanos e democráticos que foram reconquistados com o movimento pelas Diretas Já, entre os anos de 1983 e 1984, quando a ditadura militar brasileira foi encerrada. Nesse sentido, Freixo propõe refundar a própria cidade do Rio de Janeiro e ressalta:

> O Rio de Janeiro tem que ser refundado. Por exemplo, (...) o (Bruno) Covas foi eleito e vai governar São Paulo. No Rio, o Eduardo (Paes) vai governar somente uma parte da cidade. Existe uma região grande na qual o que o prefeito determinar não vai valer, porque quem manda é a milícia e o tráfico. Um

---

[366] Entrevista concedida ao autor em 18 de dezembro de 2020.
[367] Entrevista concedida ao autor em 18 de dezembro de 2020.

> a cada três cariocas vive em áreas onde quem define as regras não é o Estado. O Rio tem uma situação que é muito dramática, muito grave. Eu vou propor um seminário, já estou falando com a Assembleia Legislativa (do Estado Rio de Janeiro), com o Ministério Público, várias instituições, para discutirmos esse processo de como podemos refundar as nossas instituições e a cidade para enfrentarmos o crime organizado, a milícia e o tráfico. Trata-se de devolver os territórios às pessoas para resgatar a dignidade do local no qual elas moram, dormem, acordam, saem para trabalhar e criam os filhos. (...) O Rio tem hoje um domínio do crime que nenhuma outra cidade tem. Temos que ter responsabilidade nesse sentido.[368]

Para enfrentar o poder paralelo ao estado, Freixo salienta que

> a milícia carioca é uma máfia, então não podemos enfrentá-la somente com as prisões. É importante prender os líderes. Eles foram presos durante a CPI das milícias. Foram mais de 240 prisões imediatas. Basicamente todos os líderes foram presos e ainda assim a milícia cresceu.[369]

Para ele, é preciso retirar da milícia os poderes territorial e econômico.

> A milícia domina, por exemplo, o transporte que é chamado de "alternativo" no Rio. Na verdade, em muitos lugares, esses são os únicos meios de transporte público disponíveis. (...) Ter uma política de transporte que atenda as pessoas e retire da milícia o controle das vans e a extorsão que eles fazem sobre os motoristas. Isso é fundamental e envolve a Prefeitura.[370]

A regularização fundiária também é outro aspecto essencial para combater as milícias. Freixo diz:

---

[368] Entrevista concedida ao autor em 18 de dezembro de 2020.
[369] Entrevista concedida ao autor em 18 de dezembro de 2020.
[370] Entrevista concedida ao autor em 18 de dezembro de 2020.

Além disso, precisamos criar um setor de inteligência sólido para apontar quais setores das forças públicas estão de fato envolvidos com as milícias. A milícia e o tráfico são organizações que precisam ser enfrentadas, mas cada uma tem as suas próprias peculiaridades, o que requer estratégias distintas de combate. O tráfico faz oposição ao estado, enquanto a milícia atua dentro da própria institucionalidade. São naturezas distintas de grupos criminosos. Apesar disso, em todos os casos é necessário cortar os recursos, seguir a rota do dinheiro. Essas propostas estão todas no relatório da CPI das milícias desde 2008. Precisar haver vontade política.[371]

Por outro lado, somente o voto popular pode evitar a milicianização da política institucional brasileira nas próximas décadas, o que, por sua vez, depende do nível e da qualidade dos processos educacionais que o país será capaz de estabelecer nesse período para desenvolver uma consciência crítica nacional.[372]

A militarização e a milicianização da política nacional têm correlações diretas com os símbolos usados pelo bolsonarismo para ascender ao poder. Retratando armas com as mãos, Jair Bolsonaro sempre atuou no sentido de avançar a narrativa antissistema[373] para desacreditar a democracia e utilizar a força para procurar governar sem as restrições republicanas. Em 2022, o bolsonarismo poderá utilizar esses elementos que vêm sendo estimulados ao longo dos últimos anos para tentar declarar a Lei Marcial,[374] caso a derrota nas eleições presidenciais seja iminente.

Dois outros eventos contribuíram de forma decisiva para o acirramento da sociedade brasileira nessa direção: o impedimento de Dilma

---

[371] Entrevista concedida ao autor em 18 de dezembro de 2020.

[372] CALEJON, Cesar; VIZONI, Adriano. *A ascensão do bolsonarismo no Brasil do Século XXI*. São Caetano do Sul: Lura, 2019, p.33.

[373] CALEJON, Cesar; VIZONI, Adriano. *A ascensão do bolsonarismo no Brasil do Século XXI*. São Caetano do Sul: Lura, 2019, p. 45.

[374] Norma que visa substituir todas as legislações e autoridades civis por leis militares.

Rousseff,[375] golpe parlamentar que rompeu as regras do estado democrático de direito da República Federativa do Brasil, em 2016, e o processo de judicialização da política que se materializou na forma da Operação Lava-Jato durante os anos seguintes.

12.5 Ativismo judicial

Conforme ilustrado pelo professor Boaventura de Sousa Santos, o ativismo judicial[376] é um dos principais eventos sociológicos transnacionais do começo do século XXI. Ele afirma que, no caso brasileiro (Lava Jato), existiu um componente fortíssimo de influência externa e cita o livro *A ascensão do bolsonarismo no Brasil do Século XXI* como referência bibliográfica para compreender o bolsonarismo e demonstrar as similaridades das ascensões de Jair Bolsonaro e Adolf Hitler, considerando a atuação da operação Lava Jato.

"Por que a Operação Lava Jato[377] foi muito além dos limites das polêmicas que habitualmente surgem na esteira de qualquer caso proeminente de ativismo judicial?", questiona Boaventura no sexto capítulo do seu novo livro. E prossegue:

> Permitam-me salientar que a semelhança com a investigação italiana, Mãos Limpas, tem sido frequentemente invocada para justificar a exibição pública e a agitação social causadas por este ativismo judicial. Embora as semelhanças sejam aparentemente

---

[375] Veja o quarto capítulo do livro "A ascensão do bolsonarismo no Brasil do Século XXI". CALEJON, Cesar; VIZONI, Adriano. *A ascensão do bolsonarismo no Brasil do século XXI*. São Caetano do Sul: Lura, 2019.

[376] Nesse contexto, veja as diferenças entre os conceitos de "ativismo judicial" e "judicialização da política" em: ZANIN, Cristiano; VALIM, Rafael; ZANIN, Valeska. *Lawfare*: uma introdução. São Paulo: Contracorrente, 2019. Ainda sobre esse tema, assista: "Rafael Valim explica o que é Lawfare". *YouTube*, 2021. Disponível em: https://www.youtube.com/watch?v=Esye8wRUOfw. Acesso em: 08 jul. 2021.

[377] Sobre esse tema, leia as publicações da Vaza Jato, do site *The Intercept*, que demonstram os detalhes do conluio jurídico-midiático orquestrado pela operação Lava Jato.

óbvias, há de fato duas diferenças bem definidas entre as duas investigações.

Segundo ele:

(...) por um lado, os magistrados italianos sempre mantiveram o respeito escrupuloso pelo processo penal e, no máximo, não fizeram nada além de aplicar regras que haviam sido estrategicamente ignoradas por um sistema judicial que não era apenas complacente, mas também cúmplice dos privilégios dos políticos governantes e das elites na política do pós-guerra da Itália.

Boaventura afirma:

Por outro lado, procuraram aplicar o mesmo zelo invariável na investigação dos crimes cometidos pelos dirigentes dos vários partidos políticos. Eles assumiram uma posição politicamente neutra justamente para defender o sistema judiciário dos ataques a que certamente seria submetido pelos visados por suas investigações e processos. Essa é a própria antítese do triste espetáculo que atualmente oferece ao mundo um setor do sistema judiciário brasileiro. O impacto causado pelo ativismo dos magistrados italianos passou a ser denominado República dos Juízes. No caso do ativismo do setor associado à Lava Jato, talvez fosse mais correto falar de uma república judiciária da Banana.

E complementa:

(...) É evidente que esses juízes de Curitiba eram medíocres em termos intelectuais. Basta avaliar os seus trabalhos e as suas teses. O Sergio Moro é um jurista medíocre, mas que teve o acesso fundamental aos dados que as grandes empresas de tecnologia fornecem ao Departamento de Justiça dos Estados Unidos. Fundamentalmente, para quebrar a economia brasileira e as empresas que competiam com as companhias estadunidenses.[378]

---

378. "Entrevista concedida ao autor no dia 9 de janeiro de 2021". *YouTube*, 2021. Disponível em: https://www.youtube.com/watch?v=hwa4YlBlKdY. Acesso em: 08 jul. 2021.

Ainda de acordo com o professor:

> (...) a influência externa que está claramente por trás desse caso particular de ativismo judicial brasileiro estava amplamente ausente no caso italiano. Essa influência é o que está ditando a seletividade flagrante de tal procedimento investigativo e acusatório. Pois embora envolva dirigentes de vários partidos, o fato é que a Operação Lava Jato – e seus cúmplices da mídia – tem se mostrado extremamente inclinada a envolver as lideranças do PT (Partido dos Trabalhadores).

Na página 386 do seu novo trabalho, Boaventura argumenta que a Lava Jato tem menos semelhanças com a operação Mãos Limpas do que com o processo judicial que precedeu a ascensão do nazismo após o fim da primeira guerra mundial na Alemanha.

O autor, que, neste parágrafo, oferece o livro *A ascensão do bolsonarismo no Brasil do Século XXI* como referência bibliográfica sobre o bolsonarismo, escreve:

> A Operação Lava Jato tem mais semelhanças com outra investigação judicial, que ocorreu na República de Weimar após o fracasso da revolução alemã de 1918. A partir daquele ano, e em um contexto de violência política originada tanto na extrema esquerda quanto na extrema direita, os tribunais alemães mostraram uma chocante demonstração de dois pesos e duas medidas, punindo com severidade o tipo de violência cometida pela extrema esquerda e mostrando grande leniência com a violência da extrema direita – a mesma direita que em poucos anos colocaria Hitler no poder. No Brasil, isso levou à eleição de Jair Bolsonaro.

Boaventura acrescenta:

> A credibilidade do sistema judicial do Brasil foi tremendamente corroída pela manipulação grosseira a que foi submetido. Mas este é um sistema internamente diverso, com um número significativo de magistrados que entendem que a sua missão institucional e democrática consiste em respeitar o devido procedimento e falar exclusivamente no âmbito do processo.

Por fim, ele pondera que:

> (...) a grosseira violação desta missão, exposta pela Vaza Jato ("*Car Leak*"), está forçando as organizações profissionais a se distinguirem dos amadores. Uma recente declaração pública da Associação Brasileira de Juízes pela Democracia, chamando o ex-presidente (Luis Inácio) Lula da Silva de prisioneiro político, é um sinal promissor de que o sistema judiciário está se preparando para recuperar a credibilidade perdida.

Assim, essas forças estiveram muito presentes no cenário caótico que se estabeleceu entre os anos de 2020 e 2021 no Brasil. Independentemente de serem culpados ou inocentes, governadores de grandes estados e políticos de diferentes partidos sentiram o peso do arbítrio destes processos que outrora os serviram politicamente, por exemplo.

Essas forças arbitrárias possuem um aspecto em comum: todas atuam para reduzir o debate público e promover a mudança social de forma despolitizada, conforme mencionado. Fundamentalmente, esse também é o projeto que o bolsonarismo vem elaborando no Brasil, o que transcende as fronteiras do próprio país e criou a tempestade perfeita para os cidadãos brasileiros, mas também produz efeitos de resistência.

12.6 As forças contra hegemônicas e a democracia participativa

O professor Boaventura de Sousa Santos também classifica as forças contra hegemônicas globais. Na página 22 da terceira edição do livro *Toward a New Legal Common Sense*: law, globalization and emancipation", o acadêmico introduz uma reflexão sobre a possibilidade de utilizar a regra da lei de forma a emancipar a sociedade sobre a qual esse conjunto normativo é aplicado (*Can law be emancipatory?*).

Nesse ponto, ele salienta que a globalização contra-hegemônica

> (...) emerge da prática de classes e grupos sociais oprimidos. Lutando contra a opressão, a exclusão, a discriminação e a destruição do meio-ambiente, esses grupos recorrem à lei, ou a

diferentes formas da lei, como mais um instrumento de resistência.[379]

Ao encontro desse raciocínio, o economista francês Thomas Piketty explica que todas as sociedades precisam justificar as suas desigualdades por meio de ideologias e reforça que:

> (...) a ideologia de uma sociedade evolui principalmente em função de sua própria experiência histórica. Por exemplo, a Revolução Francesa surge, em parte, do sentimento de injustiça e das frustrações suscitadas pelo Antigo Regime. E, por sua vez, ela contribui por meio das rupturas e transformações que empreende para transformar de forma duradoura as percepções de regime desigualitário ideal, com base nos êxitos e fracassos que os diferentes grupos sociais atribuem aos experimentos revolucionários, tanto no plano da organização política quanto no plano do regime de propriedade ou do sistema social, tributário ou educacional. E esses aprendizados então condicionam as rupturas políticas futuras, e assim por diante. Toda trajetória político-ideológica nacional pode ser vista como um gigantesco processo de aprendizado coletivo e de experimentação histórica. Esse processo é inevitavelmente conflituoso, uma vez que os diferentes grupos sociais e políticos, além de nem sempre terem os mesmos interesses e aspirações, não tem a mesma memória e a mesma interpretação dos acontecimentos e do sentido que lhes deve ser dado para o futuro.[380]

Outro autor brilhante que resume bem essa ideia, Frantz Fanon salienta em suas obras que, na medida em que o contrato social excluía determinada população colonial, essa, compreensivelmente, não sentia a obrigação de obedecer às normas jurídicas dos colonizadores. Portanto, para ele, o sujeito colonizado, dos negros da África subsaariana ou dos Estados Unidos aos árabes e cabilas na Argélia, oferecia a força motriz nas batalhas por transformação social.

---

[379] SANTOS, Boaventura de Sousa. *Toward a new legal common sense:* law, globalization and emancipation. Local: Cambridge University Press, 2020.

[380] PIKETTY, Thomas. *Capital e Ideologia.* Rio de Janeiro: Intrínseca, 2020.

CAPÍTULO XII - A TEMPESTADE PERFEITA NO BRASIL...

A história de Erika Hilton, que foi eleita a primeira vereadora transgênero e negra da cidade de São Paulo pelo Partido Socialismo e Liberdade (PSOL) e foi a mulher mais votada do Brasil nas eleições municipais de novembro de 2020,[381] é a materialização histórica dos conceitos teorizados por Boaventura, Piketty, Fanon e tantos outros intelectuais.

Hilton conta:

> A minha trajetória política se dá a partir do momento em que eu vejo o meu corpo, que teve muito referencial de humanidade, afeto e proteção na minha infância, sendo hostilizado e colocado em um lugar de desumanização. Eu cresci com mulheres guerreiras, trabalhadoras, que me cercaram de muito amor. A mulher que eu sou hoje eu devo a elas (...), mas quando eu comecei a assumir a minha identidade de gênero, a minha mãe estava cooptada por uma ideia fundamentalista religiosa, o que a fez me expulsar muito cedo de casa. Com quatorze anos naquela ocasião, eu descobri uma realidade muito cruel nas ruas, nas esquinas e nas casas de cafetinas. Passei a viver essa vida desumanizada nas ruas durante a minha adolescência inteira. Quando eu reatei com a minha família, com a minha mãe e irmãs, eu tive a possibilidade de voltar a estudar e de me colocar como um corpo politicamente ativo (...) por meio da militância em um movimento estudantil.[382]
>
> Um corpo trans, negro, de mulher e que tem consciência das suas origens e da sua história já está fazendo política, não a institucional e partidária, mas uma política de sobrevivência mesmo. Uma política pela vida,

acrescenta a vereadora, que fundou um cursinho pré-vestibular na USP em São Carlos, no interior do estado de São Paulo, voltado para as pessoas trans e travestis e começou

---

[381] Com 50.447 votos, de acordo com o Tribunal Superior Eleitoral.
[382] Entrevista concedida ao autor no dia 20 de novembro de 2020.

a lecionar e coordenar essa iniciativa e por esse caminho iniciei a minha trajetória partidária. Em 2015, eu me filiei ao PSOL e passei a atuar mais próxima ao partido, mas ainda não como candidata e sem o interesse de disputar uma eleição naquele momento.[383]

Em 2018, Erika foi convidada pela bancada ativista para integrar um mandato coletivo. Sobre isso:

> Confesso que fiquei reticente em aceitar, porque me perguntei se estava preparada para ocupar aquele lugar. Eu tinha medo de que a política institucional tirasse a minha veia militante e me enquadrasse na institucionalidade, mas achei que a plataforma era interessante, o momento era pertinente e importantíssimo, era a ascensão do bolsonarismo no Brasil, então resolvi seguir em frente. Nessa ocasião começa a minha jornada como um corpo parlamentar. Atuei quase dois anos como co-deputada, dentro e fora da Assembleia Legislativa de São Paulo. Em 2020, lançamos a candidatura Gente é Para Brilhar e recebemos essa votação recorde do povo brasileiro.[384]

E prossegue:

> Na eleição do Bolsonaro a população LGBTQIA+ chorou nas ruas por conta do projeto nefasto que havia sido eleito. Tínhamos o receio de ser metralhadas nas ruas em plena luz do dia ou queimadas em praça pública. O que o bolsonarismo representava é esse projeto de aniquilação, morte e destruição de todas as classes mais pobres e vulneráveis. Esse projeto representa a precarização dos sistemas de saúde, educacional, transporte público, de tudo. Representa uma ameaça para 90% da sociedade brasileira para defender os interesses de uma casta hegemônica que sempre esteve no poder.[385]

---

[383] Entrevista concedida ao autor no dia 20 de novembro de 2020.
[384] Entrevista concedida ao autor no dia 20 de novembro de 2020.
[385] Entrevista concedida ao autor no dia 20 de novembro de 2020.

Mais especificamente, as populações negras, LGBTQIA+ e indígenas foram eleitas como principais inimigas do governo bolsonarista. Diz a parlamentar:

> Éramos nós que estávamos na mira do ódio, das notícias falsas, foram esses os corpos que tiveram que pedir asilo político em outros países. Então, quando em 2020 a nossa campanha elege uma mulher preta, jovem, vinda da periferia, travesti com muito orgulho e que tem esse discurso baseado na minha história de vida e não em teorias, como a mulher mais bem votada do país, isso significa uma resposta que a sociedade está buscando na forma de um antídoto ao bolsonarismo e à opressão de forma mais ampla.[386]

E ressalta a vereadora:

> (...) Somos muitas, estamos organizadas e estamos conduzindo um ato revolucionário de contra-ataque a esse sistema hegemônico que sempre nos atacou durante as nossas vidas inteiras. Não vamos nos calar e não sentiremos medo da ameaça institucional que está posta em nosso país. Vamos às ruas eleger representantes legislativos que sejam capazes de combater todo o mal que o bolsonarismo acarretou ao Brasil. Cansamos de sermos vítimas de uma oligarquia política que só nos coloca em um lugar de mazelas. Agora nós vamos falar de vida, de favela, das esquinas de prostituição, das casas de cafetinagem, do genocídio policial, dos direitos dos homens e mulheres transexuais. Somos o antídoto do bolsonarismo e o começo de uma nova era que está por vir. Uma era que vai barrar o retrocesso e mostrar que a política institucional brasileira não é somente um lugar para homens, brancos, velhos e cisgênero. (...) Nós chegamos para mudar esse cenário. O Brasil elegeu uma mulher, travesti preta como a vereadora mais votada em 2020. Estamos virando uma chave estrutural. Estamos mostrando que nós existimos para além do cárcere, das esquinas e das manchetes policiais e temos a capacidade de fazer uma política honesta e coerente com os movimentos sociais e

---

[386] Entrevista concedida ao autor no dia 20 de novembro de 2020.

alinhada com as bases populares e as ideias de Marielle Franco, Lélia Gonzalez, Benedita da Silva. Uma política da vida. Isso não significa que as barbaridades às quais estamos acostumadas terminam imediatamente, mas vamos ressignificando a sociedade um passo por vez, mudando a percepção das pessoas com relação ao mundo. Não permitiremos mais sermos interrompidas ou invisibilizadas. Estamos sedentas de justiça social e vamos incomodar até que muitas de nós ocupem cadeiras no parlamento (brasileiro).[387]

Quando questionada sobre o risco real que exercer a profissão de parlamentar defendendo determinadas pautas invariavelmente oferece no Brasil, Hilton ilustra graficamente como essa força para batalhar por progresso social "(...) emerge da prática de classes e grupos sociais oprimidos" que lutam "contra a opressão, a exclusão, a discriminação e a destruição do meio ambiente".[388]

Erika garante:

> Eu sinto medo pela minha própria vida, mas isso não começou agora (durante as eleições de 2020). Eu sempre senti medo pela minha vida. Quando se nasce negra, mulher e travesti, na periferia de São Paulo, sentir medo pela sua vida é a primeira coisa que te acompanha. Você vê as suas pessoas amadas sendo mortas, aprisionadas. Estar na política me coloca em uma posição de maior visibilidade, mais exposta. Mas quando eu estava em uma esquina e entrava no carro de um cliente desconhecido, eu também tinha medo de não voltar. Quando eu ficava acordada, de madrugada, nas ruas de São Paulo esperando para garantir o meu sustento, eu também tinha medo de ser apedrejada, espancada, de levar um tiro. Eu sempre tive medo pela minha vida graças a essas estruturas de ódio e violência que marcam corpos como o meu para serem mortos e abusados. Apesar disso, esse medo não me paralisa, mas me encoraja e me convoca a fazer uma mudança para denunciar essas estruturas

---

[387] Entrevista concedida ao autor no dia 20 de novembro de 2020.

[388] SANTOS, Boaventura de Sousa. *A cruel pedagogia do vírus*. Coimbra: Almedina, 2020.

podres da política institucional e estimular outras mulheres e jovens a ocuparem posições de poder.³⁸⁹

A mulher mais votada em 2020 propõe:

> Eu quero deixar como legado uma política horizontal, popular e participativa, conduzida pela perspectiva da classe trabalhadora e dos mais pobres. Quero ser lembrada como uma mulher forte, que enfrentou os absurdos da política brasileira e paulistana na minha época. Sigamos na luta e afrontando essas estruturas de poder.³⁹⁰

No âmbito prático, a pandemia fez com que as comunidades olhassem para dentro das suas estruturas em busca de mecanismos para se defender da crise. Diversas municipalidades se organizaram internamente contra o coronavírus, a despeito da negligência do governo federal.

Boaventura ressalta:

> (...) Movimentos sociais como o MST,³⁹¹ que distribuiu milhares de toneladas de comida no Brasil inteiro. Houve uma união interessante entre o MST e o MTST.³⁹² Algo inédito. (...) A própria cidade de Niterói, que tem uma classe média forte, geriu a pandemia de forma totalmente diferente que a cidade ao lado, o Rio de Janeiro. Outro caso que eu menciono é o estado de Querala, na Índia, que apresentou índices imensamente melhores dos que os da Índia no combate à pandemia. Portanto, existem vários exemplos de iniciativas locais muito interessantes nesse sentido. (...) O fato é que as esquerdas brasileiras, muito institucionalizadas e muito acomodados após os governos Lula, deixaram de viver as periferias e quem assumiu o controle dessa comunicação foram os pastores evangélicos.³⁹³

---

389 Entrevista concedida ao autor no dia 20 de novembro de 2020.
390 Entrevista concedida ao autor no dia 20 de novembro de 2020.
391 Movimento dos Trabalhadores Rurais Sem Terra.
392 Movimento dos Trabalhadores Sem-Teto.
393 "Entrevista concedida ao autor no dia 9 de janeiro de 2021". *YouTube,* 2021. Disponível em: https://www.youtube.com/watch?v=hwa4YlBlKdY&feature=youtu.be. Acesso em: 08 jul. 2021.

Por fim, ele pondera que:

> (...) as democracias estão morrendo democraticamente. Ao eleger cada vez mais líderes antidemocráticos, obviamente corre-se o risco de que esses novos ditadores aceitem a democracia para chegar ao poder, mas depois não governem democraticamente e não aceitem a transição do poder de forma democrática tampouco. O Trump fez isso e, claro, o próprio Hitler, que ganhou duas eleições em 1932, também agiu dessa forma. O golpe veio depois, quando ele já estava no poder. Portanto, também nesse caso, houve uma autorização por parte dos processos democráticos. (...) Outra semelhança entre o trumpismo, o bolsonarismo e o nazismo é que, em todos esses casos, as elites econômicas apoiaram esses movimentos sociopolíticos. Apesar disso, as elites brasileiras sempre estiveram muito mais interessadas no Paulo Guedes e na agenda neoliberal que ele avança do que no próprio Bolsonaro. O capital financeiro é quem governa o Brasil, de fato. É o capital mais voraz, mais injusto.[394]

Para evitar o aprofundamento do golpe contra a democracia brasileira em 2022, o sociólogo conclui que:

> (...) é necessário que as forças progressistas e os movimentos populares comecem a organizar as ruas, atuando nas comunidades, assim como fez a Stacey Abrams, essa mulher negra maravilhosa, ex-congressista estadunidense, que foi quem uniu todas as comunidades empobrecidas da Geórgia (EUA) e desempenhou um papel contundente na vitória de Joe Biden em 2020.[395]

Essa é a real importância de catalisar o desenvolvimento das forças contra-hegemônicas e do campo progressista no Brasil: produzir

---

[394] "Entrevista concedida ao autor no dia 9 de janeiro de 2021". *YouTube,* 2021. Disponível em: https://www.youtube.com/watch?v=hwa4YlBlKdY&feature=youtu.be. Acesso em: 08 jul. 2021.

[395] "Entrevista concedida ao autor no dia 9 de janeiro de 2021". *YouTube,* 2021. Disponível em: https://www.youtube.com/watch?v=hwa4YlBlKdY&feature=youtu.be. Acesso em: 08 jul. 2021.

uma democracia mais participativa do que representativa[396] e assegurar que o golpe parlamentar de 2016 não se aprofunde ainda mais em 2022 para salvaguardar o que resta dos combalidos processos democráticos, evitando a possível escalada do autoritarismo e do obscurantismo rumo à formação de um estado nacional que poderá ser embasado nos preceitos de uma teocracia evangélica miliciana nas próximas décadas.[397]

---

[396] Veja as definições desses conceitos na terceira edição do livro: SANTOS, Boaventura de Sousa. *Toward a new legal common sense:* law, globalization and emancipation. Local: Cambridge University Press, 2020.

[397] Sobre esse tema, assista ao debate Bom dia 247: "O risco de uma teocracia miliciana". *YouTube,* 2021. Disponível em: https://www.youtube.com/watch?v=tgo-dKrXNlg. Acesso em: 08 jul. 2021.

CAPÍTULO XIII
CRIMES CONTRA A HUMANIDADE, IMPEACHMENT E AS CORTES INTERNACIONAIS

> Após grandes pandemias, acontece toda uma gama de verificações e estatísticas (...) e isso servirá como parâmetro para o TPI.
>
> *Ricardo Pinto Franco*

Apoiado em todos os raciocínios, fatos e relatos que foram apresentados nos capítulos anteriores, essa última parte do livro defende o argumento de que Jair Bolsonaro deve sofrer o impeachment antes do término do seu mandato para responder criminalmente pelos seus atos durante a pandemia. No exercício de suas funções, Bolsonaro cometeu diversos crimes, contra a humanidade, de responsabilidade e de ordem administrativa.

Caso isso não aconteça, o presidente brasileiro e membros do seu gabinete fizeram o suficiente para serem julgados em tribunais internacionais por esses crimes cometidos de forma ampla, mais precisamente no período mais crítico da crise sanitária no país, entre os meses de março de 2020 e 2021.

13.1 Crimes de responsabilidade e o impeachment de Bolsonaro

Somado aos dados e estudos que demonstram a responsabilidade da administração Bolsonaro pela excessiva perda de vidas humanas no Brasil durante a pandemia, o desgaste político do bolsonarismo junto à sociedade brasileira e ao Congresso Nacional acentuou a possibilidade do impedimento de Jair Bolsonaro antes do término do seu mandato. O caos causado

> pela falta de oxigênio em Manaus e os fracassos em série do planejamento federal para aquisição e distribuição de vacinas contra o Covid-19 deram mais solidez ao embasamento jurídico passível de ser usado para abertura de um processo de impeachment contra o presidente Jair Bolsonaro,

apontou um estudo realizado pelo jornal Folha de São Paulo.

Salienta a análise do veículo de comunicação:[398]

> A análise das regras da Constituição e da Lei dos Crimes de Responsabilidade (1.079/50), os dois mecanismos jurídicos cabíveis, mostra a possibilidade de enquadramento de vários atos e omissões de Bolsonaro e do governo no enfrentamento da doença que já causou a morte de mais de 210 mil pessoas no país. (...) A Folha compilou ao menos vinte e três situações em que Bolsonaro, em seus dois anos de governo até aqui, promoveu atitudes que podem ser enquadradas como crime de responsabilidade, e que vão da publicação de um vídeo pornográfico em suas redes sociais no Carnaval de 2019 aos reiterados apoios a manifestações de cunho antidemocrático.

---

[398] BRAGON, Ranier; ARCANJO, Daniela. "Colapso em Manaus e derrapada na vacinação fortalecem base jurídica para impeachment de Bolsonaro". *Folha*, 2021. Disponível em: https://www1.folha.uol.com.br/poder/2021/01/colapso-em-manaus-e-derrapada-na-vacinacao-fortalecem-base-juridica-para-impeachment-de-bolsonaro.shtml. Acesso em: 08 jul. 2021.

CAPÍTULO XIII - CRIMES CONTRA A HUMANIDADE, IMPEACHMENT...

No caso da pandemia, dos oito especialistas ouvidos pela reportagem, sete apontam a garantia social da saúde da população como a principal regra violada pelo governo.

A prática do Direito deve oferecer segurança e paz social desafiando as condutas antissociais e estabelecendo penalidades. Podemos chamar essas condutas de delitos, que podem ser civis (ensejando, por exemplo, obrigações de indenizar) ou, dada a alta reprovabilidade, penais (ensejando a prisão). Nos Estados Modernos, existem, ainda, os delitos de natureza político-administrativa: os denominados crimes de improbidade administrativa (cometidos por agentes públicos elencados na Lei nº 8.429/1992) e os crimes de responsabilidade (cometidos por agentes políticos que também podem responder pelos crimes de improbidade), ambos apenados com a perda do cargo e suspensão de direitos políticos.

Tiago Pavinatto, advogado, professor e doutor em Direito pela Faculdade de Direito da Universidade de São Paulo (Largo São Francisco), reflete:

> A grande questão que se apresenta como problema para a verificação e punição dos crimes de responsabilidade é que eles são descritos a partir de condutas vagas, genéricas, o que se agrava com a enormidade dos temas tratados na Constituição de 1988, que, para o Presidente da República, tomou para si o tema, tornando, de certa maneira, secundária a lei específica n. 10.079/1950. (...) Das sete hipóteses especiais (e ficamos nas hipóteses especiais, pois, se por crime de responsabilidade temos qualquer atentado contra a Constituição, precisaríamos de um tratado para analisar a relação da gestão bolsonarista com a Lei Maior brasileira) destacadas no artigo 85 da Constituição (que recepcionou o conteúdo da Lei nº 1.079/1950, a Lei do Impeachment, na maior parte), somente em razão da pandemia que assolou o mundo, Bolsonaro já incorreu (com persistentes reincidências e sem contar os crimes comuns) em quatro: atentou contra (i) o livre exercício do Poder Legislativo e do Judiciário (inciso II); (ii) direito individual e social (inciso III); (iii) a segurança interna do País (inciso IV) e (iv) a probidade na administração (inciso V). Caso adentremos na mencionada Lei dos Crimes de Responsabilidade, podemos

identificar o cometimento de outros crimes, como a quebra de decoro e do pacto federativo, além de tantos atropelos de normas constitucionais.[399]

Apesar dos inúmeros crimes cometidos pelo bolsonarismo e membros do seu gabinete durante a pandemia, o biênio 2021/2022 trouxe o domínio dos partidos de extrema direita que foram intitulados "centrão" na organização das forças políticas vigentes no Congresso Nacional brasileiro, o que basicamente anulou a possibilidade do impedimento de Jair Bolsonaro, considerando que o presidente brasileiro comprou, com emendas parlamentares e promessas de cargos ministeriais, os grupos mais fisiologistas e inúteis da política nacional.

13.2 Cortes Internacionais

Afinal, Bolsonaro pode ser efetivamente condenado por crimes contra a humanidade no âmbito internacional? É bastante improvável, mas, teoricamente, sim. Durante a pandemia, diversas entidades apresentaram recursos ao Tribunal Penal Internacional (TPI) contra o presidente brasileiro.

A Associação Brasileira de Juristas pela Democracia, a Comissão Arns e o CADHU (Coletivo de Advocacia em Direitos Humanos) acusaram Jair Bolsonaro de crimes contra a humanidade e pela incitação ao genocídio indígena. Além disso, a entidade internacional *Uni Global Union* e sindicatos de profissionais da área de saúde também reivindicaram a omissão do governo federal diante da crise desencadeada pela pandemia, bem como fez o Partido Democrático Trabalhista, sob a mesma alegação.

Todas essas denúncias foram arquivadas temporariamente pelo Tribunal Penal Internacional na segunda semana de setembro de 2020. Mark P. Dillon, chefe do departamento de Informações e Evidências

---

[399] Entrevista concedida ao autor no dia 23 de janeiro de 2021.

do tribunal, afirmou em despacho oficial que o andamento das investigações ficará arquivado até que novos fatos surjam e possam ser incorporados às denúncias previamente realizadas.

> As informações enviadas serão mantidas em nossos arquivos, e a decisão de não proceder pode ser reconsiderada caso novos fatos ou evidências providenciem uma base razoável para acreditar que um crime sob a jurisdição da Corte foi cometido,

afirma o documento. A questão é extremamente morosa e complexa.

13.3 O que é o Tribunal Penal Internacional?

Importante começar essa reflexão por compreender a diferença entre a Corte Internacional de Justiça (CIJ) e o Tribunal Penal Internacional (TPI), ambas as instituições localizadas na cidade de Haia, na Holanda.

A CIJ julga as ações entre os Estados da sociedade internacional. Ou seja, o Brasil em determinado litígio contra o Peru, os Estados Unidos contra a China, por exemplo. O TPI, que foi criado a partir do Estatuto de Roma, em 1998, é uma instituição desvinculada da Organização das Nações Unidas (ONU) e que se ocupa de julgar os indivíduos como nacionais de certo estado.

Contudo, os tratados e estatutos internacionais precisam ser aderidos e ratificados por determinada nação para que as suas determinações sejam válidas naquele país ou para os seus cidadãos. Apesar de haver divergências, assim funciona a sociedade internacional atualmente. Em suma, Donald Trump, por exemplo, não poderia ser julgado pelo TPI, porque os Estados Unidos não assinaram o Estatuto de Roma.

Já o Brasil não apenas assinou e ratificou esse estatuto, mas também incluiu o § 4º, ao artigo 5º, da Constituição Federal de 1988, reconhecendo a submissão do País à jurisdição internacional do TPI. O Estatuto de Roma (Decreto nº 4.388/2002) foi incluído no ordenamento jurídico brasileiro após aprovação pelo Congresso Nacional. O art. 27, 1 do Estatuto de Roma, diz que o fato de o Chefe de Estado ter imunidade não o exime em caso de responsabilidade criminal, nem constitui motivo de redução da pena. A imunidade decorrente do cargo também não impede que o TPI exerça a sua jurisdição sobre o presidente e ele pode ser julgado mesmo após deixar a presidência.

Assim, o Tribunal Penal Internacional é o que se conhece por corte de último recurso. O advogado Nuredin Ahmad Allan conta:

> Na época da propositura da representação (contra Bolsonaro junto ao TPI), algumas subprocuradorias regionais do Ministério Público encaminharam ao Augusto Aras, o procurador-geral da República e basicamente a única pessoa que pode dar andamento a notícia de crime contra o Jair Bolsonaro, um simples memorando solicitando que fosse recomendada ao presidente a adoção de uma política e de um discurso, sobretudo para a população, de não negacionismo e que atendesse às orientações e protocolos que estão sendo adotados em todo o mundo. Tudo isso foi sumariamente ignorado pelo Aras.[400]

De acordo com ele, este ponto é nevrálgico para a questão, porque, para ser levado ao TPI, determinado tema deve ter sido exaurido dentro do sistema legal local. O advogado membro da ABJD diz que:

> De acordo com o regramento do Tribunal, do Estatuto de Roma, a matéria deve ter sido esgotada no âmbito daquele território, daquele estado-membro. (...) Nós entendemos que se o procurador-geral da República tenta blindar o presidente a tal ponto de sequer encaminhar um memorado que pede a recomendação de conduta, muito mais (custaria) o acionamento concreto e judicial com relação à prática de crime.[401]

Ahmad Allan ressalta:

> Não haverá a possibilidade de Bolsonaro ser indiciado no Brasil pelo cometimento destes delitos. Entende-se que há efetivamente a prática de crime por parte dele durante a pandemia. No nosso

---

[400] Entrevista concedida ao autor no dia 21 de abril de 2020.
[401] Entrevista concedida ao autor no dia 21 de abril de 2020.

caso, há dois tipos penais, que – de acordo com o Estatuto de Roma – são crimes contra a humanidade e por isso nós encaminhamos a representação ao TPI.[402]

Segundo a ABJD, Bolsonaro deve ser enquadrado no crime de epidemia, previsto no art. 267, do Código Penal Brasileiro, e na Lei nº 8.072/1990, que dispõe sobre crimes hediondos. Bem como por infringir medida sanitária preventiva, conforme art. 268, também do Código Penal. Além disso, o presidente estaria infringindo a Lei n. 13.979, que trata especificamente da emergência do Covid-19, e a Portaria Interministerial n. 05, que determina, em seus artigos três e quatro, que o descumprimento das medidas de isolamento e quarentena, bem como a resistência a se submeter a exames médicos, testes laboratoriais e tratamentos médicos específicos, acarretam punição com base nos artigos 268 e 330, do Código Penal.

Ahmad Allan comenta:

> Esses crimes são de difícil enquadramento e isso é absolutamente natural nestas situações, salvo em situações de guerra aberta, porque eles lidam com chefes de Estado ou líderes militares, por exemplo. Gente que tem muito poder. Contudo, há uma construção bem racional neste caso, que foi feita com muita precisão e maestria pelo Ricardo Franco Pinto para que a gente consiga demonstrar este nexo de causalidade entre as ações dele (Bolsonaro) e a consequência sobre a população mais idosa e vulnerável (à crise de Covid-19).[403]

Para o advogado Ricardo Pinto Franco, que tem o reconhecimento do TPI para advogar no Tribunal,[404]

---

[402] Entrevista concedida ao autor no dia 21 de abril de 2020.
[403] Entrevista concedida ao autor no dia 21 de abril de 2020.
[404] *List of Council*.

> a solicitação de Augusto Aras ao STF (Supremo Tribunal Federal) – para a abertura de inquérito que pretendia investigar as manifestações às quais Bolsonaro aderiu e pediam o fechamento do Supremo Tribunal Federal – é uma cortina de fumaça. (...) Serve para desviar a atenção com relação ao que o Bolsonaro está fazendo durante a pandemia. Não tenho a menor esperança de que isso evolua para um procedimento criminal.[405]

Não evoluiu, de fato.

Ainda segundo ele, o Estado brasileiro não tem a intenção de responsabilizar o presidente da República pelos crimes cometidos durante a pandemia. E salienta:

> Isso já ficou patente. Além deste memorando que foi enviado ao Augusto Aras, recentemente, o Marco Aurélio, ministro do Supremo Tribunal Federal (STF), também arquivou uma possível investigação criminal contra o Bolsonaro neste sentido. Quando isso ocorre, nós temos a via livre para ir ao TPI e apresentar a comunicação de possível crime para movimentar toda a máquina daquela instituição.[406]

O artigo 7, inciso primeiro, letra k, do Estatuto de Roma, prevê que "outros atos desumanos que possam afetar gravemente a saúde e a integridade física de outras pessoas" são passíveis deste entendimento. Ou seja, totalmente plausível e aplicável no caso de Jair Bolsonaro, com todas as ações e omissões do presidente durante esta crise.

O TPI reúne 18 juízes de diversas nacionalidades, que são eleitos para mandatos de nove anos, e possui jurisdição complementar às estruturas jurídicas domésticas de cada país-membro. As representações apresentadas contra Bolsonaro estão sob a avaliação da procuradoria do Tribunal, que não tem prazo para deliberar sobre o assunto.

---

[405] Entrevista concedida ao autor no dia 21 de abril de 2020.
[406] Entrevista concedida ao autor no dia 21 de abril de 2020.

CAPÍTULO XIII – CRIMES CONTRA A HUMANIDADE, IMPEACHMENT...

Apesar disso, os impactos causados pela pandemia podem reforçar as denúncias junto à instituição. O jurista conclui:

> Após grandes pandemias, acontece toda uma gama de verificações e estatísticas, que podem ser usadas para facilmente comparar as medidas que foram adotadas por diferentes países e como estas ações afetaram as suas respectivas populações. Será evidente o número de vidas que poderiam ter sido salvas e isso servirá como parâmetro para o TPI, sem dúvida.[407]

---

[407] Entrevista concedida ao autor no dia 21 de abril de 2020.

POSFÁCIO

Conforme demonstrado ao longo deste livro, o bolsonarismo, por meio dos seus instrumentos políticos, administrativos e sociais somados à inépcia do gabinete presidencial e do próprio chefe do Poder Executivo, agravou a pandemia causada pelo Covid-19 no Brasil ao ponto de criar a tempestade perfeita para o país durante o começo da nova década.

A administração Bolsonaro, além de negar a pandemia e emitir sinais criminosos à população, criou uma crise institucional com múltiplas dimensões, falhou em apresentar qualquer planejamento coordenado para combater o vírus, enfraqueceu o federalismo cooperativo, atuou contra os profissionais da saúde na linha de frente e contra a ciência, intensificou a subdiagnosticação / subnotificação dos casos da doença, complicou ainda mais o cenário econômico, politizou e atrasou a elaboração do plano vacinal, envolve-se em inúmeros escândalos de corrupção e comprometeu seriamente as pontes diplomáticas e a imagem do Brasil junto à sociedade internacional.

Ao cometer esses crimes, Bolsonaro converteu o país no maior epicentro da pandemia em todo o planeta, demonstrou-se absolutamente despreparado para exercer a presidência da República Federativa do Brasil e deve ser impedido, entre 2021 e 2022, pelo Congresso Nacional, cujo papel é defender os interesses e a saúde da população brasileira, para ser julgado no âmbito da esfera criminal sem nenhum tipo de imunidade parlamentar. Caso o impeachment não aconteça e o ordenamento jurídico doméstico seja incapaz de imputar quaisquer responsabilidades aos atos absurdos perpetrados pelo bolsonarismo durante a pandemia, o caso deve ser conduzido aos tribunais internacionais. Essa é a síntese do principal argumento apresentado por esta obra.

Com a economia devastada, o segundo maior número de óbitos registrados em decorrência da doença em todo o planeta,[408] a explosão da violência, da criminalidade e da intolerância, escândalos de corrupção do governo federal, desavenças internas e externas de todas as ordens, todos os indicadores sociais apontando a deterioração dos padrões de vida e o desmatamento recorde das suas florestas e regiões de preservação, a nação viu-se confrontada com os efeitos práticos que utilizar o ódio, o medo e os elitismos históricos combinados às redes sociais digitais para eleger os seus líderes representativos acarretam, invariavelmente. Assim, lamentavelmente para o Brasil, a ascensão do bolsonarismo ainda coincidiu com a pior pandemia do século.

Entre os meses de março de 2020 e junho de 2021, 500 mil brasileiros morreram vítimas da pandemia. Somente os Estados Unidos registraram mais casos e mortes no mesmo período e as Américas foram as regiões mais afetadas do mundo, porque, não por acaso, dois presidentes negacionistas, incapazes, corruptos e terrivelmente irresponsáveis estavam no comando das duas maiores nações dos hemisférios Norte e Sul nessa área do globo.

Apesar do jogo político se dar com base no embate de narrativas muitas vezes antípodas, fatos sempre serão fatos e os indicadores sociais existem para demonstrá-los. Ou seja, não se pode "discordar" das mortes causadas pela doença, do valor da gasolina, das reservas internacionais, do Produto Interno Bruto, do gás de cozinha, dos alimentos ou do dólar, por exemplo.

---

[408] Entre os meses de março de 2020 e março de 2021, porque, a partir desse ponto, os números de novos casos e de pessoas vacinadas eram mais positivos nos Estados Unidos, o que indicava a possível futura liderança do Brasil em todos os índices de contágio e mortes desse momento em diante, com projeções apontando para um número entre 500 e 700 mil mortes (dependendo da velocidade com que a população fosse vacinada) até o fim do ano de 2021.

Esses indexadores refletem parâmetros práticos e concretos da vida social cotidiana que independem da interferência de quem os observa de forma imediata. Portanto, não são questões abstratas ou partidárias, sujeitas a diferentes interpretações nesse sentido. O bolsonarismo potencializou amplamente os estragos da pandemia no Brasil. Fato. Cabe avaliar a extensão dos danos e as possíveis saídas e implicações dessas ações criminosas nos próximos anos.

Contudo, o bolsonarismo será superado. Estamos em um processo social evolutivo e histórico-cultural. Apesar de não acontecer de forma linear, essa marcha humana não será interrompida por nenhuma força social. Muitos déspotas fizeram uso desses elitismos históricos, do ódio e do medo para realizar a manutenção dos seus poderes durante certo período em diferentes lugares do mundo ao longo dos milênios.

Ainda assim, essa dinâmica não parou porque todas essas figuras autoritárias que precederam a nossa época existiram. Pelo contrário, esses ideólogos do caos foram parte do processo de desenvolvimento, porque foi preciso que as crises se agudizassem para que em seguida o avanço se consolidasse. Vale ressaltar, além disso, que essa luta deve ser respaldada por uma "(...) análise racional das evoluções históricas passadas, com tudo que elas encerram de positivo e negativo", conforme sugere Thomas Piketty, no livro Capital e Ideologia. Em suma, precisamos aprender com a nossa própria trajetória humana para sermos capazes de construir realidades distantes do que rechaçamos considerando o passado.

De muitas maneiras, do médio para o longo prazo, a eleição de Jair Bolsonaro e a ascensão do bolsonarismo no Brasil servirão propósitos elementares para fomentar o desenvolvimento das forças sociais contra-hegemônicas e progressistas ao longo desse século. O problema mais sério diz respeito ao cenário que pode se produzir nas próximas três décadas com base nessas filosofias sociopolíticas, a exemplo do que aconteceu na primeira metade do século passado na Europa.

Conforme notado neste livro e na obra *A ascensão do bolsonarismo no Brasil do século XXI*, o Brasil vem se transformando em uma espécie de teocracia evangélica de caráter miliciano, fragmentada em todos os sentidos, com ênfase absoluta no agronegócio e no trabalho informal, frágil e a serviço do capital financeiro estrangeiro, fundamentalmente. O golpe organizado pela direita liberal e setores do Poder Judiciário e da mídia brasileira em 2016 acelerou esse processo de forma alarmante, empobrecendo a subjetividade e estimulando ainda mais a racionalidade neoliberal entre a população brasileira.

A administração Bolsonaro representou a manifestação mais agressiva desse processo, porque, a partir desse ponto, o bolsonarismo evoluiu as forças obscurantistas que o criaram para o nível seguinte de degradação e despolitização social. Os elitismos históricos e os sentimentos de antipetismo, antissistema e o ativismo judicial (Lava Jato) foram catalisados no projeto que destruiu o Brasil e agora ameaça, derradeiramente, a democracia nacional em 2022.

Apesar disso, a busca por uma sociedade mais equânime, menos racista e elitista, e a proteção do meio ambiente contra as mudanças climáticas serão as grandes pautas sociopolíticas dessa década nas maiores nações das Américas e em diversas regiões do mundo, o que oferecerá uma oportunidade imensa de desenvolvimento para o campo progressista brasileiro. De alguma forma, governos como os de Trump e Bolsonaro elevaram o nível de incômodo que mudanças significativas dessa ordem requerem.

Depois da tempestade perfeita, lições coletivas acerca da natureza das nossas escolhas e das origens da nossa sociedade estarão evidentes como em nenhuma outra ocasião do nosso período moderno. Cabe a nós sermos capazes de aprender com os equívocos de 2018, enquanto um único povo dessa imensa nação brasileira, com todas as suas contradições e divergências, porque esse é o único caminho viável para evitar o projeto obscurantista que se desenhou de forma muito clara no Ocidente durante a segunda metade da década passada.

Celebrar a ignorância como uma virtude para inviabilizar o debate representa o fim da política e da esperança de emancipar a sociedade, consequentemente, restam a guerra e o conflito sem mediação. Esse foi o traço mais emblemático da ascensão e da manutenção do bolsonarismo e o seu preço final somado à pandemia custou extremamente caro ao Brasil. Contudo, a questão é mais abrangente e transcende o próprio bolsonarismo em ampla medida.

As forças mais dogmáticas do país são seculares e atuam com base no corporativismo (racionalidade neoliberal), na militarização, na religião e nos elitismos históricos, conforme ressaltado diversas vezes.

Nos últimos quarenta anos, a crise causada pelo esgotamento das capacidades regenerativas da modernidade ocidental e pelo consenso hegemônico global no Ocidente também fragilizou as nações para o enfrentamento à pandemia em 2020, o que estimulou o desenvolvimento de forças contrárias a esses processos de dominação moderna.

No Brasil, o bolsonarismo hiperbolizou esses dois aspectos: por um lado, o governo federal e a sua filosofia sociopolítica complicaram o combate à crise sanitária, mas, por outro, incentivaram o crescimento e a participação política dos grupos que foram historicamente usurpados no país.

Segundo notou o professor Boaventura de Sousa Santos no livro *A cruel pedagogia do vírus*: "(...) desde a década de 1980 – à medida que o neoliberalismo se foi impondo como a versão dominante do capitalismo e este se foi sujeitando mais e mais à lógica do setor financeiro –, o mundo tem vivido em permanente estado de crise".

Ou seja, a pandemia brasileira aconteceu sobre o palco do cenário caótico e desumano produzido pelas ruínas da modernidade ocidental e pelos consensos hegemônicos globais (neoliberalismo, estado fraco, consenso liberal democrático e ativismo judicial), que, potencializados pelo bolsonarismo, criaram um quadro dantesco para o país. Ironicamente, essa situação de extrema calamidade oferece um estímulo fortíssimo à população para repensar essas escolhas (sociais e históricas) e ideologias (no sentido do conceito marxiano) que justificam a desigualdade do nosso atual arranjo social no começo do século XXI.

Possivelmente, Jair Bolsonaro disputará o segundo turno das eleições presidenciais em 2022, a despeito de todos os crimes e impropérios cometidos durante a pandemia e que foram elucidados por dezenas de profissionais e figuras públicas ao longo dessas páginas.

Apoiado por uma parcela do empresariado, pelas alas mais fisiologistas da política nacional e pela terceira parte mais radical, dogmática e elitista do eleitorado brasileiro, o bolsonarismo, frente à iminência da derrota, deverá seguir a cartilha de Donald Trump para tentar judicializar as eleições de 2022 ou até mesmo declarar uma espécie de Lei Marcial, Estado de Defesa ou Estado de Sítio para estabelecer o controle militar da nação, aprofundando a ruptura da democracia brasileira que foi iniciada com o golpe parlamentar de 2016 e avançando o projeto teocrático, dogmático e miliciano que assombra o futuro do Brasil.

A gestão Bolsonaro vem aparelhando as instituições brasileiras e preparando a narrativa nesse sentido. Contudo, o bolsonarismo é somente a versão mais absurda, agressiva e corrupta das pretensões neoliberais que foram historicamente avançadas por partidos da direita liberal no Brasil e até mesmo pelas gestões dos governos de esquerda, em alguma medida.

Evidentemente, estudos, livros, dados ou fatos não serão capazes de esclarecer a perspectiva de pelo menos algumas dezenas de milhões de eleitores antes do próximo pleito presidencial. Caberá, portanto, aos cidadãos que se omitiram nas últimas eleições – e que representam uma parcela significativa da população brasileira – garantir que o projeto do bolsonarismo seja definitivamente derrotado em 2022 de forma a caminharmos rumo ao processo de reconstrução nacional, após a tempestade perfeita que foi causada pela interseção entre o próprio bolsonarismo e a Covid-19 no Brasil, com base em um modelo de democracia mais participativa do que representativa ao longo das próximas décadas.

REFERÊNCIAS BIBLIOGRÁFICAS

ACEMOGLU, Daron; ROBINSON, A. James. *Why Nations Fail?* Nova York: Crown Business, 2013.

ASANO, C. L.; VENTURA, D. F. L.; AITH, F. M. A.; REIS, R. R.; RIBEIRO, T. B. (Eds.). "Boletim Direitos na Pandemia, n. 10". *Conectas Direitos Humanos e Centro de Pesquisas e Estudos de Direito Sanitário*, 2021. Disponível em: https://www.conectas.org/wp/wp-content/uploads/2021/01/Boletim_Direitos-na-Pandemia_ed_10.pdf.

BANCO CENTRAL DO BRASIL. "Evolução recente do crédito no SFN". *Banco Central do Brasil*, 2021. Disponível em: https://www.bcb.gov.br/content/acessoinformacao/covid19_docs/Evolucao_Recente_do_Credito.pdf/. Acesso em: 02 set. 2021

BANCO MUNDIAL. 2020. "Poverty and shared prosperity 2020: reversals of fortune". *World Bank Group*, 2020. Disponível em: https://openknowledge.worldbank.org/bitstream/handle/10986/34496/9781464816024.pdf. Acesso em: 08 set. 2021.

BATES, T. R. "Gramsci and the theory of hegemony". *Journal of the History of Ideas*, vol. 36, n. 2, pp. 351-366, Pensilvânia: University of Pennsylvania Press, 1975.

BEATÓM, Guillermo Arias. *Enfoque histórico-cultural*: problemas de las prácticas profesionales. Havana: Universidade de Havana, 2017.

BEDDELEEM, M. "Recoding Liberalism: Philosophy and Sociology of Science against Planning". *In*: PLEHWE, D.; SLOBODIAN, Q.; MIROWSKI, P. (Eds.). *Nine lives of Neoliberalism*. London: Verso, 2020.

BOURDIEU, Pierre. *O poder simbólico*. Rio de Janeiro: Bertrand, 1989.

BOLSONARO, J. "Live da semana - Presidente Jair Bolsonaro (11/02/2021)". *YouTube*, 2021. Disponível em: https://www.youtube.com/watch?v=YCliiy_yl9Y. Acesso: 02 jul. 2021.

BRAGA, José Carlos; OLIVEIRA, Giuliano Contento de; WOLF, Paulo José Whitaker; PALLUDETO, Alex Wilhans Antonio; DEOS, Simone Silva de. *For a political economy of financialization:* theory and evidence. Economia e Sociedade, vol. 26, n. especial, 2017.

BRAGA, Julia de Medeiros; SUMMA, Ricardo. Estimação de um modelo desagregado de inflação de custo para o Brasil. *Ensaios FEE*, vol. 37, n. 2, 2016.

BROWN, Wendy. *Nas ruínas do neoliberalismo:* a ascensão da política antidemocrática no Ocidente. São Paulo: Politeia, 2019.

CALEJON, Cesar; VIZONI, Adriano. *A ascensão do bolsonarismo no Brasil do Século XXI*. São Caetano do Sul: Lura, 2019.

CANELLO, Júlio. *STF e ideologia:* entre as influências da ordem liberal-democrática e os desafios da globalização, 2016.

CASARA, Rubens R. R. *Bolsonaro:* o mito e o sintoma. São Paulo: Contracorrente, 2020.

CHAMAYOU, Grégoire. *A sociedade ingovernável:* uma genealogia do liberalismo autoritário. São Paulo: Ubu, 2020.

CHERNAVSKY, Emilio; DWECK, Esther; TEIXEIRA, Rodrigo Alves. *Descontrole ou inflexão?* A política fiscal do governo Dilma e a crise econômica. *Economia e Sociedade*, vol. 29, n. 3, 2020.

CINTRA, Marcos Antonio Macedo; FARHI, Maryse. "A crise financeira e o global shadow banking system". *Novos estudos CEBRAP*, n. 82, 2008. Versão digital disponível em: https://www.scielo.br/j/nec/a/LmpCkTY8sQxXq5Fp4MxQDPz/?lang=pt#:~:text=Segundo%20McCulley%203%2C%20diretor%20executivo%20da%20maior%20gestora,e%2Fou%20%C3%A0s%20opera%C3%A7%C3%B5es%20de%20redesconto%20dos%20bancos%20centrais/. Acesso em: 08 set. 2021

DARDOT, Pierre; LAVAL, Christian. *A nova razão do mundo:* ensaio sobre a sociedade neoliberal. São Paulo: Boitempo, 2016.

DARDOT, Pierre; LAVAL, Christian. Anatomía del nuevo neoliberalismo. *Viento sur*, vol. 164, 2019.

DAVIES, William. Neoliberalism: a bibliographic review. *Thoery, Culture & Society*, vol. 31, n. 7-8, 2014.

DEOS, Simone Silva de; MATTOS, Olívia Bullio; ULTREMARE, Fernanda; MENDONÇA, Ana Rosa Ribeiro de. "Modern Money Theory: rise in the international scenario and recent debate in Brazil". *Revista de Economia Política*. No prelo.

DI CUNTO, Raphael; MURAKAWA, Fabio. "Na pandemia, Bolsonaro privilegia a economia". *Valor Econômico*, 2020. Disponível em: https://valor.globo.com/politica/noticia/2020/05/25/na-pandemia-bolsonaro-privilegia-a-economia.ghtml. Acesso em: 02 jul. 2020.

DURKHEIM, Émile. *Da divisão do trabalho social*. São Paulo: Martins Fontes, 2010.

FAUSTO, Ruy. "Revolução conservadora e neoliberalismo". *Revista Rosa*, 2020. Disponível em: http://revistarosa.com/2/revolucao-conservadora-e-neoliberalismo-1. Acesso em: 02 jul. 2021.

FAUSTO, Ruy. "Revolução conservadora e neoliberalismo". *Revista Rosa*, 2020. Disponível em: http://revistarosa.com/2/revolucao-conservadora-e-neoliberalismo-2. Acesso em: 02 jul. 2021.

FINE, Ben; SAAD-FILHO, Alfredo. "Thirteen things you need to know about neoliberalism". *Critical Sociology*, vol. 43, n. 4-5, 2017.

FMI – Fundo Monetário Internacional. *World Economic Outlook, 2020*: A Long and Difficult Ascent. Washington: FMI, 2020.

FMI – Fundo Monetário Internacional. *World Economic Outlook update, 2021*: policy support and vaccines expected to lift activity. Washington: FMI, 2021.

FMI – Fundo Monetário Internacional. *Fiscal monitor database of country fiscal measures in response to the Covid-19 Pandemic*, 2021. Washington: FMI, 2021.

FRASER, Nancy. From progressive neoliberalism to Trump – and beyond. *American Affairs*, vol. 1, n. 4, 2017.

FRASER, Nancy; JAEGGI, Rahel. *Capitalism:* a conversation in Critical Theory. Cambridge: Polity Press, 2018.

FREIRE, Paulo. *Pedagogia da Autonomia*. Rio de Janeiro: Record, 1996.

G1. "Cidades registram manifestações pela vacina e contra Bolsonaro neste domingo". *G1*, 2021. Disponível em: https://g1.globo.com/politica/noticia/2021/01/31/cidades-registram-manifestacoes-pela-vacina-e-contra-bolsonaro-neste-domingo.ghtml/. Acesso em: 09 set. 2021.

G1. "Grupo de médicos e cientistas protocola pedido de impeachment de Bolsonaro". *G1*, 2021. Disponível em: https://g1.globo.com/politica/noticia/2021/02/08/grupo-de-medicos-e-cientistas-protocola-pedido-de-impeachment-de-bolsonaro.ghtml/. Acesso em: 08 set. 2021.

G1. "Profissionais de saúde e cientistas condenam pronunciamento de Bolsonaro sobre a Covid-19". *G1*, 2020. Disponível em: https://g1.globo.com/politica/noticia/2020/03/25/sociedade-brasileira-de-infectologia-diz-que-distanciamento-social-e-fundamental-para-conter-o-coronavirus.ghtml/. Acesso em: 08 set. 2021.

GASPAR, Malu. "O sabotador: Como Bolsonaro agiu, nos bastidores e em público, para boicotar a vacina". *Revista Piauí*, 2021. Disponível em: https://piaui.folha.uol.com.br/materia/o-sabotador/. Acesso: 02 jul. 2021.

GOMES, Laurentino. *Escravidão – Vol. 1:* do primeiro leilão de cativos em Portugal até a morte de Zumbi dos Palmares. Porto Alegre: Globo, 2019.

GOULD, Stephen Jay. *The mismeasure of man*. Nova York: W. W. Norton & Company, 1980.

GOVERNO FEDERAL DO BRASIL. "Monitoramento dos Gastos da União com Combate à Covid-19". *Tesouro Nacional Transparente*, 2021. Disponível em: https://www.tesourotransparente.gov.br/visualizacao/painel-de-monitoramentos-dos-gastos-com-covid-19. Acesso em: 08 set. 2021.

GUEDES, Paulo. "Fala do Ministro Paulo Guedes em Transmissão de Cargo - Parte 1. Ministério da Economia". *YouTube*, 2019. Disponível em: https://www.youtube.com/watch?v=WMVbbNlj32k. Acesso em: 02 jul. 2021.

HOBSBAWM, Eric. *Era dos extremos:* o breve século XX. São Paulo: Companhia das Letras, 1997.

HOCHMAN, Gilberto; DE FARIA, Carlos Aurélio Pimenta. *Federalismo e políticas públicas no Brasil*. Rio de Janeiro: Fiocruz, 2013.

REFERÊNCIAS BIBLIOGRÁFICAS

LEITE, Cristiane Kerches da Silva. "Descentralização das políticas sociais no Brasil: o lugar dos Estados no processo de municipalização", *Revista Política Hoje*, 2009. Disponível em: https://periodicos.ufpe.br/revistas/politicahoje/article/view/3846/3150. Acesso em: 02 jul. 2021.

LOUREIRO, Pedro Mendes; SAAD-FILHO, Alfredo. "The limits of pragmatism: the rise and fall of the Brazilian Workers' Party". *Latin American Perspectives*, vol. 46, n. 1, 2019.

MACLEAVY, Julie. *The handbook of Neoliberalism*. New York: Routledge, 2016.

MAGALHÃES, Mário. *Sobre lutas e lágrimas:* uma biografia de 2018, o ano em que o Brasil flertou com o apocalipse. Rio de Janeiro: Record, 2018.

MAGALHÃES, Mário. *Marighella – o guerrilheiro que incendiou o mundo*. São Paulo: Companhia das Letras, 2012.

MARRAFON, Marco Aurélio. "Federalismo cooperativo exige reciprocidade entre entes federativos". *Consultor jurídico*, 2018. Disponível em: https://www.conjur.com.br/2018-jul-09/constituicao-poder-federalismo-cooperativo-exige-reciprocidade-entre-entes-federativos. Acesso em: 02 jul. 2021.

MAUÉS, Antônio Moreira. *Jogando com os precedentes: regras, analogias, princípios*, 2012.

MIROWSKI, Philip; PLEHWE, Dieter. *The road from Mont Pèlerin:* the making of the neoliberal thought collective. Cambridge: Harvard University Press, 2009.

PAULANI, Leda. "O perverso terraplanismo econômico". *Outras Palavras*, 2021. Disponível em: https://outraspalavras.net/mercadovsdemocracia/o-perverso-terraplanismo-economico/. Acesso em: 02 jul. 2021.

PETHERICK, Anna; KIRA, Beatriz; GOLDSZMIDT, Rafael; BARBERIA, Lorena. "As medidas governamentais adotadas em resposta ao Covid-19 no Brasil atendem aos critérios da OMS para flexibilização de restrições?". *Rede de Políticas Públicas & Sociedade*, 2020. Disponível em: https://redepesquisasolidaria.org/dados/as-medidas-governamentais-adotadas-em-resposta-ao-Covid-19-no-brasil-atendem-aos-criterios-da-oms-para-flexibilizacao-de-restricoes/. Acesso em: 01 jul. 2021.

PIKETTY, Thomas. *Capital e Ideologia*. Rio de Janeiro: Intrínseca, 2020.

PIKETTY, Thomas. *O capital no século XXI*. Rio de Janeiro: Intrínseca, 2013.

PIRES, Luis Manuel Fonseca. *Estados de Exceção*. São Paulo: Contracorrente, 2021.

PLEHWE, Dieter. Neoliberal hegemony. *In:* SPRINGER, Simon; BIRCH, Kean; PRADO, ANTUNES, BASTOS, PERES, DA SILVA, DANTAS, BAIÃO, MAÇAIRA, HAMACHER e BOZZA. "Análise da subnotificação de Covid-19 no Brasil". *SciELO Brasil*. Disponível em: https://www.scielo.br/j/rbti/a/XHwNB9R4xhLTqpLxqXJ6dMx/?lang=pt&format=pdf/. Acesso em: 08 set. 2021.

PRADO, ANTUNES, BASTOS, PERES, DA SILVA, DANTAS, BAIÃO, MAÇAIRA, HAMACHER e BOZZA. "Análise da subnotificação de Covid-19 no Brasil". *SciELO Brasil*. Disponível em: https://www.scielo.br/scielo.php?script=sci_arttext&pid=S0103-507X2020000200224. Acesso em: 02 jul. 2021.

RATIER, Rodrigo Pelegrini. "Império Opaco: Mapeamento da expansão da rede bolsonarista no WhatsApp". *Revista PUC-SP*, 2020. Disponível em: https://revistas.pucsp.br/index.php/verbum/article/view/49942. Acesso em: 04 jul. 2021.

REDAÇÃO. "Bolsonaro pede que não voltem a paralisar atividades e reitera que vida e economia andam juntas". Forbes Money, 2021. Disponível em: https://forbes.com.br/forbes-money/2021/01/bolsonaro-pede-que-nao-voltem-a-paralisar-atividades-e-reitera-que-vida-e-economia-andam-juntas/. Acesso em: 08 set. 2021.

ROSE, Steven; KAMIN, Leon; LEWONTIN, Richard. *Not in our genes*. Nova York: Pantheon Books, 1984.

ROSSI, Pedro; MELLO, Guilherme. "A desconstrução do Estado e dos direitos sociais: da austeridade ao desmonte: dois anos da maior crise da história". *Le Monde Diplomatique Brasil*, 2017. Disponível em: https://diplomatique.org.br/da-austeridade-ao-desmonte-dois-anos-da-maior-crise-da-historia/. Acesso em: 02 jul. 2021.

RUGITSKY, Fernando Monteiro. "The decline of Neoliberalism: a play in three acts". *Revista de Economia Política*, vol. 40, n. 4, 2020.

SANTOS, Boaventura de Sousa. *Toward a new legal common sense:* law, globalization and emancipation. Inglaterra: Cambridge University Press, 2020.

SANTOS, Boaventura de Sousa. *A cruel pedagogia do vírus*. Coimbra: Almedina, 2020.

SANTOS, Boaventura de Sousa; MENESES, Maria Paula. *Epistemologias do Sul*. São Paulo: Cortez Editora, 2010.

SCHWARCZ, Lilia Moritz. *Sobre o autoritarismo brasileiro*. São Paulo: Companhia das Letras, 2019.

SERRANO, Franklin; SUMMA, Ricardo. A desaceleração rudimentar da economia brasileira desde 2011. *OIKOS*, vol. 11, n. 2, 2012.

SERRANO, Franklin; SUMMA, Ricardo. Aggregate demand and the slowdown of Brazilian economic growth in 2011-2014. *Nova Economia*, vol. 25, n. especial, 2015.

SLAUGHTER, Anne Marie. "Occupy Wall Street and the Arab Spring". *The Atlantic*, 2011. Disponível em: https://www.theatlantic.com/international/archive/2011/10/occupy-wall-street-and-the-arab-spring/246364/. Acesso em: 02 jul. 2021.

SLOBODIAN, Quinn. "The law of the sea of ignorance: F. A. Hayek, Fritz Machlup, and other neoliberals confront the intellectual property problem". *In*: PLEHWE, Dieter; SLOBODIAN, Quinn; MIROWSKI, Philip. *Nine lives of Neoliberalism*. Londres: Verso, 2020.

SOUZA, Jessé. *A guerra contra o Brasil*. Rio de Janeiro: Estação Brasil, 2020.

SOUZA, Jessé. *A elite do atraso*. Rio de Janeiro: Estação Brasil, 2019.

SOUZA NETO, Cláudio Pereira de. *Democracia em crise no Brasil:* valores constitucionais, antagonismo político e dinâmica institucional. São Paulo: Contracorrente, 2020.

TCU. "Relatório de acompanhamento das ações de governança do centro de governo (CG) para enfrentamento da pandemia de Covid-19". *Tribunal de Contas da União*, n. 3, 2020.

TCU. "Relatório de acompanhamento das ações de governança do centro de governo (CG) para enfrentamento da pandemia de Covid-19". *Tribunal de Contas da União*, n. 5, 2020.

THE INTERCEPT BRASIL. Coleção "As mensagens secretas da Lava Jato". Disponível em: https://theintercept.com/series/mensagens-lava-jato/. Acesso em: 02 jul. 2021.

VARELLA, Drauzio. "A vacinação contra o coronavírus virou uma bagunça no Brasil". *Folha*, 2021. Disponível em: https://www1.folha.uol.com.br/colunas/drauziovarella/2021/02/a-vacinacao-contra-o-coronavirus--virou-uma-bagunca-no-brasil.shtml. Acesso em: 02 jul. 2021.

WORLD INEQUALITY LAB. "World inequality report". *World Inequality Database*, 2018. Disponível em: https://wir2018.wid.world/files/download/wir2018-full-report-english.pdf. Acesso em: 08 set. 2021.

ZANIN, Cristiano; VALIM, Rafael; ZANIN, Valeska. *Lawfare*: uma introdução. São Paulo: Contracorrente, 2019.

NOTAS

A Editora Contracorrente se preocupa com todos os detalhes de suas obras! Aos curiosos, informamos que este livro foi impresso no mês de setembro de 2021, em papel Pólen Soft 80g, pela Gráfica Grafilar.